日本流通学会設立25周年記念
出版プロジェクト

1 地域の再生と流通・まちづくり

日本流通学会 [監修]

佐々木保幸
番場　博之 [編著]

東京　白桃書房　神田

まえがき

　地域経済や社会の衰退が問題視されて久しい。高度経済成長期以降の産業構造の転換や都市・地域開発，都市化，郊外化，都市的生活様式等の進展に伴って，地域共同体のあり方や地域そのものが変貌を遂げた。地域産業の衰退は低成長期以降徐々に進行したが，1980年代後半以後，円高や経済のグローバル化が進む下で，輸出型中小企業を中心に地域産業の地盤沈下が顕著となった。

　商業とりわけ小売業の分野で，地域商業の衰退問題が注視されるようになったのも，ちょうどその頃である。1982年に172万店を数えた小売商店数がこの時期に減少に転じ，その後，小売商店数は減少の一途をたどることとなった。小売商店数減少は，主に「パパ・ママストア」と呼ばれる零細規模の小売業の減少によって引き起こされたものであり，このことは多くの「パパ・ママストア」によって形成される商店街の衰退につながった。ここに至り，商店街の活性化や再生というテーマが重要視されるのである。ただし，商店街の活性化というテーマは，すでに高度経済成長期から政策課題として取り上げられており，1990年代には，その政策効果も疑問視されるようになっていた。そこで，新たに注目されたのが，「まちづくり」の理念と手法であった。

　この政策方向の下で，1998年5月に大規模小売店舗立地法と中心市街地活性化法が制定され，あわせて都市計画法が改正された。これによって，「まちづくり三法」と称される新たな小売業の調整および振興政策が進められることとなった。まちづくり三法が施行されて，今では10年以上が経過している。中心市街地活性化法はその後改正され，地域によっては，同法を活用した中心市街地の活性化あるいはまちづくりが進んでいるが，全国的に中心市街地活性化が進んでいるとはいい難いのが現状であろう。

　反対に，「2007年商業統計」に示されたように，現在，小売商店数は120万店を割り込み約114万店まで減少している。1999年調査では，小売商店数はかろうじて140万店を保っていたのだから，同法を含む「まちづくり三法」

の下で，26万店もの小売商店が消滅したことになる。この間，2000年代に入って，このような状況を映し出し，次のような問題が指摘されてきた。無機質的・均一的に発展する郊外地域の「ファスト風土化」，多数の空き店舗の現出する「シャッター通り商店街」，そして過疎地域のみならず，大都市圏においても日常の買い物に難渋する「買い物難民」や買い物の困難が生命の再生産にまで影響をおよぼす「フードデザート」問題などである。

　これらの諸問題は，大型店の出店拡大や中小商店主の後継者難といった小売業に固有の問題に起因するだけでなく，経済のグローバル化や地域産業の衰退，人口減少，高齢化社会の進展など経済社会的な変化に規定されながら進行している。したがって，これら諸問題が鋭く現れる現代流通を考察するには，幅広い分析視角が必要となる。また，地域の商業や流通問題はもはや活性化にとどまらず，「再生」という処方が必要な段階に到達していると考える。そして，自ずと「地域再生」への接近は多様な方法論を必要とする。

　それゆえ，本書は2部構成をとり，第Ⅰ部では，地域再生に接近する理論や歴史，流通政策の役割などについて考察する。まず第1章「地域の再生と流通理論」では，地域再生の必要性や課題，それらと流通理論との関連や応用を議論する。第2章「地域の再生とまちづくり」では，都市の動態的変化と消費の変容を論じ，コンパクトシティの意義や課題を明らかにする。第3章「商店街振興と地域の再生」では，社会的有効性の概念を基軸に商店街振興政策の歴史的展開を示し，商店街の現状を統計的に明らかにする。そして，近年施行された地域商店街活性化法を取り上げる。第4章「流通政策の歴史と地域の再生」は，流通政策における調整政策の位置づけを論じ，調整政策の具体的な展開を歴史的に解説する。第5章「自治体による地域商業振興条例と地域の再生」は，近年多くの地方自治体で整備されている地域商業振興条例を取り上げて，その意義や課題について産業振興と連動させて論じる。

　つづく第Ⅱ部では，地域に生起する具体的な諸問題と関連させて地域再生の現状と課題を検討していく。第6章「大型店撤退問題と地域の再生」では，これまであまり取り上げられなかった大型店の撤退問題を豊富なデータや実情から解明する。第7章「環境・高齢化問題と地域の再生」では，従前

の商店街の活性化を整理し，新たな活性化の取り組みについて「環境」と「高齢化」から接近する。第8章「観光と地域の再生」は地域再生に果たす観光の役割を，地域ブランド戦略を含めて論じる。第9章「フードデザート問題と地域の再生」は，近年注目を集めるフードデザート問題に関して，広く国内外の実態や研究をフォローしたうえで，実証研究を進める。第10章「NPOと地域の再生」は，流通を中心に地域再生におけるNPOや市民運動の役割および実情を取り上げ，経済メカニズムとの相関関係を論じ，社会関係を重視した「ネットワーク論」を展開する。

　2011年3月11日に東日本大震災が起こり，多くの尊い人命が失われたのみならず，地域社会に深刻な爪痕を残した。さらに，福島第1原子力発電所の事故により放射性物質の影響は続き，今なお多くの人びとが故郷に帰ることができないばかりか，消費生活にも多大な影響をおよぼしている。阪神・淡路大震災時においては，コンビニエンスストアの「ライフライン」的な役割が認められたが，今次の震災直後では，地域の中小商業の存在が再評価される側面もあった。今後，本書にまとめられた方法論を用いて，地域商業の根源的な意味も探り，地域復興にも寄与していきたい。

　最後に，出版事情が困難な折，日本流通学会25周年出版企画に賛同し多くの労をとっていただいた白桃書房とりわけ編集部の皆様に御礼申し上げる。

2012年10月1日

　　　　　　　　　　　　第1巻 編著者　佐々木保幸，番場博之

目　次

まえがき　i

第Ⅰ部　地域の再生をめぐる理論と政策

第1章　地域の再生と流通理論 …………………………………3

1　はじめに―今なぜ，地域再生が必要なのか―　3
2　地域再生と流通活動の空間的視点　5
3　都市所得の発生・循環システムと都市流通システム　7
　　3－1　都市経済と所得の発生・循環システム　3－2　都市流通システムのネットワーク関係　3－3　都市流通システムの空間的競争関係
4　都市流通システム発展の不安定性と空間的偏在　14
5　都市流通システム発展の矛盾と地域経済への影響　17
6　おわりに―都市流通システムの再構築と地域再生の方向―　20

第2章　地域の再生とまちづくり …………………………………25

1　はじめに　25
2　都市の拡大と商店街の衰退　26
　　2－1　人口のドーナツ化とスプロール化する都市　2－2　消費市場の郊外化と商店街の衰退
3　まちづくりをめぐる社会環境の変化　29
　　3－1　人口構造の変化と消費の変容　3－2　自動車社会と格差の拡大

4　小売商業政策の転換とまちづくり　32
　　　　4－1　調整政策からまちづくり政策へ　4－2　まちづくり三法の改正　4－3　郊外化の抑制と中心市街地活性化
　　5　コンパクトシティ構想とまちづくりの方向性　36
　　　　5－1　コンパクトシティとその効果　5－2　コンパクトシティ構想の課題
　　6　おわりに　42

第3章　商店街振興と地域の再生　………………………45

　　1　はじめに　45
　　2　商店街振興政策の歴史　46
　　　　2－1　商店街振興組合法　2－2　中小小売商業振興法　2－3　改正中小企業基本法における商店街振興政策の位置づけ　2－4　地域商店街活性化法
　　3　商店街振興における社会的有効性の評価　51
　　　　3－1　80年代の流通産業ビジョン　3－2　21世紀に向けた流通ビジョン　3－3　新流通ビジョン
　　4　商店街の現状　53
　　　　4－1　商店街実態調査　4－2　中小小売商業振興法による商店街活性化の取り組み　4－3　商業統計表　4－4　商業集積に立地する優位性の低下
　　5　おわりに　61

第4章　流通政策の歴史と地域の再生──調整政策の歴史──…67

　　1　はじめに　67
　　2　流通政策における調整政策の位置づけ　67
　　3　大規模小売業規制の軌跡①
　　　　─百貨店法，大規模小売店舗法─　69
　　　　3－1　百貨店の生成　3－2　中小小売商の困窮と小売商業政策　3－3　百貨店法の成立と廃止　3－4　百貨店法の復活と小売

商業調整特別措置法　3－5　大規模小売店舗法の成立とその背景　3－6　大規模小売店舗法の運用強化　3－7　大規模小売店舗法廃止の経緯　3－8　大規模小売店舗法の問題点

4　大規模小売業規制の軌跡②
──大規模小売店舗立地法，都市計画法──　79
　　4－1　小売業の郊外化　4－2　まちづくり三法の成立
5　調整政策と地域　82
6　おわりに　85

第5章　自治体による地域商業振興条例と地域の再生 ……………89

1　はじめに　89
2　地域商業振興条例制定の背景　89
　　2－1　小零細小売業の減少および商店街の衰退問題　2－2　商店街組織への加入促進等に関する条例制定の背景
3　地域商業振興条例の制定　93
　　3－1　地域商業振興条例の制定　3－2　地域商業振興条例の全国的拡大　3－3　地域商業振興条例の役割および効果
4　地域商業振興条例と地域産業振興政策　97
　　4－1　地域商業振興条例の類型　4－2　地域振興型条例の内容　4－3　産業振興（中小企業振興）型条例の内容
5　おわりに─地域産業振興政策と結びついた地域商業振興に関する条例の意義─　105

第Ⅱ部　地域再生に向けた取り組み

第6章　大型店撤退問題と地域の再生 ………………………………111

1　はじめに　111
2　大型店出店状況　112
　　2－1　大型店の面積規模別の出店状況　2－2　大型店の立地

　　　　形態別の出店状況
　3　大型店撤退の実態　　115
　　　　3－1　大型店撤退の全国・九州地区の現状　3－2　大型店撤退の立地・規模別特徴
　4　大型店に対する政策の経緯　　120
　　　　4－1　伝統的な大型店規制法　4－2　「まちづくり三法」
　　　　4－3　「まちづくり三法」改正　4－4　大型店の社会的責任としての地域貢献への取り組み
　5　大型店撤退問題と地域再生に向けて　　125
　　　　5－1　大型店撤退問題とその再活用の事例　5－2　大型店撤退問題と地域再生に向けて
　6　おわりに　　127

第7章　環境・高齢化問題と地域の再生
　　　──市場と非市場の連携による新たな商店街の活性化──
　　　　………………………………………………………………………131

　1　はじめに─環境・高齢化問題と商店街活性化─　　131
　2　商店街問題のこれまでの活性化と新たな取り組み　　133
　　　　2－1　市場領域におけるこれまでの商店街活性化　2－2　非市場領域重視による新たな商店街活性化の展開
　3　環境問題に対応した商店街活性化と地域再生　　136
　　　　3－1　空き缶回収機と商店街の自主的分権的ネットワーク
　　　　3－2　市場と非市場のネットワーク連携による商店街活性化と地域再生
　4　高齢化問題に対応した商店街活性化と地域再生　　140
　　　　4－1　大型店問題と高齢化による商店街の苦戦と新たな活性化への模索　4－2　医商連携のネットワークによる商店街の活性化と地域再生
　5　おわりに─商店街の新たな活性化にみる理論的な諸問題─　　147

第8章　観光と地域の再生　……………………………………155

1　はじめに　155
2　地域の再生における観光の役割　156
　　2−1　観光が注目される背景　2−2　観光と地域の魅力づくりの関係（観光がもたらす効果）
3　地域ブランドの確立と観光　161
　　3−1　地域ブランドが注目される背景　3−2　地域ブランドとは何か　3−3　地域団体商標　3−4　地域ブランドの確立と観光
4　魅力ある地域づくりに向けて　167
　　4−1　地域の評価　4−2　観光による地域再生への取り組みの事例
5　おわりに　171

第9章　フードデザート問題と地域の再生　……………………175

1　はじめに　175
2　フードデザート問題とは　175
3　海外での先行研究　177
4　FDsの発生要因　179
　　4−1　問題発生の背景　4−2　要因1：都市構造の変化
　　4−3　要因2：社会的弱者の増加
5　日本での事例研究　182
　　5−1　FDsエリアの買い物環境　5−2　栄養状態の分析
　　5−3　コミュニティとのつながり
6　FDs問題の解決と地域の再生　188
　　6−1　買い物弱者支援事業の問題点　6−2　成功事例
7　おわりに　191

第10章　NPOと地域の再生 …………………………………………… 195
　1　はじめに　195
　2　台頭するサード・セクター　196
　　2－1　NPOとは何か―その多様性と複雑性―　2－2　なぜNPOは存在するのか――一般的通説―
　3　疲弊する地域経済―「ウォルマート化」する地域社会―　201
　　3－1　大型店と地域社会　3－2　ソーシャル・キャピタルの衰退と「政府の失敗」
　4　地域再生に挑むNPO　205
　　4－1　地域再生への市民参加　4－2　社会的つながりを再建するNPO
　5　NPOとパートナーシップ　208
　　5－1　コミュニティ開発における公民パートナーシップ　5－2　NPOと地域再生のパートナーシップ
　6　おわりに　212

第Ⅰ部

地域の再生をめぐる理論と政策

第1章

地域の再生と流通理論

1 はじめに―今なぜ，地域再生が必要なのか―

　今日ほど，地域の再生が求められている時期はない。それほど，地域が疲弊し衰退しているからである。日常生活にさえ困る地域住民が増え続けるなど，地域社会の困窮化が大きな社会問題になっている。あらためていうまでもなく，さまざまな問題が地域社会を襲っている。企業倒産や工場移転に伴う失業者の増加，大卒の就職内定率は回復せず「超氷河期」が続くなど，雇用環境は悪化する一方であり，生活の現場では近隣の商店が廃業し，地域コミュニティの喪失やまちの活力減退に拍車がかかっている。

　確かに，高度成長過程をとおして経済的な豊かさという大きな恩恵が地域社会にもたらされ，地域住民の生活は著しく上昇した。しかし，バブル経済の崩壊後の長期にわたる不況のなかで，あらためて経済成長の影に隠されていた，さまざまな問題や歪みが地域社会の現場で表面化してきた。例えば，雇用面にみられる失業者の増加の背景には，正規雇用が削減される一方で，非正規雇用が増加するという雇用調整が進んでいったが，グローバル経済化の進展とともに，リーマンショックが世界を駆けめぐり，それに追い打ちをかけるように，正規雇用も非正規雇用もどちらも削減を余儀なくされる事態へと推移するなど，極めて厳しい雇用環境になっていることが窺える。

　なかでも，「2009年は，希望退職募集・解雇が5％であるのに，有期・パートなどの非正規雇用の雇い止め解雇は12％，派遣切りは17％と，非正規雇用が大規模に削減されていった」[(1)]という。まさに，地域社会は不安定就業者に依存する構造を内包しつつ，さらに雇用環境の不安定さが増すことに

なり，地域住民の将来への不安感を増幅させるとともに，生活そのものを苦しめてきたのは間違いない。

　最近の地域経済の状況をみると，地域ごとの産業集積の違いやそこでの所得の発生・循環システムの変化などにより，地域間のばらつきが広がっている。しかも，地域間のばらつきを平準化する狙いでおこなわれてきた地域への所得の再配分機能が政府の財政難により低下し，公共投資も縮小するなか，「民間部門の需要における地域間のばらつきを平準化する機能を低下させ」[2]，地域間格差が拡大してきた。まさに，地域社会を支えてきた所得の発生・循環システムがバブル経済の崩壊によって構造的に変化し，グローバル経済化や少子高齢化などの進展と相俟って，地域社会は閉塞感に陥り，将来に明るい展望が開けない状況にあるといってよい。

　いずれにしても，地域経済を取り巻く今日の状況は短期的な要因というよりも，構造的な変化によってもたらされたものだといってよい。それだけに，これまで地域社会を支えていた経済システムそれ自体が変化するなかで，新たな活性化の方向を見出すのは容易なことではない。

　こうした構造的変化の背景には，「地域間格差の是正」「国土の均衡ある発展」を目標に掲げ，推進してきた戦後の国土計画が結果的に失敗に終わったことと大きく関わっているといってよい。1962（昭和37）年に策定された全国総合開発計画を中心に5次にわたり，その時々の時代の要請に応じた諸問題の解消に向けて，諸政策が展開されてきた。そこでは，その時々に拠点開発構想，大規模プロジェクト構想，定住構想，交流ネットワーク構想，参加と連携などの開発方式を掲げ，目標達成に向けた諸々の社会的インフラ整備に努めてきたのは周知のことである。

　しかし，「今なお東京と太平洋ベルト地帯に偏った一極一軸構造が是正されているとは言い難く，地方圏では，依然として過疎に苦しむ地域が多く，地方都市では中心市街地の空洞化が大きな問題となっている。……さらに都市郊外部での市街地の拡大・拡散や農山村での周辺との調和に欠けた土地利用に伴い国土全体の計画が混乱していることや，土壌汚染，水質汚染，不法投棄が社会問題化」[3]するなど，依然として地域社会の抱えている諸問題は深まることさえすれ，解消するには至っていないのが現実である。

こうしたなかで，2011年3月に東日本大震災が発生し，これまで進めてきた国土計画に基づく社会的インフラが無惨にも崩壊するのを目の当りにして，これまでの地域づくりの方針を大転換し，あらためて地域再生の必要性をわれわれに強く促す契機となったのはいうまでもない。被災地の産業が操業不能に追い込まれるなかで，部品の調達難や仕事量の減少，さらには計画停電による操業の見直しなどがみられ，被災地のみならず，他地域でも産業や雇用，ひいては住民の生活にも大きな影響をおよぼすことになった。

　なかでも，年々増加する生活保護世帯は厚生労働省によると，2005年度には100万世帯を超え，2012年3月時点で約153万世帯，実人員で約211万人となり，過去最高となったことが明らかになった[4]。あらためて，経済的に困難な状況に直面している地域住民の生活を支援するため，今こそ地域を活性化するとともに，地域雇用の創造を図り，持続可能な地域へと再生していくことが求められているといってよい。

2　地域再生と流通活動の空間的視点

　地域再生の処方箋を考えていくうえで，ここでは経済活動のなかでも流通活動の空間的視点に焦点をあてることにする。それは，中心市街地の空洞化問題にみられるように，都市（まち）が崩壊の危機に瀕するという現実の矛盾した状況のなかで，いやがうえにもわれわれに都市における流通ネットワーク構築のあり方，言い換えれば流通活動と都市との相互関係をどのように考えるべきか，現実の差し迫った問題として突きつけているからである。

　今日の市場経済の下では，生産に始まって流通，そして消費に至る一連の活動は相互に関連性を保ちながら，ひとつの経済システムとして作用している。なかでも，流通活動は市場での取引（売買）連鎖をとおして，社会的に分離した生産と消費を結びつけるネットワーク機能を担うことで，市場経済システムにおける「要」の役割を果たしているといってよい。

　地域社会が抱える問題は多岐にわたり，流通活動の果たす役割も消費者に製品・サービスを安定的かつ低廉なコストで供給することだけではなく，まちづくり問題，高齢化問題，環境問題などの新たな社会的課題への対応が強

く求められることになっている⁽⁵⁾。今日的な課題である商店街問題ひとつとっても，かつては中小小売商の困窮化問題として捉えられ，その対応策も組織化による共同事業，すなわち商店街整備事業，店舗共同化事業，連鎖化事業などの推進に力点が置かれていた。商店街に空き地・空き店舗が発生しても，新規店舗の出店で直ぐ埋まっていく状況のなかでは，集団的形態としての経営組織論的視点からの役割や機能の強化が求められたのも頷ける。

しかし，中小零細店舗を中心に商店数の減少傾向が続くなか，商店街の空き地・空き店舗の恒常化はそれまでの流通政策のあり様を根本から変えることになる。商店街の疲弊・衰退は都市空間的にみて，中心市街地の空洞化を引き起こし，都市（まち）の活力それ自体を損なうとともに，都市構造の歪みをもたらし，住民生活のあり方そのものの変容を迫ることになったからである。それまでの調整政策や振興政策を超える，都市政策との融合化の視点からの対応が求められ，いわゆる「まちづくり三法」が制定・施行されることになった。

三法の制定当初は，改正都市計画法で商業機能を適正にゾーニング規制し，立地場所の決定後には大規模小売店舗立地法で周辺の生活環境の保全を求める一方，中心市街地活性化法に基づく支援策により，街なか再生が実現するものと考えられていた。現実は，政府の思惑どおりには進まず，商業機能の郊外化を抑制しえなかった。シャッター通りの拡大や大型店の撤退問題など，中心市街地の空洞化がさらに進み，地域社会が崩壊の危機に晒され，地域住民の生活はますます不安定化することになっている。流通活動にみられる対立軸が大型店対中小小売店から都心（中心市街地）対郊外へと変化するなかで，都市流通のあり方が空間的に大きく変容していくことになった。

そこでは，地域コミュニティの再生とそれを支える都市流通の重要性があらためて認識され，また過度な市場経済原則の追求を見直すことをとおして，地域の文化・歴史に培われた社会的有効性の理念に依拠する流通システムを重視する考え方が注目されるようになる。つまり，まちづくりの視点から都市流通のあり方が問い直されることになったといってよい。

しかも，人口減少時代が到来し，少子高齢化の進展とともに，中山間地域に高齢化率5割を超える限界集落が出現し，都市部はかつて高度経済成長の

象徴として建設されたニュータウンが，定年を迎えた団塊の世代を多く抱えるオールドタウンへと変質してきた。その結果，地域社会の活力は著しく低下し，住民の日常的な生活を支えていた近隣の店舗が廃業することで，地域住民（とくに高齢者など，車を運転できない人びと）が生活用品の購入にさえ困る，いわゆる「買い物難民」が多く出現することになっている。

そうしたなかで，これまでの市街地を拡大する一辺倒の都市政策に反省を加え，都市機能を拡散から集約化するコンパクトシティづくりへの転換が叫ばれ，まちづくり三法が改正されることになった。だが，三法が改正されたとはいえ，そこでの都市流通のあり方が必ずしも明確に示されているわけではない。地域再生と都市流通の関わりをどのように考えればよいのか。都市流通の魅力を再構築するための方策はあるのか。そのことをとおして地域再生を現実のものとすることができるのか。今まさに，崩壊の危機にある地域の再生に向けて，都市流通の果たす役割を明らかにすることが求められているといってよい。

ここでは，こうした問題意識にそって都市流通のあり方を流通理論の空間的視点と関連させながら検討することにある。それは，流通活動と都市との相互関係に焦点をあてつつ，ダイナミックに変転する現代都市流通システムのあり方をまちづくりの視点から検討することであり，このことをとおして地域再生の方向性も明らかにしえるものと考えている。

3 都市所得の発生・循環システムと都市流通システム

3－1　都市経済と所得の発生・循環システム

今日の市場経済の下での流通活動は，集積拠点としての都市を舞台に営まれ，都市を拠点に生産活動と消費活動を取り結んでいる。すなわち，流通活動は歴史的かつ空間的に都市を舞台に展開し，両者は相互に依存しながら一体的関係を持ちながら発展してきた。それは，都市の発展を規定づけてきたのは流通活動の広がりであり，流通活動の発展基盤はその集積拠点としての都市でもあったからである[6]。

歴史的にみて，古くは市（いち）にみられるように都市と周辺農村との取

引活動，さらには交易圏の拡大をもたらした遠隔地商業などは都市を拠点に形成・発展してきた。近年では，大量の労働者の大都市への集住による大規模な消費財流通市場および生産財流通市場の形成にみられるように，まさに流通活動は都市を拠点に展開し，その都市の発展をも促してきた。実際に，流通活動は空間的には市場取引活動の結節点であり，集約点でもある都市を舞台にして，対内的かつ対外的な取引関係を取り結びながら，都市の盛衰という明暗をもたらすことによって，そこでの経済活動はもとより，われわれの生活のあり方にも直接的に関わり，大きな影響をおよぼしてきた。

都市流通のあり方を検討していく場合，筆者は生産システムと消費システムを調整する流通システムがどのように都市システムとのネットワーク関係を構築しながら形成・発展していくのか，そのメカニズムを明らかにする必要があると考えている。それは，流通システムの競争構造を空間的視点から分析することであり，そのための分析枠組みを提示する必要があることを意味している。なぜなら，これまでの流通システムに関する競争構造分析が部門別分化に対応した同一段階における水平的競争や異形態間競争，さらには段階分化に対応した垂直的競争に依拠した研究にとどまり，都市空間レベルでどのように展開されるのかという空間的競争分析にまでおよんでこなかったからである。

これまで筆者は，流通活動が都市を舞台に展開する対内的取引側面と対外的取引側面との全体として織りなすネットワーク関係を意味するコンセプトとして「都市流通システム」概念を提起し，その都市流通システムの内容を都市経済の仕組みと関連づけて分析してきた。それは，生産システムと消費システムを結びつける流通システムの概念を国民経済という抽象レベルでなく，より現実的かつ都市空間レベルで解き明かすためには，「都市流通システム」という新たな概念が必要であると考えたからである。このことにより，地域経済という都市空間レベルにおける商業集積内および商業集積間の競争メカニズムを明らかにすることができよう。

その際，都市経済が都市の対外的取引活動をとおして発生・獲得した所得の域内での循環によって成立し，対内的取引活動をとおしてその所得循環の輪が拡大・深耕することによって発展していくことに着目した。それは，国

民経済レベルの流通システムは産業構造の特性や変動に規定されるが，都市経済レベルでは産業構造の違いが都市の性格や成長に影響を与えているとはいえ，直接的には都市流通システムのあり様を規定しているわけではないからである。都市経済レベルでは国民経済レベルとは異なり，開放性が高く，所得の生産・分配・支出の三面等価の原則が成り立ちにくいため，都市流通システムのあり様は対外的・対内的取引連関に基づく所得の発生・循環メカニズムに関わり，そこでの都市システム間のヒエラルヒーによる系列・結合関係に影響されることになる。

　このことを理解するには，かつて同じ百万都市であった北九州市と福岡市との，その後の都市発展の差異に着目していただければよい。企業都市としての北九州市と地方中枢都市の福岡市とでは，明らかに所得の発生・循環メカニズムに大きな違いがあり，そのことが両都市の盛衰を引き起こす要因であった。企業都市の場合，生産部門の集積による生産所得の発生・拡大がみられても「出先工場化」することで，そこでの分配所得は専ら雇用者所得にとどまる。それは，取引機能が本社の立地する東京や支社・支店が立地するブロック経済圏の中心都市等に集積することにより，分配所得のうち企業所得や取引連関に基づく雇用者所得，さらには財産所得がそれらの都市に流出してしまうからである。その結果，企業都市の所得の発生・循環は狭隘化し，都市成長を抑制していくことになる。

　それに対して，地方中枢都市の場合，ブロック経済圏の統括機能を担うことにより，取引機能の集積が進んでいくことになる。因みに，福岡市の卸売販売額は九州のそれの45％強を占めるほどの集積がみられる。こうした取引機能の集積に伴う分配所得が他都市から流入してくることになり，それに依拠する雇用者所得や新たな企業所得，さらには財産所得が生み出される契機となる。しかも，経済的中枢管理機能の充実により高次都市機能の集積が進んでいくことになる。その結果，地方中枢都市の所得の発生・循環は広域化し，都市成長を促進していくことになるからである。

3－2　都市流通システムのネットワーク関係

　都市流通システムが都市経済との空間的関わりからみて，都市における対

内的取引活動と対外的取引活動に依拠したシステムから構成され，両システムが相互に依存しながら発展していくという考え方は，マーケティング学者のコックス（Cox, R.）が指摘した「都市を形成する産業」（city-forming industry）と「都市に奉仕する産業」（city-serving industry）というコンセプトに依拠したものである(7)。このコンセプトを援用することで，流通活動と都市の対外的側面と対内的側面を同時に分析でき，卸売活動と小売活動の両面と都市経済との相互関係についての一体的な解明が可能になると考えたからである。

いうまでもなく，「都市を形成する産業」および「都市に奉仕する産業」を都市経済総体と関連づけてみる場合には，全ての産業を両者に分類する必要があろう。ここではあくまでも，流通活動と都市経済との相互関連をみていくことを主眼としているため，流通活動のうちの卸売活動を「都市を形成する産業」，小売活動を「都市に奉仕する産業」として位置づけることで，都市流通システムの内実を明らかにしようとしたわけである。

図表1－1は，都市流通システムのネットワーク関係をモデル化したものである。まず，卸売流通システムの展開をとおして，財やサービスの域外との移出入により，都市経済発展の原動力である都市所得を域外から獲得し，拡大していくことが必要であることを意味している。そのことが当該都市に企業所得や雇用者所得などの獲得・拡大をもたらし，そこに新たなビジネス・チャンス（投資機会）を創出する一方，雇用機会の拡大を通じて人口吸引力が高まっていくことになる。

また，当該都市に人口が集住していくには，豊かな消費市場を形成していくことに奉仕する小売流通システムの展開が必要となる。しかも，小売取引による所得の域内循環が深化していくほど，充実した都市生活を享受していくことができるようになる。そして，両者の都市流通システムがバランスよく展開していくことにより，都市経済の活力と住民生活の豊かさが培われていくことになる。

こうした都市流通システムのネットワーク関係について，加藤司は前述したコックスの「都市を形成する産業」と「都市に奉仕する産業」という分類は都市の発展・外延的拡大のなかで理解することができるとして，次のよう

図表1-1　都市流通システムのネットワーク関係

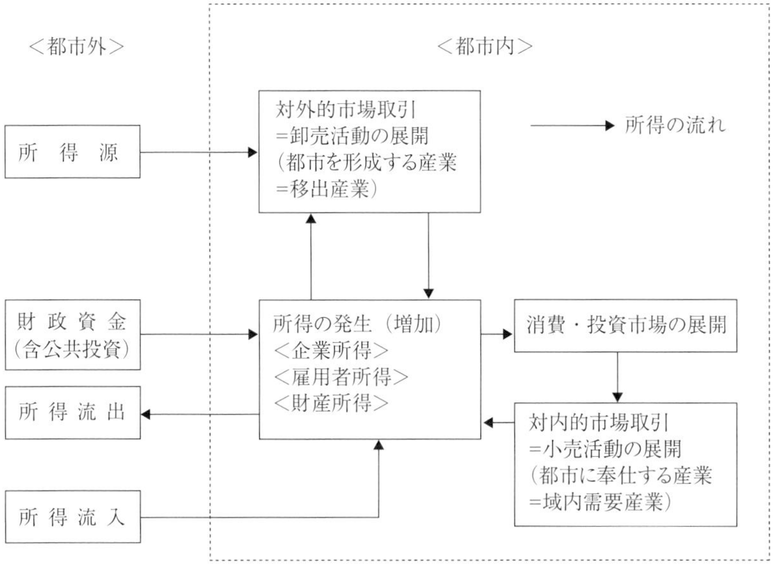

```
<都市外>                    <都市内>

                       対外的市場取引
  所 得 源  ────────→  =卸売活動の展開          ──→ 所得の流れ
                       （都市を形成する産業
                        =移出産業）
                            ↑↓
  財 政 資 金                所得の発生（増加）      消費・投資市場の展開
  （含公共投資） ──────→  <企業所得>        ──→
                             <雇用者所得>             ↓
  所 得 流 出  ←──────  <財産所得>         ←── 対内的市場取引
                                                    =小売活動の展開
                                                    （都市に奉仕する産業
  所 得 流 入  ──────→                            =域内需要産業）
```

に指摘する。「一般に小売業は地域住民の日用生活品を提供することが大きな役割であり、コックスのいう都市に奉仕する産業の典型例である。とくに近隣型、地域型といわれる商業集積がこれにあたる。他方、（超）広域型商店街の場合には商圏が拡大し、地域外から観光客や消費者を集客し、いわば外貨を稼ぐ役割が大きくなっていく。とくに日本のように都市が外延的に拡大し、住宅が郊外へ移動したにもかかわらず、職場や学校が都心部にあり、住民が郊外へ通うような都市構造を持つ場合には、都心の小売業はまさに都市を形成する産業へ変質することになるからである。」[8]という。

　小売商業集積の類型パターンのうち、近隣型と地域型のそれは「都市に奉仕する産業」であり、（超）広域型商店街の場合は商圏の拡大に伴い外貨を稼ぐ「都市を形成する産業」へと変質するという加藤の指摘は、ここでいう「都市」を現実の行政区の都市として把握することを前提にしたものである。（超）広域商圏を持つ小売商業集積が当該都市の行政区域を超えて、（超）広域から所得を稼ぐ産業として成り立つ関係にある。

しかし，こうした考え方が既存自治体間に無秩序で近視眼的な大型店誘致活動を引き起こす背景ともなってきたのは，いうまでもない。いわゆる「財政ゾーニング」問題[9]として，当該自治体が財政目的から開発を推進したり抑制したりすることで，周辺自治体に大きな影響をおよぼすことになり，公正・公平の視点から都市間協調の必要性が指摘されてきたことである。したがって，加藤は続けて「こうした分類は，商業集積間の競争がより広域化し，都市間での競争が激しくなる中で重要になりつつある。というのは，特定の市町村における大型店の誘致は固定資産税，雇用による所得税を増加させることになっても，顧客を奪われる周辺市町村にとっては深刻な打撃を被ることになるからである。対抗上，後者も大型店を誘致するとすれば，そうした誘致競争がいずれ商業施設のスクラップ・アンド・ビルドを通じて結局『共倒れ』に陥ることになることは容易に想像できよう」[10]と，指摘することになっている。

　まさに，小売業は基本的に財布の中身に関わる所得そのものを生み出し，増やす産業としての「都市を形成する産業」ではなく，あくまでも財布から出て行く所得の支出選択先に関わる産業としての「都市に奉仕する産業」なのである。したがって，このことは小売活動の競争関係を明らかにする場合後述するように，既存の行政区域の「都市」内の競争関係としてではなく，そのおよぶ範囲としての「商圏」内での小売流通システムのあり様，すなわち都市圏小売流通システム内の競争関係として，そしてそこでの商業施設の配置を考えていかなければならないことを意味している。漸く，まちづくり三法のひとつである都市計画法の2006年改正により，大型店立地の広域調整を都道府県知事がおこなうようになったのも，商圏内での立地調整が必要であったことを，遅ればせながら認める結果となっている。

3－3　都市流通システムの空間的競争関係

　都市流通システムの形成・発展に関わる基本原理は，都市住民に提供される財やサービスの性格に規定された購買行動の差異に依拠した都市流通システムの階層性に関わる原理として，クリスタラー（Christaller, W.）の均衡的中心地体系モデルが考えられてきた[11]。

しかし，市場経済システムそのものが各々の経済主体間の自然発生的な社会的分業を基本としつつ形成・発展していくものであるかぎり，そこでの都市流通システムの階層性も規則的かつ均衡的ではなく，常にダイナミックかつ不均衡な状態にある。このことは，小売流通システム分析にみられるコモディティ・アプローチに依拠した小売商業集積の類型理論についてもあてはまる。類型理論における分析フレームが静態的かつ固定的であり，空間的に展開するダイナミックな競争過程を見落とすことになっていたからである。確かに，最寄品と買回品という商品特性と消費者の購買行動との間に一定の相関関係が存在し，近隣型，地域型，広域型，超広域型という商業集積の4パターンが形成・分類されてきた。その結果，立地する場所の条件に応じて競争対象と競争様式が一定しており，それによって競合する立地の商業集積間に補完関係が存在することになっていた。

　しかし，今日ではモータリゼーションの進展とともに，消費者の生活行動が多様化・広域化し，郊外型ショッピングセンターやロードサイド型店舗などの新しい商業集積が開発されたことなども相俟って，商業集積の顧客吸引力が変化し，かつての購買行動と商業集積の立地パターンとの間にみられた一定の関係が薄れ，立地競争様式が多様化している。実際に，消費者の店舗選択行動も新しい商業集積の形成・発展により多様化しており，各々の商業集積間において対立・競争関係に依拠したダイナミックな競争過程をとおして，不安定で不均衡な発展がみられるようになっている。中心市街地の空洞化は，まさにこうした商業集積間の対立・競争関係のひとつの矛盾した現象形態を意味しているといってよい。

　それでは，都市流通システムがダイナミックな競争過程をとおして，一定の秩序が常に脅かされ，不安定かつ不均衡な構造になっているのはなぜか。それは，市場経済の下での都市流通システムが資本蓄積の観点からみて，「集積の利益」という社会的空間と協業との費用関係，すなわち生産―流通―消費の諸要素が一定の都市空間へ集中することによって生み出される外部経済または外部効果による費用節約の原理に依拠して，調整されることになっているからである。

　ここでいう「集積の利益」は，「規模の利益」と「接触の利益」からなる

が，空間的競争の視点から重要なのは，企業間や外部条件との結びつきから生まれる「接触の利益」である。関連産業の立地や道路交通機関，商品・資本・労働市場，情報サービス機関などの整備により，外部経済から享受する流通費用の節約を求めて，自然発生的にさまざまな階層の企業・資本が都市内部の局所的集積，さらには都市としての集積などといった，ある特定地域（空間）に集中することによって，重層的な都市流通システムが形成され，発展していくことになる。

しかし，都市機能の過度の集積が地価高騰や交通混雑などの「集積の不利益」による外部不経済をもたらし，逆に都市流通システムの分散化を促すことになる。既存の商業集積と新たに形成された商業集積との間で激しい集積間競争が展開され，集積の不利益に陥った既存商業集積の停滞・衰退が進んでいくことになる。中心市街地の空洞化現象は集中による費用節約の原理がたえず作用しながらも，同時に過度な集中が地価高騰や交通混雑などの外部不経済による費用の上昇要因へと転化し，分散による費用節約原理が作用した「資本の論理」の結果といってよい。

このように，都市流通システムの不安定性と空間的偏在は市場競争という調整メカニズムによるものであり，「市場の失敗」といわれる現象である。当然に，これを克服するために政府による各種の流通政策が展開されてきた。そこでは，中小小売商の困窮化問題として組織化による共同事業への支援策から抜けきれず，「政府の失敗」により中心市街地の空洞化がさらに進展するといった政策上の限界がみられた。

まちづくり三法の制定および改定にみられるように，流通政策に都市政策と融合化したまちづくりの視点が重要視されることになったのも，いわば必然的な流れであった。今こそ，これらの失敗を克服する新たな調整機構を内包した都市流通システムの構築が求められているといってよい。

4 都市流通システム発展の不安定性と空間的偏在

都市における小売流通システムの競争構造は，単に都市の内部構造に依拠するのではなく，都市間競争による買物客の流入―流出関係を視野に入れてお

かねばならない。小売商業集積の空間的配置は，都市圏内における小売業の重層的な競争関係による集中—分散過程をとおして統合（調整）されていき，都市圏小売流通システムとして形成・発展していく。もちろん，そこでは不均衡と攪乱の過程のなかで調整されていくことになるが，都市圏住民の生活も個別小売商業資本間の競争的な対抗関係をベースに，重層的な階層構造のなかで実現されていくようになる。

　都市圏小売流通システムの形成・発展メカニズムを明らかにするには，クラッセン（Klaassen, L. H.）らの都市（圏）発展段階モデルが参考になる。クラッセンらによると，今日の都市発展は人口や都市機能の中心都市（都心部）への集中と周辺地域（郊外部）への分散というダイナミックな過程をとおして，成長・飽和・衰退という発展サイクルを描くという[12]。

　筆者は，この発展段階モデルを援用して，第1段階の「都市化」，第2段階の「郊外化」，第3段階の「逆都市化」，さらに第4段階の「再都市化」に対応した都市圏小売流通システムが集積の利益と不利益に翻弄され，不安定性と空間的偏在を伴いながら，重層的に統合・調整されていくことを明かにした。とくに，小売商業集積間競争が都市圏の発展段階によって異なることを，小売業態の立地特性ごとに分析し，都市型小売商業集積の空洞化と郊外型小売商業集積の優位性のメカニズムを明らかにした。すなわち，都市化の段階では百貨店や都心型スーパーが前述した「接触の利益」を最大限に発揮することにより，競争上優位な関係にある。商店街も「接触の利益」を発揮して発展していく。

　しかし，中心都市（都心部）に商業集積が進みすぎ，過密化することにより，地価高騰や交通混雑などの外部不経済が発生するようになると，人口や都市機能の郊外化がさらに進み，百貨店や都心型スーパーは「接触の利益」に陰りがみられるようになる。モータリゼーション化と相俟って，周辺地域（郊外部）にショッピングセンターやロードサイド型店舗などの新たな小売商業集積が形成され，中心都市（都心部）の競争関係の優位性が低下していく。中心都市（都心部）に集積していた既存商店街も，郊外化のいっそうの進展に伴い停滞ないし衰退を余儀なくされる。

　こうした郊外化のいっそうの進展はこれまでの関係を逆転させ，中心都市

（都心部）の小売商業集積の空洞化を促進することになる。いわゆる，「逆都市化」段階に移行することになる。その一方で，近隣地区においても食品スーパーやコンビニエンスストアなどの立地により，集積の不利益に陥っている既存商店街の空洞化がさらに進み，小売商業集積の不安定性と空間的偏在が引き起こされることになる。このように，新たな小売商業集積の形成・発展をとおして，商業集積間競争がダイナミックに展開し，近隣商圏における需要と供給の不均衡に伴う既存小売商業集積の空洞化が引き起こされていく。

　都市圏小売流通システムの競争関係はそれだけではない。さらに交通インフラの整備もあって消費者の生活行動は広域化していくため，周辺地域（郊外部）への小売分散化を越えて，より上位都市との競争関係のなかに組み込まれることにより，二重の挟撃を受け，下位の中心都市（都心部）はますます厳しい状況に追い込まれていく。都市圏小売流通システムの攪乱と不均衡化がいっそう進んでいき，とくに地方中小都市の都心部はますます空洞化を強め，都市の停滞ないし衰退現象を招くことになっている。このことが，わが国の都市圏小売流通システム発展の今日的状況である。

　こうした都市圏小売流通システムの矛盾は，市場経済システムにおける調整機構が市場機構の持つ競争メカニズムをベースとする編成原理に依拠していることに由来する。それは，経済的効率性を軸とした資源配分方式を追求したことによる。したがって，都市圏小売流通システムは都市圏内における小売業の空間的偏在とそこでの需要と供給の不一致の累積的拡大（中心都市と周辺地域，さらには都心部と郊外部での民間投資と社会資本の過不足，都市間格差の拡大など）により，安定的で均衡的な発展が阻害されることになるといってよい。

　空洞化する中心市街地の活性化だけでなく，郊外部の商業集積をどのように考えていくのかは，小売業と都市圏の関係を考えていくうえで極めて重要であるのはいうまでもない。ここにこそ，都市圏小売流通システムの矛盾が現れているものといってよく，すなわち市場経済システムにおける調整機構が競争メカニズムをベースとする編成原理に依拠していることによる「市場の失敗」と，それを是正すべく展開されてきた流通政策による「政府の失

敗」とによって引き起こされていると考えている。こうした空間的な市場の不安定性と不均衡性を引き起こす「市場の失敗」と「政府の失敗」を是正・改善していく新たな調整機構として，これまでまちづくりの視点から都市圏における商業集積の空間的配置を制御する必要性を主張してきたわけである。

5 都市流通システム発展の矛盾と地域経済への影響

　市場経済システムの下では，都市圏小売流通システムは安定的かつ均衡的に発展していくのではなく，流通システム主体間の激しい競争と協調をとおして，ダイナミックかつ不均衡な発展を強いられることになる。街なか再生に向けた商業施設の立地誘導と抑制による空間的配置のあり様を考えていくうえで，検討しておかねばならないのは大型店の立地による地域経済への波及効果についての検証である。それは，その検証の不十分さこそが都市圏内の商業集積の適正配置の必要性をあいまいにしてきたと考えているからである。はたして，大型店の立地が地域経済の振興に貢献してきたのか，ここでは地域再生と流通活動との関連を考えるうえで重要な論点である，雇用効果の視点に絞ってみていくことにする[13]。

　周知のように，商業統計調査によると，全国の小売商店数はバブル経済崩壊後も減少傾向を続け，年間販売額は1997年以降減少（2007年は微増）する一方，大型店の出店により売場面積は増加を続け，その結果売場効率は1991年以降減少傾向にあり，過当競争の時代に入ったことを示している。従業者数は売場面積の拡大とともに増加してきたが，過当競争下にあって1999年をピークに，その後減少傾向にある。

　小売従業者数は，2000年前後以降減少しているとはいえ，それまでは増加してきたことは間違いない。すなわち，売場面積の増加はパートタイマー雇用によって凌いできたものの，売場効率が著しく低下していくなかでは，なおいっそうのコスト削減が求められることになる。そのために，売場面積が2000年以降も増加していくなかでも，従業者数は減少していかざるをえない状況に陥っている。それほど，小売環境の厳しさが示されているといってよ

図表1-2　全国小売業の従業上の地位別従業者数の推移

	1996年	2001	2006	1996～2001	2001～2006
従業者数	9,071,160	9,004,337	8,540,086	△ 66,823	△464,251
個人業主	892,344	757,019	615,460	△135,325	△141,559
無給家族	384,220	314,058	244,790	△ 70,162	△ 69,268
有給役員	727,642	670,500	596,134	△ 57,142	△ 74,366
常用雇用	6,460,760	7,035,802	6,864,210	575,042	△171,592
正社員	3,551,254	3,041,651	2,690,517	△509,603	△351,134
その他	2,909,506	3,994,151	4,173,693	1,084,645	179,542
臨時雇用	606,194	226,958	219,492	△379,236	△ 7,466

（資料）事業所・企業統計調査。

く，興味深い。そこで，小売業従業者の従業上の地位別に，どのような構造的な変化が進んできたかをみていくことにする。

　事業所・企業統計調査により，1996～2006年の10年間の小売業の従業上の地位別従業者数の変化（1996～2001年を前半，2001～2006年を後半としてみる）をみていく（図表1-2）。小売従業者数は前半・後半とも減少し，後半の方が減少幅は大きいことがわかる。前半は常用雇用者を除く個人業主，無給家族従業者，有給役員，臨時雇用者とも減少している。ただし常用雇用者のうち正社員・正職員は減少し，増加したのはパートタイマーを中心としたその他の常用雇用者のみである。後半はその他の常用雇用者は増加したが，正社員・正職員の減少が大きく常用雇用者としては減少し，全ての従業上の地位で減少したことになっている。

　その結果，パートタイマーを中心とするその他の常用雇用者は1996年32.1％であったのが，2006年には48.9％へ，小売業従業者の約半分はパートタイマー雇用になったことがわかる。常用雇用者だけでみると，その他の常用雇用者が60.8％，小売従業者全体では女性従業者が55.6％，その他の常用雇用者では71.7％を女性が占めることになっている。パートタイマーを中心としたその他の常用雇用者の増加は，大型店の出店によるものといってよい。その一方で実は，大型店の出店は卸売業への中抜き現象を促進し，バブ

図表1－3　国内総生産額と卸売・小売業生産額の推移（実質）（単位：億円，％）

	1996年	2001	2006	1996～2001	2001～2006
国内総生産額	4,923,679	5,040,475	5,477,093	2.4	8.7
産業計	4,599,775	4,674,805	5,056,860	1.6	8.2
卸売・小売業	745,026	711,995	692,430	△4.4	△2.7
卸売業	454,127	440,085	455,450	△3.1	3.5
小売業	290,900	271,910	236,980	△7.5	△12.8

（資料）国民経済計算。

ル経済の崩壊による卸売業自らの再編成も重なって，卸売販売額の減少をもたらし，停滞要因ともなっている。卸売従業者数は商業統計調査によると，1997～2007年に63万8000人も減少し，同様の小売業従業者22万8000人増をカバーしきれていないことがわかる。

　経済成長との関連でみていくと（図表1－3），国民経済では国内総生産額の伸び率が前半2.4％増，後半8.7％増，産業計でも同1.6％増，8.2％増とプラス成長であったが，卸売・小売業は前半4.4％減，2.7％減，小売業だけでは同7.5％減，12.8％減となっており，逆にそれぞれマイナス成長であったことがわかる。小売業は国民経済の成長を押し下げ，マイナスに寄与したことになっている。すなわち，大型店による雇用機会はマクロの小売市場からみて，自営業主の淘汰と正社員・正職員および有給役員の削減を伴い，主として女性パートタイマーの増加という構図であり，売場面積が増加するなかで従業者数は減少することになっており，国内総生産にはマイナスに寄与し，国民経済の成長には貢献しなかったことになっている。

　大型店の出店が地域経済におよぼす影響を雇用効果の側面からみて，正社員・正職員からなる常用雇用者に代わって，パートを中心とするその他の常用雇用者の増加は不安定就業者の増加を意味する。しかもその増加分で，正社員・正職員の常用雇用者の減少，さらには個人業主，無給家族従業者，有給役員，臨時雇用者の減少をカバーできず，小売従業者数としては減少することになっている。結果として，地域における就業構造は不安定化することになっているといってよい。もちろん，ミクロ的にはパートタイマーを希望

して就業している場合があることはいうまでもない。しかし，売場効率が低下する厳しい過当競争のなかにあっては，コスト削減のため正社員・正職員からパートタイマーへの切り替えを余儀なくされざるをえない結果であるといってよい。

また，波及効果という点では，卸売業従業者数の減少を引き起こす要因ともなっており，地域内経済循環を弱めることに結びついている。国内総生産は総体としてプラス成長しているにもかかわらず，卸売・小売業の生産額はマイナス成長となっており，経済成長の足かせとなっている。

もともと，小売業は「地域に奉仕する産業」として，地域所得の循環を深化させることにより，地域住民の生活の向上に寄与する産業である。小売業は消費者へ販売することで得られた代金を，仕入先の卸売業者やサービス業者へ支払い，それらの事業者が雇用者を確保することで支払われた賃金が小売店での購入に結びつき，地域内経済循環が生まれることになる。

しかし，現状の大型店の出店は地域内経済循環を深化させることになっておらず，地域経済への貢献を薄めるものといってよい。中央の大手小売業の場合，商品の仕入取引は本社サイドでおこなわれ，店舗所在地にある地元卸売問屋との取引はなく，地域経済への波及はみられない。雇用者所得はパートを中心としたものにすぎず，正社員・正職員の減少による雇用者所得の削減，自営業主の減少による事業所得の縮小，さらには地元卸売業者の雇用者所得を縮小させ，事業所得は域外へ流出することになる。それだけ，地域内経済循環は弱まることになっているといってよい。

6 おわりに―都市流通システムの再構築と地域再生の方向―

これまで，地域再生の処方箋を流通活動の視点から検討するにあたって，都市流通システム概念を軸に都市経済の仕組みと関連づけて分析してきた。そこでは，都市所得の発生・循環メカニズムに依拠して都市流通システムが発展していくこと，そこでの小売流通システムの空間的競争が市場競争機構に依拠するかぎり，集積の利益・不利益による集中と分散過程のなかで，不安定性と空間的偏在（不均衡性）を必然的に引き起こすこと，しかも政府の

市場への介入（流通政策）によっても，空洞化する中心市街地を活性化しえないこと，そのためまちづくりによる商業施設の適正配置が必要であることなどを明らかにしてきた。

　そして，それらのことを踏まえて，大型店立地が地域経済の振興に貢献してきたのか，つまり雇用効果の視点に焦点をあててみてきた。それは，前述したように経済的に困難な状況に直面している地域を，都市流通の視点から持続可能な地域へと再生していくには，地域経済の活性化とともに地域雇用を創造するという雇用問題が大きな課題のひとつと考えたからである。

　はたして，大型店立地が地域雇用を拡大することになったのか。確かに，パートを中心とする常用雇用者は増えたものの，長期的視点からみるかぎり過当競争下にあってコスト削減のため，逆に正社員・正職員の常用雇用者は削減されることになっている。しかも，自営業主およびその家族従業者の減少，さらに中小小売店の淘汰による影響で，取引先の消滅による売上減に陥ることになった地元卸売業者にも従業者数の減少がもたらされ，地域雇用は二重に縮小することになっていることが明らかになった。

　こうした地域雇用の縮小は，当然に域内経済循環を深化させることなく，弱めることになり，マクロ的には経済成長の足かせになっていることが明らかになった。広域的視点からみても，小売業が都市所得の発生でなく，循環に関わる産業であるかぎり，当該都市の広域型商業集積が外貨を稼いだとしても，流出することになった周辺地域は逆に経済の停滞・衰退が引き起こされ，やがて当該都市の広域型商業集積にもその影響が現れることになる。それだけに，地域再生には都市圏内における所得の発生に関わる「都市を形成する産業」の育成・強化が欠かせないし，そのなかでの域内経済循環に貢献する「都市に奉仕する産業」の適正配置が必要だといってよい。

　いずれにしても，地域再生には域内経済循環の深化による雇用拡大が欠かせないだけに，それと結びついて地域商業の振興に向けて，まちづくりの視点に立った商業施設の適正配置に依拠した都市流通システムへと再構築していく必要がある。

（宇野史郎）

注
(1) 中野（2011）3頁。
(2) 中小企業庁『中小企業白書2007年版』11頁。
(3) 国土交通省国土計画局総合計画課（2005）2頁。政府は人口減少・高齢化、国境を越えた地域間競争、環境問題の顕在化、財政制約、中央依存の限界といった国土づくりの転換を迫る新たな潮流を踏まえ、平成17年7月にこれまでの国土総合開発法にかわる国土形成計画法を公布し、新たな国土づくりを展開している。
(4) 厚生労働省「福祉行政報告例」、2012年6月13日による。
(5) 通商産業省産業政策局・中小企業庁編（1995）63頁。
(6) 阿部・宇野編著（1996）、宇野（1998）、宇野（2005）、宇野・吉村・大野編著（2008）、宇野（2012）などを参照。
(7) Cox and others（1965）邦訳。
(8) 加藤（2009）6-7頁。
(9) 原田（2003）198-202頁。
(10) 加藤（2009）7頁。
(11) Christaller（1993）邦訳。
(12) Klaassen and Scimemi（1979）.
(13) 宇野（2011）33頁。

参考文献
阿部真也・宇野史郎編著（1996）『現代日本の流通と都市』有斐閣。
宇野史郎（1998）『現代都市流通のダイナミズム』中央経済社。
宇野史郎（2005）『現代都市流通とまちづくり』中央経済社。
宇野史郎（2011）「まちづくり三法の改正と地域流通—大型店の地域貢献と雇用効果の視点を中心に—」『流通』No.28。
宇野史郎・吉村純一・大野哲明編著（2008）『地域再生の流通研究』中央経済社。
宇野史郎（2012）『まちづくりによる地域流通の再生』中央経済社。
加藤司（2009）「都市の発展と地域商業」石原武政・加藤司編著『地域商業の競争構造』中央経済社。
厚生労働省（2012.6.13）「福祉行政報告例」。
国土交通省国土計画局総合計画課（2005）『新しい国土形成計画について』。
通商産業省産業政策局・中小企業庁編（1995）『21世紀に向けた流通ビジョン』。
中小企業庁『中小企業白書2007年版』。
中野麻美（2011）『雇用破綻最前線—雇い止め・派遣切り・条件切り下げ—』岩波ブックレット No.808。
原田英生（2003）「まちづくりと商業論」石原武政先生還暦記念論文集『流通理論の透視力』千倉書房。
Cox, R. and others（1965）*Distribution in a High-Level Economy*, Prential-Hall（森下二

次也監訳（1971）『高度経済下の流通問題』中央経済社）．

Christaller, W. (1933) *Die Zentralen Orte in Süddeutschland*, Wiss. Buchges（江沢譲爾訳（1969）『都市の立地と発展』大明堂）．

Klaassen, L. H. and G. Scimemi (1979) "Theoretical Issues in Urban Dynamics," in Klaassen, L. H. and others ed., *The Dynamics of Urban Development*, St. Martin's Press.

第2章

地域の再生とまちづくり

1　はじめに

　わが国では少子化と高齢化が急速に進行しており，人口の減少も始まっている。また，人口の郊外化・都市機能の郊外化が進んだことによって都市中心部でその中核をなす中心市街地が疲弊し，地域商業や商店街の衰退が止まらないという状況が各地で起きている。それはいわば都市内部における過疎化であるが，一方の郊外では移動手段が自家用車に限られることが多いことから，少子・高齢化を背景に高齢者の孤立化の傾向もみられる。

　1980年代頃までのわが国の地域をめぐる商業問題は大型店出店問題が中心であって，そのコンフリクトの構図は大型店対その出店先の地域商業としての中小零細小売業というものであった。それは，事業者の規模にかかわらずその出店ターゲットが主に中心市街地やその近隣であったことによる。人びとが買い物し，仕事し，交流し，生活する「まち」の中心部に商店街が形成され，そこを大型店も出店のターゲットとしたことによって，そこに生ずるさまざまな現象が問題とされたのである。

　しかし，その後，商業問題は大きく変質することとなる。それは，それまで事業者の規模にかかわらず出店ターゲットが同一であったものが急速に分散していったことに起因する。大型店の出店ターゲットはそれまでの「まち」中心部から郊外，そしてその周辺部へと変わっていったのである。それは，各種の郊外化に応じた結果でもあったが，さらなる郊外化を促進させる原因でもあった。その結果，商業問題に関わるコンフリクトは，単なる事業者間あるいは事業者規模間だけのものではなくなり，都市中心部と郊外ある

いは都市間の問題へと変質していったのである。そのため、地域商業は「まち」の視点から検討されるものとなり、地域をめぐる商業問題に対する政策課題は「まち」のなかで小売業をどのように位置づけていくのか、「まちづくり」に地域商業がどのように貢献できるのかといった視点で検討する流れにシフトしていくこととなる。

「まちづくり」がいわれるようになって久しいが、人口減少というわが国がこれまで経験したことのない状況のなかにおいて、われわれが暮らしやすい「まち」とはいかなるものなのであろうか。「まち」ににぎわいを取り戻し、少子高齢化・人口減少・財政難に耐えうるまちづくりをするための今後の方向性とはいかなるものであろうか。本章では主として商業の視点から、今日に至る「まち」の変遷を確認したうえで、地域を再生し目指すべき「まち」を「つくる」ためにわれわれは何をすべきなのかを検討するなかで、これからのまちづくりのあり方を考えていくこととする。

2 都市の拡大と商店街の衰退

2−1 人口のドーナツ化とスプロール化する都市

明治以降のわが国人口は戦時中の一時期を除いてほぼ一貫して増加傾向を示し、1960年代には1億人を超えることとなる。人口が1億人を超えた頃のわが国は、高度経済成長の真っただ中にあった。この経済の急激な成長はとりわけ都市部で大量の労働力を必要としたため、大量の若年労働者が都市へと流入した。その結果、都市は急速に過密化していった。

その後、彼ら高度経済成長を支えた人びとは結婚し、家庭を持つようになる。ただ、過密化した都市のその中心部で住宅を確保することは難しく、否応なしに彼らの住宅は郊外へと押しやられていくこととなった。そして、郊外での住宅開発が進められていくと、郊外でも電気・ガス・水道・道路などの社会インフラが整備されていくようになる。個人宅、社宅のみならず公共性の高い住宅・団地でさえ郊外に建てられることが少なくなかった。かくして、都市中心部は「働く場所」となり、郊外が「住む場所」となっていったのである。いわゆる人口のドーナツ化現象である。

元来，わが国の農業はひたすら稲作を希求してきたことから，稲作に適した水が確保でき背後の山からは必要物資も確保できる水田に近接した山麓に人びとは住居を構えることが多かった。その結果，山麓線に沿って家屋が建ち並び，その背後には樹木に覆われた山が連なり，家々の前面の沖積低地に水田が広がるという風景が日本全国どこにでもみられる典型的な農村の風景となっていった[1]。したがって，道路が建設される場合も，それらの家々からなる集落をつなぐかたちでそれは造られていった。一方，都市の形成はヨーロッパの都市が広場を中心に成立してきたのとは異なり，わが国では鉄道の駅を中心にしてそれが形成されることが多かった。そのため，駅を中心に中心市街地が形成され，ターミナル型の商業施設が発達し，駅につながる道路が整備されていった。

　しかし，地価の安いところを求めて郊外に住宅や工場そして商業施設が建設されるようになると，またモータリゼーションが進展すると，それに応じるかたちで，従来からの山麓に沿った道路（旧道）や駅へとつながる道路とは別に，水田のなかに新道やバイパスの網が形成されていくようになる。そして，やっかいなことにそのような郊外化は全体として計画されたものとしてではなく，無秩序に拡大していったのである。計画性を欠き，開発を資本の論理に委ねた結果，あるいは当該住宅地開発等それ自体は計画的なものであったにしろ，より大きなスケールでは計画性を欠いていた結果，住宅や諸施設が虫食い状に郊外に拡大するスプロール化が進行していったのである。そして多くの場合，郊外での生活は自家用車の利用を前提としたものであった。

2－2　消費市場の郊外化と商店街の衰退

　人口，生産，所得，消費，地価などあらゆるものが右肩上がりの時代にあったわが国では，自家用車の利用を前提に生活する郊外居住者が急激に増加していった。その後，経済成長の伸びは鈍化していったが，郊外居住者の増加傾向は続いた。そして，彼らをターゲットとした郊外型の量販店や飲食店などが郊外の幹線道路沿いに続々と出店していったのである。また，そこには大型の駐車場が設置された。さらに，郊外化とモータリゼーションに応じ

るという名目で，役所や博物館などといった公共施設や病院までもが郊外に移転・建設されることが増えていった。大きくて新しいことが是とされたため，大学などの学校が続々と郊外移転していったのもこの頃である。そして，このような傾向がさらなる郊外化を促進させる原因ともなった。

　それでも人口が拡大傾向にあったときには，都市中心部の既存商店街で買い物をする人は少なくなかった。しかしその後，人口の増加は低調となるがさまざまなものの郊外化がいっそう進むなかで，中心市街地を形成してきた商店街の衰退がいわれるようになる。そして，長期の不況期を迎える1990年代になると，価格競争が激化したこともあり，郊外に客を奪われた商店街には空き店舗が目立つようになった。平日の昼間のみならず夕刻や休日であっても歩く人の姿が疎らな商店街も増えていった。商業・サービス機能までも郊外化し都市機能の空洞化が進行したのである。

　単なる人口のドーナツ化では，都市中心部は「住む場所」ではないが，「働く場所」であり「買い物する場所」であるから夜間人口は少ないが昼間人口は多い。しかし，都市機能の空洞化が進行するということは，都市中心部がゴーストタウンと化していくことを意味する。したがって，当然にそこに位置する商店街は衰退していくこととなる。とりわけ厳しかったのは，大都市より地方の中小都市における商店街であった。ただその頃には，商店街の事業主自体も郊外に住み，昼間だけ中心市街地にある自己の店に通ってくるといったことも珍しいことではなくなっていた。

　経済（通商）産業省の『商業統計表』をみると，わが国の小売商店数は1980年頃をピークに減少を続け，現在その数はピーク時の7割以下にまで減少している。そして，その減少の中心は従業者が数人程度の肉屋・魚屋・八百屋などといった飲食料品店であった。このような飲食料品店の多くは，中心市街地や大都市の周縁に形成された衛星的な商店街に立地する地域商業であった。したがって，このような飲食料品店の減少は都市中心部あるいはその近隣に住居する人の買い物機会とりわけ生鮮食料品の買い物機会を奪う結果となり，それがさらなる人口の郊外化を推し進める原因ともなったのである。

　また，以前は商店街のある中心市街地やその近隣を大規模事業者も出店におけるターゲットとしていたため，大型店の出店を制限すれば規模の異なる

事業者間の利害調整はある程度可能であった。当時の出店規制を担っていた大店法（「大規模小売店舗における小売業の事業活動の調整に関する法律」）の仕組みは，大規模事業者による大型店の事業活動を制限することで中小零細な事業者の事業機会を確保しようというものである。そして，その手法が一定の有効性を持ちえたのは，規模にかかわらず事業者のほとんどが中心市街地やその近隣を出店ターゲットとしていたからである。

しかし，郊外化のいっそうの進展のなかでは中心市街地やその近隣への大型店の出店よりも，そこからの既存大型店の退店による中心市街地の疲弊が問題となっていった。とりわけ，人口増加が低調になってくると，その問題は深刻化していった。また，大型店周辺の交通渋滞や騒音，深夜営業に関わる生活環境の悪化などが大型店出店に関わる問題の中心となっていった。そのため，小売業のあり方もまちづくりのなかで検討しようとする考えが1990年代中頃には一般的になっていったのである。

以前は，都市の拡大とその諸機能の郊外化によって生じた矛盾は，税収の増加や消費の拡大といった人口増加によってもたらさせる効果よってある程度希釈できていた。しかし今日，わが国は人口減少・少子化・超高齢化，そして財政難という時代を迎えている。そのため，そのような条件の下でも持続可能なまちづくりの方向性を示すことが喫緊の課題となっているのである。

3　まちづくりをめぐる社会環境の変化

3−1　人口構造の変化と消費の変容

国立社会保障・人口問題研究所の推計（2006年）によれば，わが国の人口は2005年頃をピークとして今後は長期の減少傾向に入ると予測されており，2050年頃には1億人を割ることが予測されている[2]。また，1世帯の平均構成人員や生産年齢人口は減少を続け，その一方で老年人口と高齢者夫婦世帯は増加し，単身世帯とりわけ高齢者の単身世帯が増加するとともにその一般世帯に占める割合も増加してきている[3]。

もともと，個人・世帯による商品の購入とその消費は個別的で零細なもの

であるが[4]，このような人口構造の変化とその背景にある人びとの働き方や暮らし方そして家族のあり方の変化は，個人消費における零細性や個別性をいっそう強調することとなろう。すなわち，少ない量のものを，それぞれが個別に購入する傾向が今後はさらに強まると考えられるのである。

　また，高齢化の進行による高齢単身世帯および高齢夫婦世帯の増加は人口の都心回帰[5]を推し進めると考えられる。すでに，バブル崩壊以降の都市中心部の地価下落等により，高齢者を中心に一部で都心回帰がみられるようになっている。それは，自家用車利用を前提とした郊外での暮らしは，数世代同居世帯ならばまだしも，高齢者世帯にとっては買い物するにしても病院に通院するにしても移動に手間がかかり不便だからである。ただ，実際に都市の中心部に戻ろうとしても，すでに中心市街地を形成していた商店街は衰退し，日常的な商品が手に入らないため，戻りたくても戻れないといったケースが少なくないのも事実である。

　一方，人口の減少と少子高齢化の進行は，労働人口の減少を招き，結果として個人からの税収入の減少につながる可能性が高い。また，労働人口の減少は一般的には消費市場の縮小を招くため，地方公共団体にとっては事業者からの税収入の減少が問題となる。さらに，都市の拡大と郊外化による中心市街地の疲弊によりそこでの地価が下落することでの税収の減少が問題となる。その一方で，高齢化によって医療・福祉等に関わる行政コストは増大している。また，スプロール化した都市に対応すべく必要とされる社会インフラを整備しようとすれば行政コストは増大していく。

　一般的に，職が確保されたうえで人口が増加しているときには行政コストの増加は大きな問題とはなりにくい。行政需要の増加を賄う収入増があるからである。しかし現在，行政需要の増大と税収入の減少という二重の要因によって多くの地方公共団体で財政状況の悪化は進行を加速させているのである。

3－2　自動車社会と格差の拡大

　都市中心部での買い物機会の喪失とりわけ生鮮食料品におけるそれに関わる問題は，フードデザート問題といわれることがある。この問題の先駆的研

究者である岩間信之氏の成果を借りて説明すれば，それは郊外化の流れのなかで都心に取り残され，自家用車を持たないため郊外の大型店で良質で安価な生鮮食料品を手に入れることが難しい低所得者や外国人，そして高齢者など社会的な弱者の食料・健康問題のことである[6]。

わが国でも人口のドーナツ化が進むなかで，商業・サービス機能までもが空洞化した都市中心部に住み続けた人のなかには高齢者が多い。また，先にみたように都心回帰を希望する人には高齢者の割合が高い。そのため，わが国でのフードデザート問題は高齢化との関連において議論されることが多いが，近年では高齢者だけの問題ではなくなってきつつある。そしてまた，自家用車利用を前提とした都市の拡大は，フードデザート問題だけではなくさまざまな問題を引き起こしているし，それは都市中心部における問題だけでもなくってきてもいる。

周知のとおり，わが国では個人間・世帯間でのさまざまな格差が拡大している。正規雇用率の下落により急激に賃金格差が生じ，それに連動して個人間・世帯間の諸々の格差が拡大していったのである。1990年代以降，契約社員・派遣労働者やパート・アルバイトといった非正規雇用による就業が広範化していく。とりわけ，法改正を直接的な契機に，2000年代に入るとその傾向はより顕著になっていく。その結果，ワーキングプアと呼ばれる「働いているのに貧しい」状況に追いやられた人びとも増加していき，格差は拡大し固定されてもいった。

また，このような格差の拡大と都市機能の郊外化が重なることで，さらなる格差拡大が引き起こされている。所得の減少は自家用車の所有・維持を困難にする。したがって，自家用車を所有していない場合には行動が制約されるし，それを有していても１台であれば家族内の就業者が通勤でそれを利用している時間帯は，それ以外の人の行動は制限されることとなる。また，高齢者のなかには自動車を運転できないことでひとりで病院にいくことが困難になる人が出るなど，移動手段が唯一自家用車である場合に，その自動車に関わり個人間あるいは世帯間で格差が拡大しているのである。

4 小売商業政策の転換とまちづくり

4-1 調整政策からまちづくり政策へ

　このような社会環境の変化のなかで，わが国の小売業に関わる政策も20世紀末に大きな転換をなした。それまで，わが国のその政策は公正かつ自由な競争を促進し市場メカニズムを健全に機能させるための競争政策を主軸にして，それを補完する政策として振興政策と調整政策が設定されてきた。振興・調整政策は事業者規模によって生じる事業機会の差異の調整を目指した政策である。振興政策は中小零細な事業者を育成する政策であり，調整政策は大規模な事業者の活動を一定期間一定程度制約する政策である。

　このような政策体系が維持できたのは，事業者の規模にかかわらずその出店ターゲットが中心市街地やその近隣にほぼ限定されていたことにある。しかし，先に示したような人口構造の変化や都市の空洞化といったなかでの商業問題に対応するには，それまでの政策体系では限界があった。コンフリクトの構図が同一地域における単なる大規模対中小零細規模といったものだけではなくなったからである。そのため，1990年代にはそれまでのような経済的な規制を中心にするのではなく，都市や地域のあり方，すなわちまちづくりのなかで小売業のあり方を考えようという流れが本格化していった。ただ，規模間の対立がなくなったわけではないし，大規模小売店舗内における大規模事業者と小零細な事業者といった別のかたちでのそれも進行していた[7]。にもかかわらず，実際の政策の転換にあたっては従来からの政策体系にまちづくりの視点が盛り込まれるというのではなく，調整政策を廃して，まちづくり政策へと交替するという選択がなされたのである。

　郊外化の進行に加えて，このような政策の転換によって中心市街地の中小零細な小売業・サービス業・飲食店などの廃業は加速していった。そして，それがまたいっそうの郊外化を推し進め，中心市街地やその近隣の商店街の多くがシャッター通りとなっていったのである。求心力を失った地域はコミュニティ能力を喪失していった。まちづくり政策の導入が調整政策を廃するという二者択一的な方法でおこなわれたために，逆にまちの崩壊を推し進め

る結果となったのである。それでもまちづくり政策が総体として有効に機能していれば，それは防げた可能性がある。しかし，それは必ずしも有効に機能するものではなかったのである。

導入されたまちづくり政策は，大店立地法（「大規模小売店舗立地法」）・都市計画法・中心市街地活性化法（「中心市街地における市街地の整備改善及び商業等の活性化の一体的推進に関する法律」）のいわゆる「まちづくり三法」によって担われることとなった。

大店立地法は，申請した大型店の出店を前提にして，駐車場や騒音，ゴミ問題等を解決し当該店舗の周辺環境を良好に維持しようという法律である。そして，そこからは中小零細小売業の事業機会の確保といった視点は排除された。一方，都市計画法は，土地の利用・用途を制限していこうというものであり，中心市街地活性化法は，市街地の整備と商店街の活性化を結びつけ一体的に整備すべく支援をしていこうというものである。

大店立地法は出店する大型店周辺の生活環境の保持を目的とする法律であるため，郊外よりも都市の中心部においてクリアすべきハードルは高いものとなった。そのため，規制のハードルは郊外に出店した方がクリアするのが容易であり，また一般的に都市中心部に比して郊外は地価が安いために，広い店舗や駐車場の確保が容易で，進行していた郊外化とモータリゼーションの流れのなかで郊外あるいはさらにその外への出店であっても十分に顧客が確保できる条件下にあることもあって，この法律は結果的に大型店の郊外出店を促進する効果を持ってしまったのである。

一方，大型店の立地を土地の用途指定によって制限することが期待された都市計画法では，地方公共団体によって用途地域に上塗りする特別用途地区の設定が可能となった[8]。そのため，「この地域は大型店の出店を規制する地域」といった用途の制限がなされることが期待されたが，それが可能なのは限られた範囲であって，大型店が出店ターゲットとした郊外やさらにその外においてはほとんど機能するものではなかったのである。

このように，大店立地法によって郊外やさらにその外に押し出されてきた大型店を都市計画法が郊外やその外で受け入れるという，二重の意味で大型店の郊外化を推進する仕組みができあがってしまったのである。このよう

に，まちづくり三法はそれぞれの法律の問題もあるが，より問題とされたのはそのマイナスのシナジー効果であった。そのためまちづくり三法施行以降，都市の空洞化はますます進み，郊外さらにその外に大型店が多数出店することとなったのである。

4-2　まちづくり三法の改正

この頃から，団塊の世代の大量定年退職や高齢化のいっそうの進展を控えて，地域のなかで互いに支えあいながら生きていけるコミュニティの再生，持続可能な都市のためのまちづくりの必要性がいわれるようになっていった。また，中心市街地の衰退は治安の悪化や地域文化の崩壊をもたらすなど，そのマイナスの影響が多方面にわたっていたため，地域再生に向けた取り組みの必要性が広く叫ばれるようになっていった。

20世紀末に導入されたまちづくり三法自体の矛盾がむしろ都市を崩壊させてきたことは明らかであり，その抜本的な改正要求が各方面からなされるようになる。それを受けて，2006年に中心市街地活性化法と都市計画法が改正され，その前後に大店立地法の指針の見直しがおこなわれた。

大店立地法の指針の見直しのポイントは2点ある。まず，かねてより生活環境に影響をもたらすのは小売業ばかりではないとの指摘がなされてきたが，指針の見直しによって大規模な小売の店舗と一体として併設されているサービス施設部分についても大店立地法が適用されることとなった。もうひとつは，大型店等の退店が地域住民の買い物機会を奪うなど大きな社会問題となっていることから，退店等に関わり社会的な責任を果たすことが大型店に求められることとなったのである。

一方，都市計画法の改正では，大規模な商業集積施設だけでなく都市のあり方に影響を与える施設は多様であるとの視点から，1万平方メートル以上の大規模な集客施設を対象としてその郊外への出店規制が強化された。これによって，おおむね郊外にいくほど厳しい立地規制となった。また，土地利用に関わる影響は単に各市町村の範囲内だけで収まる問題ではないことが多いため，都道府県という単位での調整を可能とする広域調整という視点が導入されたのである。

中心市街地活性化法は，この改正で正式名称が「中心市街地の活性化に関する法律」となった。改正のポイントのひとつは，各市町村が支援を受けようとする場合，国の基本指針に基づき活性化のための基本計画を策定し内閣総理大臣による認定を受けなければならなくなったことである。その目的は，国の主導権を強めるとともに，支援先を選択しそこを集中的に支援しようということである。もうひとつは，それまでのTMO（まちづくり機関：Town Management Organization）を廃して，中心市街地ごとに中心市街地活性化協議会を組織し，それが市町村の作成しようとする基本計画等およびその実施に関して必要な事項の協議や当該市町村に対する意見の提出あるいは中心市街地の活性化の総合的かつ一体的な推進に関しての必要な事項の協議などといった役割を担うことで，より総合的なまちづくりを企画・運営することが要求されたことである。

4－3　郊外化の抑制と中心市街地活性化

　人口および大型店等の郊外化を抑制することと中心市街地を活性化することとはイコールではない。もちろん，ここまでみてきたように商業・サービス機能および人口の郊外化やスプロール化した都市はさまざまな問題を発生させるのであるからその進行は抑制されるべきである。しかし，今から郊外化を抑制したからといって，それだけで中心市街地ににぎわいが戻ってくるというものではない。

　その理由は，ひとつには多数の大型店等がすでに郊外やさらにその外に出店してしまっているからである。また，郊外出店の規制強化によって郊外への新規参入は抑制されるが，むしろ既出店の郊外大型店等の既得権益を温存させ，競争自体が抑制されることにもなりうる。もうひとつは，すでに多くの中心市街地で商店街は衰退してしまっており，もともとその多くが自然発生的な商店集積であるため自力で再生するのは難しい状況に陥っていることが多いからである。

　けだし，郊外化規制強化はそのまま中心市街地の活性化には直結しないのであって，郊外化を抑制するとともに諸機能を中心市街地へ積極的に戻しにぎわいを創造する政策が重要となるのである。そして，後述するコンパクト

シティ構想はそのための有効な手法のひとつであると考えられているのである。

　その場合，政策策定の前提として考えておかなくてはいけない重要な点がふたつある。ひとつは，現行の都市計画法における広域調整では大型店等が持つ影響に対応するには限界があるという問題に関わる点である。先の改正において広域調整の仕組みが導入され，都道府県レベルでの調整が一定程度可能となった。この点は，これまでにない取り組みであって評価されるべきものである。しかし，大型店等の影響は都府県といった範囲で収まらないケースも少なくない。自家用車利用を前提にした大規模集客施設には，都府県境を越えての集客力があることが少なくないことから，そのような場合でのより広域での調整という発想が必要であろう[9]。

　また，そもそも改正されたまちづくり三法でも自家用車利用を前提とした社会を想定しているという問題がある。例えば，大店立地法の指針の見直しにあって，小売業だけでなくサービス業もまた当然に生活環境に影響を与えるものであるのだから，それらを一体的にみていこうという視点を導入したことは評価できるものの，実際の内容は必要な駐車場台数を確保する等といったことに結局はなってしまっている。コンパクトなまちの実現には，出店規制政策においても自家用車利用を前提としない方向性が組み入れられるべきであろう。

5　コンパクトシティ構想とまちづくりの方向性

5－1　コンパクトシティとその効果
5－1－1　コンパクトシティの概念
　都市の機能をその中心部に集中させた都市形態のことをコンパクトシティといい，まちづくりの新しいコンセプトとされる。2005年の産業構造審議会流通部会・中小企業政策審議会経営支援分科会商業部会合同会議による中間報告が「コンパクトでにぎわいあふれるまちづくりを目指して」であったように，2000年代に入ると政策面にもそのような考え方は反映されるようになる。ただ，コンパクトシティの捉え方は論者によって多様であり，明確な定

義はまだ確定していないといえるであろう。共通するのはやや概念的であるが,「人口の増加やモータリゼーションの進展に伴って住宅や各種の施設・機能を都市中心部からその外に拡大・分散させてきたこれまでの都市のあり方を見直し，人口・都市機能の郊外化や空洞化およびスプロール化を抑制して，職場・住居・学校・文化施設・医療機関・公共施設・商業やサービス業施設など都市の基本的な施設・機能を都市中心部に集積させることで住み良いまちをつくろうとする，持続可能社会に向けたまちづくりの考え方」ということである。

そして，そこでは基本的に日常生活での移動手段をできるだけ自家用車に依拠しないことが前提とされる。自家用車利用を前提としなくとも日常的な最低限の生活が成立しうる都市空間をつくるためには，計画に基づく土地の利用と都市のマネジメントが不可欠となる。コンパクトシティの範囲は「歩いていける範囲」といわれることが多いが，郊外化が進んだ現状からの地域再生への政策の可能性を考えれば，それは「自家用車を利用しなくとも基本的な生活機能がそろう範囲」と捉えるべきであろう。

その意味で「コンパクト」とは，その地域に応じた適正な規模を意味し，そこでは要領よく必要な都市機能がまとまった空間の効率的利用が想定される。したがって，都市機能が集中する都市中心部に利便性の高い公共交通機関によってアクセスが容易な状態がつくられていれば，そのような都市形態もコンパクトシティの概念に含めて考えるべきである。そして，それは人口の郊外化・都市機能の空洞化がすでに進んでしまっている都市においてコンパクトシティ構想を導入しようとする際には，より現実的である。

5−1−2　コンパクトシティの効果

都市における広範囲にわたる土地の利用，とりわけスプロール化した都市におけるその利用に応じた社会インフラの整備には多大な行政コストが必要とされるが，まちがコンパクトになれば社会インフラの整備およびその維持に関わる費用は節約できる。また，コンパクトシティでは行政サービスに関わる費用も重点的に配分されるので，エネルギーの効率的な利用が進められ自然環境への負担も軽減できる。

そして，職住の接近により通勤時間が節約でき買い物にかかるコストが削

減できるまちは，働きながら子どもを育てる世代にとっても住みやすいまちである。商店街との関係でみれば，商店街が維持されることでまちににぎわいが戻り，地域コミュニティが復活し，地域文化が維持され，防犯や地域保全に寄与することが期待される。

　都市の拡大や都市機能の空洞化のなかで，都市中心部において主に高齢者や障害者等が買い物機会を喪失した「買い物難民」と呼ばれる状況に陥っているケースがあるが，そのような日常的な買い物ができない状態を公的にフォローするには多大な行政コストがかかる。しかし，機能の集積度が高いコンパクトなまちであればそのような高齢者・障害者等のなかにも自立的生活が可能となるものは少なくない。また，高齢化の進行のなかで介護サービスの需要が拡大してきているが，まちをコンパクトにすることでそれらに関わる費用の効率的な利用が期待できるなど，職住が近接し，住居近くで日常的に必要な商品が手に入り，公共交通機関だけで病院や公共施設等へ容易にアクセスが可能となるコンパクトシティの効果は多方面にあると期待される。

　では，コンパクトシティ構想によるまちづくり・地域再生はどこの都市でも同様の効果をあげうるものなのであろうか。一定規模の市街地・都市機能集積が連担している東京のような大都市では個人の主な移動の手段は公共交通機関によって担われ，多くの人びとの生活スタイルが自家用車利用を前提としたものにはなっていない。したがって，コンパクトシティ構想によるまちづくり・地域再生の効果が最も期待されるのは，中規模地方都市で中心市街地の人口密度が急激に下がり，人口の郊外化と商業・サービス機能の空洞化が進み，自家用車に移動手段の多くを依存しているような，都市連担性が低い都市である。いうなれば，その有効性が高いのは空間的な独立性が強い都市である。そのようなところで都市機能の集積と混在複合化ができれば，都市空間の高度利用は有効に機能すると考えられるのである。

　ただ，コンパクトシティ構想というのは具体的な都市像を想定するというより，むしろ人口減少・少子高齢社会のなかで持続可能なまちや社会を実現するために都市のスプロール的拡大を抑制し，都市の諸機能をその中心部に誘導し，その高度利用を目指す取り組み自体をいうと考えた方が良いであろう。その意味では，コンパクトシティ構想とは生活様式の変革であるという

こともできる。けだし，その実施にあっては，それぞれの都市がそれぞれの事情にあわせて，自らのモデルをつくりあげていくプロセスが重要となってくるのである。

5-1-3　コンパクトシティ構想の必然性

　コンパクトシティには，環境問題・交通問題・商業問題・地方財政問題のほか，地域コミュニティの復活や地域保全などさまざまな現代的問題の解決に貢献することが期待されている。都市機能を集積させその空間を高度に有効利用できるようになれば，通勤時間に関わるコストが削減でき，エネルギー消費量も削減できるなど先に示した多様の効果が期待できる。いわば，コンパクトシティ構想は「まちの稼働率を上げる」取り組みなのである。

　1990年代，宮口侗廸氏は大都市およびその隣接地域の対極としての過疎地域やそのなかの中小都市では，「人口が減っていても，空間や資源が以前よりも活用されて新しい生産のしくみが生まれ，1人当たりの生産力が増えているならば，地域は発展していると考えるべきではないか[10]」と指摘した。近年，このような考え方はより規模の大きな都市においても該当するものとなったと考えられる。それは，わが国全体が人口減少期に入ったためである。人口減少・少子高齢社会のなかで発展をなすためには効率性・生産性を向上させる必要がある。そのためには，空間の高度利用は極めて有効なのであって，コンパクトシティはそのための有効な手法であると考えられる。

　また，若林幹夫氏は少子化のなかで東京のような大都市に上京しようとする動機づけや社会的圧力がかつてよりも低くなっているから，都市化は停滞し，都市に集まった人口が郊外にあふれ出ることによった郊外化も終焉へと向かっているという。加えて，都心回帰の実際は郊外から都心中心部への回帰によるそこでの人口の下げ止まりや増加よりも，若年時に都心に流入した人口が家庭を持つようになっても以前のように郊外へ流出しなくなったことが主要因であるとの分析を援用し，少なくとも東京都市圏では郊外の人口増加という意味での郊外化は終焉に向かう傾向にあるという[11]。人口の郊外化が終わったとすれば，すでに郊外化してしまった人口は全体のその減少によって密度を下げていくだろう。

　けだし，強調されるべきはコンパクトシティ構想によるまちづくり・地域

再生の是非の問題ではなく，人口が増加しない現状にあって都市機能の郊外化・ドーナツ化，そしてスプロール化が進行するような仕組みでの発展などありえないということである。そして，都市の中心部への諸機能の誘導は単に目指すべき目標といった段階を過ぎ，社会がもはやその方向に向かわざるをえないまでに追い詰められ，すでに部分的にではあるが取り組まれてきていることなのである。

5－2　コンパクトシティ構想の課題

しかし概念的総論としては理解されても，コンパクトシティ構想によるまちづくり・地域再生を具体化していこうとすると直面する問題は少なくない。

例えば，行政コストの削減に関わり発生する問題である。コンパクトシティの効果のひとつが行政コストの抑制にあることはすでに述べた。これまでにコンパクトシティ構想を推進してきた都市が北日本に多い理由のひとつは，除雪費用の削減という効果に期待してのことからといわれる。都市がスプロール的に拡大していくのに伴い，豪雪地帯の地方公共団体では除雪に関わる費用が急激に増加していった。それに対し，郊外化を抑制しコンパクトなまちをつくることで，冬季の除雪に関わる費用を削減する効果が期待できるのである。

ただ，除雪作業は冬季の雇用機会が限られている豪雪地帯にあって，出稼ぎにいかなくとも収入が得られる数少ない就業機会という意味も持っていた。コンパクトシティ構想によるまちづくり・地域再生は行政コストが節約できる反面で，そのような機会も奪い格差を拡大させてしまう可能性を持ち合わせているのである。だからといって，そのために不要な公共事業を増やすことは本末転倒であるが，政策の施行にあって行政コストの削減だけを絶対的な基準とすることには注意が必要である。

また，コンパクトシティ構想によるまちづくり・地域再生は「コンパクトシティ」という新たな開発事業になってしまう可能性を持っている。都市の拡大による郊外開発は公共事業を伴い，建設業等に事業機会を提供するという役割も果たしてきた。郊外開発が抑制されるなかで，その代替としてコン

パクトシティ構想が都市中心部に新たにビルを建て道路を整備するだけというハコモノ開発事業に読み替えられてしまうことが懸念されるのである。そのため，その具体化は，構想に対する十分な理解と確固たる政策ビジョンのうえで取り組まれる必要がある。

　ほかに，買い物機会の確保に関する問題もある。一般的にコンパクトシティの有効性が高いとされる地方の中核となっている都市の中心市街地をなす商店街にある商店は買回品店が多く，肉・魚・野菜といった生鮮食料品を取り扱う商店の数は必ずしも多くはない。中核市規模で県庁所在地の中心市街地の多くは広域型商店街であり，以前はその周辺に住宅ともに地域型・近隣型商店街を衛星のように有し，全体として複合的な商業機能を確保していた。しかし，そのような地域型・近隣型商店街の多くはモータリゼーションの進展や人口と商業・サービス機能の郊外化の影響ですでに衰退・消滅してしまっている。それでも，その中心市街地の広域型商店街は取扱商品が買回品に特化していたため何とか生きながらえてきた。それを，ここにきて都市中心部の中心市街地やその近隣に住宅だけ用意して人口だけを回帰させても住民は食料品が手に入らないこととなる。したがって，都市中心部の高度利用にあっては最寄品に対する十分な買い物機会を確保することがあわせて必要なのである。

　また，住宅を用意して人口を都市中心部に誘導しようとした場合，個人・世帯に一定のコストが求められるが，それを捻出できない人と都心回帰できる人という構図での格差が生じる可能性がある。ヨーロッパでのフードデザート問題では，都市中心部における買い物機会の喪失とそこに高齢者や低所得者等がとり残されるという社会的排除が連動していた。その場合とは逆に，コンパクトシティ構想によって人口や都市の諸機能を都心回帰させるなかで，高齢者や低所得者等の社会的弱者が郊外にとり残されることが懸念されるのである。

　これまで，わが国での社会格差は小さいとされてきた。しかし，近年の動向は結果として社会構造の変化に対応できた階層とそうでない階層の格差を拡大させ固定化させてきている。わが国の場合，郊外化よりも都心回帰に伴う社会的排除の方がより深刻な問題となる可能性が高い。鉄道の駅を中心に

して都市が形成されることが多かったわが国では人口が郊外化していっても公共交通機関など最低限の都市機能は都市中心部に残されており，一定の移動手段は担保されていた。しかし，都心回帰のあとに郊外に残された人びとは都心へのアクセス手段の確保が難しくなる可能性が高い。コンパクトシティ構想において最も注意すべきは，それが単なる郊外の切捨てであってはならないということである。

6　おわりに

わが国の地域をめぐる商業問題は多様なものとなり，それは単に商業内の問題に限定されるものではなく，まちづくりのなかで検討されるようになった。そして，少子高齢化の進行と人口減少，財政難のなかでその方向性はいっそう強調されていった。現状のままでは，これから社会インフラの整備に必要とされるひとり当たりコストはますます上昇することとなろう。またオーバーストア傾向のなかで，大型商業施設ですらその経営を維持するのはより厳しくなっていくであろう。事業規模の大小にかかわらず現在の小売業・外食産業・サービス業などをめぐる環境は，その全体を疲弊させる要素で満ちている。また，オンラインショッピングの普及は小売業と地域との関わりを希薄にさせてもいる。

今後，少子化対策が有効に機能したとして，その速度が緩やかになることはあっても人口は確実に減少していくことが予想される。であるならば，人口減少・少子化・超高齢化を議論の前提としたうえで，それでもなおこれまでの暮らしの質が維持できるまちづくりの方向性が検討されなければならないのである。そして，そのコンセプトは「コンパクトで生産性の高いまちづくり」であるといえるであろう。

各種政策との連動性を確保するという課題は優先的に取り組まれる必要があるし，そのほかにも課題の多いコンパクトシティ構想によるまちづくりではあるが，郊外化の抑制と都市の中心部への諸機能の誘導が喫緊の課題である以上，それらは解決すべき問題，すなわち課題であって克服できない問題とはならないはずである。

郊外に散在する公共施設や住宅，そして商業機能ほか各種の機能を都市中心部に集中させその集積度を高めるとか，あるいは郊外から都市中心部の中心市街地への公共交通機関でのアクセスの利便性を向上させるなどによって，これまでの「拡大」による生産性の向上ではなく，「縮小」による生産性の向上を目指すコンパクトなまちを形成することのなかで暮らしの質を維持することが，今後の地域再生のためのまちづくりの方向性であるといえよう。

（番場博之）

注
（1）　宮口（2007）10-12頁。
（2）　国立社会保障・人口問題研究所「日本の将来推計人口（2006年12月推計）」国立社会保障・人口問題研究所ホームページ，2011年5月アクセス。
（3）　総務省「国勢調査（平成17年）」総務省ホームページ，2011年5月アクセス。
（4）　番場（2003）22頁。
（5）　ここでいう「都心回帰」は，大都市中心部あるいは大都市圏の中心部への人口の集中という意味ではなく，都市中心部への人口の回帰という一般的な傾向を示す。
（6）　岩間（2008）2-3頁。
（7）　大規模小売店舗内における大型店問題については，番場（2003）第6章を参照されたい。
（8）　都市計画法（2000年以降）における都市計画区域・準都市計画区域・それ以外の3つの区分のなかで総合的な整備と開発を必要とする都市計画区域は市街化区域・市街化調整区域・非線引き都市計画区域の3つに区分される。市街化やその整備を目指す市街化区域では少なくとも範囲を設定して土地利用や建築に関する用途の指定がおこなわれるが，指定されたそれぞれを用途地域という。住居・商業・工業の大枠の用途区分をベースに第一種低層住居専用地域・商業地域・準工業地域など12種類の用途地域が設定されている。その用途地域に，それぞれの用途地域の趣旨の範囲内で各地方公共団体がさらに土地利用等についてより細かな用途を上塗り指定した範囲を特別用途地区という。
（9）　県域を越えた調整への取り組みとして，九州地方知事会による「中心市街地再生に係る九州・山口各県の広域的連携」がある。
（10）　宮口（2002）228頁。
（11）　若林（2007）207-208頁。

参考文献

岩間信之（2008）「日英の地方都市における中心商店街の景観とフードデザート問題—孤立するインナーエリアの高齢者たち—」『地理月報』503号，二宮書店．
経済（通商）産業省『商業統計表』＜http://www.meti.go.jp/＞2011年5月アクセス．
国立社会保障・人口問題研究所「日本の将来推計人口（2006年12月推計）」＜http://www.ipss.go.jp/＞2011年5月アクセス．
総務省「国勢調査（平成17年）」＜http://www.soumu.go.jp/＞2011年5月アクセス．
番場博之（2003）『零細小売業の存立構造研究』白桃書房．
宮口侗廸（2002）『地域づくり—創造への歩み—（増補版）』古今書院．
宮口侗廸（2007）『新・地域を活かす—一地理学者の地域づくり論—』原書房．
若林幹夫（2007）『郊外の社会学—現代を生きる形—』筑摩書房．

第3章

商店街振興と地域の再生

1 はじめに

　商店街は，主として地域に拠点を置く⁽¹⁾小売業・飲食業・対個人サービス業を営む中小商業者によって形成され，「まち」を構成する重要な機能を担っている。小回りのきく特性を活かして多様化した消費者ニーズに対応していく買い物の場としての機能にとどまらず，地域のコミュニティ形成の場，地域文化の継承・創造の場としての機能も果たしている。

　商店街は，「経済的機能」に加えて「社会・文化的機能」を持っており，その機能の強化を図るために商店街組織あるいはいくつかの商店街組織を含む商業集積組織による活動がなされている。その活動を行政として支援していくことが「商店街振興政策」である。商店街の機能のうち，大型店とは異なる商店街ならではの機能は「社会・文化的機能」であり，これらは広く「まちづくり」という観点から，その支援がなされている。「経済的機能」面でも，商店街が大型店や大型SCとは差別化された「経済的機能」を担うことによって，地域住民に多様な買い物の選択肢を提供し，地域住民の生活利便向上に資するという点，商店街の「経済的機能」を維持・強化することは，間接的に「社会・文化的機能」を維持・強化することにもつながるという点から支援がなされている。他方で，商店街は衰退傾向を強め，その「経済的機能」は著しく劣化してきている。

　そこで本章では，商店街の景況や抱えている問題点などの商店街の現状，商店街の地盤沈下，および商業集積に立地する優位性の低下について統計資料を用いて明らかにするとともに，商店街の今後の課題について考察するこ

ととする。

2 商店街振興政策の歴史

2-1 商店街振興組合法

わが国の商業振興政策において地域的な視点が導入されたのは，商店街振興組合法（1962年5月公布，同年8月施行）に始まるといっても良い[2]。商店街振興組合は，中小企業等協同組合法（1949年6月公布，同年7月施行）によって制度化された事業協同組合と比較すると，中小小売商業者だけではなく，大型店や銀行，非事業者（個人）も組合員に加えることができるという点が特徴である。アーケードやカラー舗装，街路灯などの「環境整備事業」や，売出しやスタンプサービスなどの「販売促進事業」を共同で推進する組織である。

商店街振興組合の設立は，次の要件を満たすことが必要である。①市（東京都の区を含む）の区域に属する地域にあること，②小売業またはサービス業を営む事業者30人以上が近接して商店街を形成していること，③地区内の組合員となれる資格を有する者の3分の2以上が組合員となり，かつ組合員の2分の1以上が小売業またはサービス業を営む事業者であること，④他の商店街振興組合の地区と重複しないこと。

2-2 中小小売商業振興法

2-2-1 中小小売商業振興法制定の背景

わが国における「商業振興政策」と「商業調整政策[3]」は，ともに大型店問題に対応する政策として策定されてきたといえる。商業振興政策の柱となる「中小小売商業振興法」（1973年9月公布・施行）は，第2次の百貨店法（1956年5月公布，同年6月施行）時代の許可制から，大店法（「大規模小売店舗における小売業の事業活動の調整に関する法律」）（1973年10月公布，1974年3月施行）においては事前審査付き届出制へと規制が緩和されるなかで制定されたものである。

中小小売商業振興法は，1963年に制度化された「共同施設事業」「小売商

業店舗等共同化事業」「小売商業等商店街近代化事業」などの高度化資金助成制度をはじめとする流通近代化政策の流れのなかで，中小小売商業の総合的・体系的な振興を目的として制定された。その後，同法は改正大店法(1991年5月公布，1992年1月施行）による大幅な規制緩和と同時に改正された（1991年5月公布，同年8月施行）。改正大店法では，商業活動調整協議会（商調協）の廃止，出店表明・事前説明制度の廃止，出店調整処理期間を1年以内に短縮，種別境界面積の引き上げなどの大幅な規制緩和が進められた。他方，改正中小小売商業振興法では，「商店街整備等支援事業」（街づくり会社がコミュニティ施設や賃貸方式の商業店舗を整備する事業），および「小売商業店舗等集団化事業」（中小小売商業者がひとつの団地に移転して店舗を設置する事業）も同法の認定対象となるなどの大幅な改正がなされた。すなわち，大店法によって大規模小売店舗の出店に時間的な猶予を求め，その間に中小小売商業の近代化を図るために用意されたのが中小小売商業振興法である。

2-2-2　中小小売商業振興法の内容

中小小売商業振興法は，その目的について，「商店街の整備，店舗の集団化，共同店舗等の整備等の事業の実施を円滑にし，中小小売商業者の経営の近代化を促進すること等により，中小小売商業の振興を図り，もって国民経済の健全な発展に寄与する」（第1条）と規定している。同法に基づいて，「中小小売商業の振興を図るための中小小売商業者に対する一般的な指針」（以下，「振興指針」という）が定められている[4]。このうち，事業の共同化については，組織化の推進，共同事業の推進，商店街の整備，店舗の集団化，共同店舗等の整備，電子計算機の利用による経営管理，連鎖化事業，商店街整備などの支援が掲げられている。

2-2-3　中小小売商業振興法に基づく高度化事業の成果

中小小売商業振興法の中核となるのは，商店街整備計画（アーケード，カラー舗装，街路灯，駐車場などの整備），共同店舗等整備計画，店舗集団化計画などの高度化事業に対する支援措置である。高度化事業とは，中小小売商業構造の高度化に資する事業という意味で，企業規模が小さく，企業数が多く，その多数が生業的経営段階にとどまっている中小小売商業の構造改善

を進め，振興指針に掲げられた内容を高度に達成する事業である。中小小売商業者等は高度化事業計画を作成し，経済産業大臣（高度化事業計画の多くは認定権限が都道府県知事に委任）から当該計画が政令で定める基準に適合するものである旨の認定を受ける。認定を受けた高度化事業計画に基づく事業については，独立行政法人中小企業基盤整備機構による高度化資金を無利子で借りることができる。

　高度化事業の成果については，中小企業総合事業団（現，独立行政法人中小企業基盤整備機構）が2001年度に「商店街共同施設事業」（アーケード，カラー舗装などの整備）の貸付先を対象に実施した調査，および2002年度に「小売商業店舗等共同化事業」の貸付先を対象とした調査によって知ることができる[5]。「商店街共同施設事業」について，商店街への来街者数の変化は増加46.9％，減少8.6％となっており，中小企業庁『商店街実態調査 2000年度』による全国平均[6]の増加5.1％，減少82.4％と比較して「増加」が多い。同様に，商店街の空き店舗数の変化でも増加14.8％，減少33.3％となっており，全国平均の増加48.2％，減少8.9％と比較して「減少」が多く，商店街を取り巻く厳しい状況下にあって一定の成果が認められるとしている。もっとも，商店街共同施設事業に取り組むことができるのは商店街のまとまりが良く，資金力のある商店街であり，この結果は割り引いて考える必要があろう。

　「小売商業店舗等共同化事業」について，組合全体の売上計画達成率は，開店3年目に計画以上の実績をあげた共同店舗が21.0％，売上計画の「90％以上100％未満」の実績をあげた店舗も22.6％にとどまっている。組合員の売上計画達成率は，開店3年目に計画を達成した組合員は37.0％にすぎず，その自己評価として業績に不満があるとする割合は，組合で73.7％，組合員で72.0％に達しており，十分な成果があったとは認めがたい状況である。

2－3　改正中小企業基本法における商店街振興政策の位置づけ

　「中小小売商業振興法」は流通近代化政策を踏襲し，中小小売業の振興を共同化・組織化によるスケールメリットの追求によって達成しようとするものである[7]。そして，流通近代化政策に一貫しているスタンスは，意欲ある

中小小売商のみを政策の対象とするものであり，それは改正中小企業基本法（1999年3月公布，10月施行）によって明確化された[8]。同法では，「画一的な弱者」というこれまでの中小企業像を払拭し，「多様な事業の分野において特色ある事業活動を行い，多様な就業の機会を提供し，個人がその能力を発揮しつつ事業を行う機会を提供することにより我が国の経済の基盤を形成しているもの」（第3条）と位置づけている。これまでの「二重構造の格差是正」から，「多様で活力ある中小企業の成長発展」を新たな政策理念として，自助努力する中小企業の支援，創業・経営革新など前向きに事業活動をおこなう中小企業の支援が強く打ち出された[9]。

なお，改正中小企業基本法においては，新たに条を起こして中小企業政策の観点から商店街振興施策を講じることを明確化している。「国は，相当数の中小小売商業者又は中小サービス業者が事業を行う商店街その他の商業の集積の活性化を図るため，顧客その他の地域住民の利便の増進を図るための施設の整備，共同店舗の整備その他の必要な施策を講ずるものとする」（第18条）。

2－4　地域商店街活性化法
2-4-1　中小企業政策審議会答申

中小企業政策審議会中小企業経営支援分科会商業部会答申「"地域コミュニティの担い手"としての商店街を目指して」（2009年1月）においては，「新たな商店街のあり方として，"地域コミュニティの担い手"となることが期待されるが，（中略），商店街本来の商機能を強化する取り組みがあわせて図られるべきである[10]」とし，商店街の持つ経済的機能と社会的機能の両方の充実を目指すべきとしている。また，「商店街を構成する個店の活性化なくして商店街全体の活性化は実現できないことから，この観点に立った個店の活性化も取り進める必要がある[11]」とし，商店街組織による共同活動に個店の活性化という視点を付与すべきという点を指摘している。さらに，「町村部の商店街を始め，厳しい状況のなかにあっても"地域コミュニティの担い手"としての新たな商店街づくりに挑戦しようという，意欲と創意工夫に溢れる前向きな取り組みを重点的に支援すべきである[12]」とし，改正

中心市街地活性化法（「中心市街地の活性化に関する法律」）（2006年6月公布，同年8月施行）による認定計画外の商店街においても，意欲的な商店街については「選択と集中」の論理に基づき，重点的に支援すべきであるとしている。

2－4－2　商店街活性化の目的と活性化事業促進の意義

　中小企業政策審議会答申を受けて，地域商店街活性化法（「商店街の活性化のための地域住民の需要に応じた事業活動の促進に関する法律」）（2009年7月公布，同年8月施行）が制定された。同法では，その目的を「商店街が我が国経済の活力の維持及び強化並びに国民生活の向上にとって重要な役割を果たしていることにかんがみ，中小小売商業及び中小サービス業の振興並びに地域住民の生活の向上及び交流の促進に寄与してきた商店街の活力が低下していることを踏まえ，商店街への来訪者の増加を通じた中小小売商業者又は中小サービス業者の事業機会の増大を図るために商店街振興組合等が行う地域住民の需要に応じた事業活動について，経済産業大臣によるその計画の認定，当該認定を受けた計画に基づく事業に対する特別の措置等について定めることにより，商店街の活性化を図る」（第1条）としている。

　そして，同法第3条に基づいて定められた「商店街活性化事業の促進に関する基本方針」では，商店街活性化事業促進の意義として，次のように述べている。「商店街は，元来，中小小売商業者及び中小サービス業者が多数集積しており，さまざまな商品やサービスをワンストップで販売・提供する"商いの場"である一方，地域の人々が数多く集まることから，お祭りやイベント等に利用され，地域の人々が交流する"公共の場"としての役割も果たしている。こうした"商いの場"，"公共の場"を併せ持つ特徴により，商店街は，地域の中小小売商業や中小サービス業を振興するという経済的機能を有するだけでなく，地域住民の生活利便や消費者の買い物の際の利便を向上させ，地域の人々の交流を促進する社会的機能をも有する存在である」として，商店街の「公共性」と「社会的機能」について強調している。

2－4－3　商店街活性化事業計画の作成と活性化事業に対する支援措置

　地域商店街活性化法では，商店街振興組合等（法人化が必須）が商店街活性化事業計画を作成し，経済産業大臣が都道府県および市町村の意見を聞い

たうえで，商店街活性化事業計画を認定する。商店街活性化事業計画の作成にあたっては，地域住民の商店街に対するニーズを十分に踏まえた事業であることに加えて，商店街活性化の効果の数値目標の設定が求められる。認定を受けた商店街活性化事業に対する支援措置として，ふたつ以上の社会課題[13]に対応する場合は，「中小商業活力向上事業補助金[14]」の補助率が一般は2分の1のところが3分の2となる。

3　商店街振興における社会的有効性の評価

3－1　80年代の流通産業ビジョン

『80年代の流通産業ビジョン』(1984年) では，「経済的効率性」と「社会的有効性」という視点が打ち出された[15]。「流通システムは，経済システムとしてばかりでなく社会システムとしても大きな役割を果たしている。したがって，流通産業を考える場合，"経済的効率性"ばかりでなく"社会的有効性"，すなわち全体として一体感のある安定的な社会システムの維持，形成という点についても十分配慮する必要がある[16]」。さらに，商業政策と都市政策の連携の強化を謳い，「小売業は，地域住民の日常生活に直結し，地域に根ざした産業であり，地域社会全体との調和をとりながら発展が図られる必要がある[17]」と指摘し，コミュニティ機能を持った公共空間として，また地域文化の担い手としての社会的な機能にも着目して商店街[18]を捉えている。

3－2　21世紀に向けた流通ビジョン

『90年代の流通ビジョン』(1989年) においては，日米経済摩擦から生じた大店法の規制緩和の流れのなかで，市場競争メカニズムを重視した流通近代化政策，中小小売商業近代化政策が強化・徹底され，「社会的有効性」概念や，商業政策と都市政策との連携という視点は大きく後退することになる。

しかし，『21世紀に向けた流通ビジョン』(1995年) において，これらの視点は再確認されることになった。同ビジョンでは，流通構造の変革を次のふたつの視点から捉えている。「流通の持つ2つの側面，"生産から消費までを

つなぐシステム"と"消費者との接点としての社会的存在"を，それぞれ"機能としての効率性"と，"付加価値の創造，社会的存在としての規範性"から位置づけている[19]。前者は『80年代の流通産業ビジョン』(1984年)における「経済的効率性」，後者は「社会的有効性」に通じるものである。そして，「この2つは矛盾するものではなく，むしろ，一方に偏った見方は流通の全体像を見失わせる。流通システムの効率性追求は個別企業レベルの問題であり，その積上げが流通全体の効率化となって，消費者に還元されるのに対し，消費の接点としての流通は，業態，商業集積レベルの問題であり，個別企業レベルの効率性追求とは矛盾しないからである[20]」としている。

さらに，「まちづくりと商業」という章が新たに設けられ，商業政策と都市政策との連携という視点が再確認されることになる。そして，「商業集積が地域社会の基礎的インフラとなっているという意味において，新たな社会資本として位置づけることが適切である[21]」としている。

3−3　新流通ビジョン

『新流通ビジョン』(2007年)は，『21世紀に向けた流通ビジョン』(1995年)以降，12年ぶりの流通産業に関するビジョンである。同ビジョンでは，人口減少，改正中心市街地活性化法や改正都市計画法(2006年4月公布，2007年11月完全施行)の制定などの環境変化のなかで，小売業が目指す方向性として，①生産性・収益性の向上，②世界水準の経営の実現，③持続可能なコミュニティ構築が掲げられている。生産性・収益性の向上という「経済的効率性」と同時に，持続可能なコミュニティの構築という「社会的有効性」をあらためて確認するものといえる。

「持続可能なコミュニティ構築」という点では，①公共性を持つ社会インフラの提供，②社会的責任への対応，③雇用の場の提供，④高度な消費文化の提供の4点が掲げられている。「公共性を持つ社会インフラの提供」においては，小売業の持つ社会的機能として，地域社会の交流の拠点，防犯・防災の拠点，公共サービスの拠点が掲げられている[22]。しかし，地域社会の交流の拠点としては，ショッピングセンター，公共サービスの拠点としてはスーパー，コンビニが例示されている[23]ものの，商店街や商業集積という

言葉は，新流通ビジョンをとおして使われてはおらず，大型店やチェーン店に持続可能なコミュニティ構築への貢献を求めている。

　また，「社会的責任への対応」については，まちづくりへの貢献，環境問題への対応，安全・安心への対応が掲げられている[24]。まちづくりへの貢献は，大型店による貢献の必要性を強調するものであり，ここでも商店街や商業集積がまちづくりに果たしてきた役割や貢献についての記述はない。

　すなわち，同ビジョンは流通の「社会的有効性」という視点をあらためて確認するものではあるが，大型店やチェーン店に対して持続可能なコミュニティ構築への貢献やまちづくりなどの社会的責任への対応を求めるものといえる。

4 商店街の現状

4−1　商店街実態調査
4−1−1　商店街の景況

　中小企業庁『商店街実態調査』によると，商店街の景況（「繁栄」「停滞」「衰退」の3段階評価のうち，「停滞」および「衰退」と回答している割合，「無回答」を除いて算出）は，1970年60.5％，1975年67.8％，1981年87.1％，1985年88.9％，1990年91.5％，1993年96.0％，1995年97.2％，2000年97.6％，2003年97.7％と調査を重ねるごとに増加してきた。2006年からは5段階の評価となったため，時系列的にみることはできなくなったが，肯定的に評価している割合は，2006年において「繁栄」1.6％，「停滞しているが上向きの兆し」4.8％，2009年において「繁栄」1.0％，「繁栄の兆し」2.0％にすぎず，商店街の景況は極めて厳しい状況にある。

　2009年において，「繁栄」および「繁栄の兆し」ありとする商店街をタイプ別にみると，近隣型商店街1.6％，地区型商店街4.5％，広域型商店街7.1％，超広域型商店街7.5％となっており，商圏の狭い商店街ほどその割合が小さくなっている[25]。

4−1−2　商店街の問題点

　商店街の問題点として「大型店との競合」を挙げる割合は，1990年

38.5％，2006年23.9％，2009年17.8％と減少，他方，「後継者難」を挙げる割合は，1990年18.3％，2006年31.4％，2009年51.3％と増加している[26]。1990年当時と近年を比較すると，ほとんどの商店街において「大型店との競合」が激化しているとみられるものの，「後継者難」という商店街内部の問題点の方が強く意識されている。

2009年における商店街の問題点をみても，「経営者の高齢化等による後継者難」51.3％，「魅力ある店舗が少ない」42.7％，「核となる店舗がない」27.2％，「店舗等の老朽化」25.4％など，商店街内部の問題点が上位を占め，「商圏人口の減少」24.3％，「大型店との競合」17.8％という商店街外部の問題点よりも強く意識されている[27]。

4－2　中小小売商業振興法による商店街活性化の取り組み

図表3－1は，中小小売商業振興法による認定件数の推移を示したものである。1991年の中小小売商業振興法の改正によって，新たに「店舗集団化計画」「商店街整備等支援計画」が創設されたため，図表3－1では新旧の中小小売商業振興法の下での認定件数を区分するかたちで示している。

「商店街整備計画」（個々の店舗の改造とともに，共同駐車場やアーケードなどを設置する「商店街改造計画」，およびアーケード，カラー舗装，街路灯，駐車場などの共同の施設を設置する「共同施設計画」）の認定件数をみると，1990年代が多い。1994年度の146件がピークであり，以降減少傾向にあって，2004～2008年度は20件前後，2009年度および2010年度はそれぞれ14件の認定にとどまっている。「商店街改造計画」と「共同施設計画」の内訳は，2003年度以降は非公表（中小企業庁）であるが，それ以前の実績をみても，個々の店舗の改造を伴う「商店街改造計画」は少なく，ピーク時でも一桁にとどまり，近年はほとんど実績がないとみられる。

中小小売商業者が共同で商業施設を整備する「共同店舗等整備計画」は，中小小売商業振興法が施行された1973年度から1996年度頃までは毎年20件前後の認定があったが，以後は大きく減少し，2003年度以降の実績はない。

1991年度に新たに認定対象となった中小小売商業者がひとつの団地に移転して店舗を設置する「店舗集団化計画」の実績は累計で8件とわずかであ

図表3－1　中小小売商業振興法による認定状況

		商店街整備計画	商店街改造計画	共同施設計画	共同店舗等整備計画	店舗集団化計画	商店街整備等支援計画	合計
（旧）中小小売商業振興法による認定	1973-1979年度	404	30	374	155			559
	1980年度	64	6	58	28			92
	1981年度	63	1	62	28			91
	1982年度	48	3	45	11			59
	1983年度	54	6	48	24			78
	1984年度	50	4	46	32			82
	1985年度	46	3	43	19			65
	1986年度	52	4	48	13			65
	1987年度	49	6	43	21			70
	1989年度	57	1	56	16			73
	1990年度	72	2	70	13			85
	1991年度	35	2	33	8			43
（新）中小小売商業振興法による認定	1991年度	83	4	79	18	0	5	106
	1992年度	116	6	110	25	1	7	149
	1993年度	130	7	123	22	0	1	153
	1994年度	146	9	137	32	1	4	183
	1995年度	114	8	106	26	0	9	149
	1996年度	100	7	93	23	3	8	134
	1997年度	95	7	88	16	1	4	116
	1998年度	99	5	94	8	1	1	109
	1999年度	75	1	74	16	0	3	94
	2000年度	57	2	55	5	1	0	63
	2001年度	53	0	53	5	0	0	58
	2002年度	64	0	64	3	0	1	68
	2003年度	30	（内訳は非公表）		0	0	0	30
	2004年度	23			0	0	0	23
	2005年度	22			0	0	3	25
	2006年度	27			0	0	0	27
	2007年度	18			0	0	0	18
	2008年度	20			0	0	0	20
	2009年度	14			0	0	1	15
	2010年度	14			0	0	0	14

（出所）2002年度以前は、佐々木（2006）184-185頁。2003～2007年度は、中小企業庁（2008年12月2日）、2008～2010年度は中小企業庁商業課からの聞き取りによる。

り，2001年度以降の実績はない。また，同じく1991年度に認定対象となった街づくり会社がコミュニティ施設や賃貸方式の商業店舗を整備する「商店街整備等支援計画」は1990年代には毎年数件の認定実績があったが，2000年度以降は累計で5件にとどまっている。

4−3 商業統計表
4−3−1 小売業に占める商店街形成地区販売割合

図表3−2は，小売業計に占める立地環境特性別年間販売額割合の推移をみたものである。なお，ここで用いる年間販売額は売場面積を持つ商店のみの販売額であり，自動車小売業やガソリンスタンドなど商業統計調査における売場面積調査対象外業種，および通信販売など売場面積を持たない事業所による販売額を除いたものである。

これによると，販売額割合が明らかに減少傾向にある立地環境特性は，「駅周辺型商業集積地区」「市街地型商業集積地区」「住宅地背景型商業集積地区」である。これらの多くは中小小売店が自然発生的に集積した商店街形成地区であり，かつ商店街活動がおこなわれていることが多いという共通性があるため，この3つの立地環境特性を「商店街形成地区」と呼ぶこととする。同表によると，小売業計に占める「商店街形成地区」の販売割合は，1997年49.9％，2002年42.5％，2007年39.8％と大幅に減少している。

4−3−2 商店街形成地区小規模店（売場面積100平方メートル未満）販売割合

「商店街形成地区小規模店（売場面積100平方メートル未満）」は，商店街の盛衰が直接販売額の増減に影響するであろう「商店街に立地する小規模店」であり，商店街振興政策が焦点をあてる小売店である。ここで，小規模店とは経済産業省『商業統計表（業態別統計編）』における「専門店」および「中心店」のうち，売場面積100平方メートル未満の店をとった。売場面積100平方メートル未満とした理由は，100平方メートル未満の事業所においては集積の経済に依存する度合いが強く[28]，商店街形成地区に立地する優位性が強い規模と考えたからである。

図表3−3に基づいて，「⑤小売業計に占める商店街形成地区小規模店

図表 3 − 2　立地環境特性別年間販売額割合の推移

(単位：%)

	1997年	2002年	2007年
小売業計	100.0	100.0	100.0
商店街形成地区	49.9	42.5	39.8
駅周辺型商業集積地区	23.9	21.0	20.4
市街地型商業集積地区	14.2	11.8	10.7
住宅地背景型商業集積地区	11.8	9.8	8.7
商店街形成地区以外	50.1	57.5	60.2
ロードサイド型商業集積地区	4.7	5.9	7.2
その他の商業集積地区	1.1	1.0	0.9
オフィス街地区	4.9	7.0	7.6
住宅地区	24.4	26.4	26.0
工業地区	4.7	6.1	7.9
その他地区	10.3	11.1	10.7

(注1) 年間販売額は売場面積を持つ事業所の販売額。
(注2) 「商業集積地区」とは，主に都市計画法8条に定める「用途地域」のうち商業地域および近隣商業地域であって，商店街を形成している地区をいう。小売店，飲食店およびサービス業を営む事業所が近接して30店舗以上ある概ねひとつの商店街をひとつの商業集積地区とする。ショッピングセンターや多事業所ビル（駅ビル，寄合百貨店など）も，原則としてひとつの商業集積地区とする。①「駅周辺型商業集積地区」JRや私鉄などの駅周辺に立地する商業集積地区（原則として地下鉄や路面電車の駅周辺に立地する地域は除く）。②「市街地型商業集積地区」都市の中心部（駅周辺を除く）にある繁華街やオフィス街に立地する商業集積地区。③「住宅地背景型商業集積地区」住宅地又は住宅団地を後背地として，主にそれらに居住する人々が消費者である商業集積地区。
(出所) 経済産業省『商業統計表（立地環境特性別統計編）』より作成。

(売場面積100平方メートル未満)の販売割合」をみると，1997年13.4％，2002年10.5％，2007年9.0％と減少を続けている。特定の地域を取り上げれば，商店街に立地する小規模店が地域住民の消費生活に大きな役割を果たしている場合もあるとはいえ，それが小売業計に占める割合が2007年において1割に満たないということは，商店街振興政策による小規模店活性化の効果が消費生活に与える影響は，全国レベルでは非常に小さなものとなってきていることを意味している。また，「⑥小規模店計に占める商店街形成地区小規模

図表3－3　商店街形成地区小規模店（売場面積100平方メートル未満）販売割合

	1997年	2002年	2007年
①小売業計年間販売額（売場面積を持つ事業所のみ）（10億円）	110,994	102,115	99,035
②商店街形成地区計年間販売額（売場面積を持つ事業所のみ）（10億円）	55,752	43,703	39,314
③小規模店（売場面積100㎡未満）年間販売額計（10億円）	29,654	24,721	21,334
④商店街形成地区小規模店（売場面積100㎡未満）年間販売額（10億円）	14,819	10,710	8,911
⑤小売業計に占める商店街形成地区小規模店（売場面積100㎡未満）の販売割合（％）	13.4	10.5	9.0
⑥小規模店計に占める商店街形成地区小規模店（売場面積100㎡未満）の販売割合（％）	50.0	43.3	41.8

（注1）年間販売額は売場面積を持つ事業所の販売額。
（注2）「商店街形成地区」とは，「駅周辺型商業集積地区」「市街地型商業集積地区」「住宅地背景型商業集積地区」の合計。
（注3）「小規模店」とは，業態分類において「専門店」あるいは「中心店」と位置づけられ，かつ売場面積が100平方メートル未満のもの。「専門店」は，非セルフサービス方式（売場面積の50％以上），かつ商品分類番号（5桁）の上位3桁あるいは4桁のいずれかの販売額が90％以上の事業所。「中心店」は，非セルフサービス方式，かつ衣・食・住のいずれかが50％以上の事業所。
（出所）経済産業省『商業統計表（立地環境特性別統計編）』より作成。

店（売場面積100平方メートル未満）の販売割合」をみても，1997年50.0％，2002年43.3％，2007年41.8％と減少を続けている。中小小売商業振興政策という観点からみても，中小小売店の立地として商店街形成地区がカバーしている範囲が縮小していることは間違いない。

4－4　商業集積に立地する優位性の低下
4－4－1　立地環境特性別都市区分別売場効率

　図表3－4は，2007年における立地環境特性別，かつ都市区分別に売場効率（売場面積1平方メートル当たり年間販売額）を比較したものである。都市区分別にみて，区部，市部，郡部と売場効率が低くなることは当然として，区部計と比較して売場効率が高い立地環境特性は「駅周辺型商業集積」＋30万円／平方メートル，「市街地型商業集積」＋24万円／平方メートル，

図表3－4　立地環境特性別都市区分別売場効率，販売割合（2007年）

(単位：万円／㎡，％)

	全国		区部		市部		郡部	
	売場効率	販売割合	売場効率	販売割合	売場効率	販売割合	売場効率	販売割合
計	66	100.0	95	100.0	58	100.0	52	100.0
商業集積地区	72(6)	48.0	106(11)	60.9	58(0)	43.0	50(▲2)	29.5
駅周辺	92(26)	20.4	125(30)	33.5	69(11)	14.8	56(4)	5.1
市街地	74(8)	10.7	119(24)	14.7	56(▲2)	9.1	51(▲1)	5.7
住宅地背景	61(▲5)	8.7	74(▲21)	9.5	56(▲2)	8.3	49(▲3)	7.4
ロードサイド	49(▲17)	7.2	53(▲42)	2.6	48(▲10)	9.5	47(▲5)	9.1
その他	58(▲8)	0.9	80(▲15)	0.6	56(▲2)	1.0	49(▲3)	2.0
オフィス街地区	80(14)	7.6	105(10)	12.1	64(6)	5.7	49(▲3)	3.3
住宅地区	65(▲1)	26.0	76(▲19)	19.4	62(4)	29.9	59(7)	27.2
工業地区	58(▲8)	7.9	73(▲22)	5.9	55(▲3)	9.3	54(2)	6.1
その他地区	51(▲15)	10.7	60(▲35)	1.6	51(▲7)	12.1	49(▲3)	33.9

（注1）売場効率（売場面積1平方メートル当たり年間販売額），販売割合ともに，売場面積を持つ事業所について算出。
（注2）売場効率のカッコ内の数字は，計と比較した差異。
（注3）▲はマイナスを示す。
（出所）経済産業省『商業統計表（立地環境特性別統計編）』より作成。

「オフィス街地区」＋10万円／平方メートル，市部計と比較して売場効率が高い立地環境特性は「駅周辺型商業集積」＋11万円／平方メートルとなっており，郡部においてはとくに売場効率が高い立地環境特性はない。すなわち，売場効率において優位といえる立地は，区部の中心部（駅周辺，市街地，オフィス街），市部の駅周辺にとどまっていることがわかる。これらは，その販売割合においても相対的に高く，売場効率と販売割合には明らかな相関がみられる。

4－4－2　立地環境特性別商品分類別「専門店・中心店」売場効率

図表3－5は，立地環境特性別，かつ商品分類別に売場効率（売場面積1平方メートル当たり年間販売額）を比較したものである。2007年において，小売業計と比較して売場効率が高い立地環境特性は，衣料品および住関連では「駅周辺型商業集積」「市街地型商業集積」「オフィス街地区」，すなわち中心部である。衣料品においては，これらの立地環境特性の販売割合も高い（3つの立地環境特性の合計で64.0％）ことが特徴であり，逆に住関連では

図表3－5　立地環境特性別商品分類別「専門店・中心店」売場効率，販売割合の推移

(単位：万円／㎡，%)

小売業計			衣料品		
	売場効率	販売割合		売場効率	販売割合
	2007年 (1997-2007年)	2007年 (1997-2007年)		2007年 (1997-2007年)	2007年 (1997-2007年)
駅周辺型商業集積	89(▲14)	20.2(▲1.1)	駅周辺型商業集積	75(▲16)	36.8(0.7)
オフィス街地区	79(▲30)	9.6(3.0)	市街地型商業集積	57(▲15)	20.5(▲3.2)
市街地型商業集積	68(▲15)	11.3(▲2.8)	オフィス街地区	56(▲27)	7.2(1.9)
専門店・中心店計	64(▲16)	100.0	専門店・中心店計	52(▲15)	100.0
工業地区	62(▲18)	7.6(2.6)	ロードサイド型商業集積	48(▲10)	10.4(5.8)
住宅地区	61(▲12)	24.7(0.3)	その他の商業集積	47(▲4)	1.3(0.3)
その他の商業集積	58(▲14)	1.1(▲0.2)	工業地区	41(▲10)	3.1(0.8)
住宅地背景型商業集積	55(▲15)	8.2(▲3.6)	住宅地背景型商業集積	35(▲17)	6.9(▲3.4)
ロードサイド型商業集積	53(▲17)	5.9(2.3)	住宅地区	35(▲14)	10.2(▲2.1)
その他地区	48(▲14)	11.1(▲0.1)	その他地区	26(▲11)	3.0(▲0.5)
食料品			住関連		
駅周辺型商業集積	104(▲19)	16.6(▲0.8)	駅周辺型商業集積	96(▲8)	17.0(▲1.4)
工業地区	98(▲21)	6.7(1.4)	オフィス街地区	81(▲32)	10.3(2.8)
オフィス街地区	93(▲27)	9.3(3.8)	市街地型商業集積	72(▲12)	9.5(▲3.2)
ロードサイド型商業集積	90(▲20)	3.4(0.7)	専門店・中心店計	65(▲14)	100.0
その他の商業集積	87(▲11)	1.7(0.0)	住宅地区	63(▲8)	28.0(1.7)
市街地型商業集積	82(▲25)	8.8(▲1.7)	工業地区	60(▲15)	9.4(3.6)
専門店・中心店計	73(▲20)	100.0	住宅地背景型商業集積	58(▲10)	7.9(▲3.3)
住宅地区	69(▲22)	27.3(▲0.9)	その他の商業集積	53(▲10)	0.9(▲0.4)
住宅地背景型商業集積	69(▲23)	10.9(▲3.7)	ロードサイド型商業集積	51(▲17)	5.5(1.8)
その他地区	47(▲12)	15.4(1.6)	その他地区	50(▲17)	12.0(▲0.3)

(注1)「専門店」は，非セルフサービス方式（売場面積の50%以上において，セルフサービス方式を採用していない），かつ商品分類番号（5桁）の上位3桁あるいは4桁のいずれかの販売額が90%以上の事業所をいう。「中心店」は，非セルフサービス方式，かつ衣・食・住のいずれかが50%以上の事業所をいう。
(注2) 売場効率（売場面積1平方メートル当たり年間販売額），販売割合ともに，売場面積を持つ事業所について算出。
(注3) カッコ内は，1997年と比較した2007年の差異。
(注4) ▲はマイナスを示す。
(出所) 経済産業省『商業統計表（立地環境特性別統計編）』より作成。

　これらの立地環境特性の販売割合は低い（3つの立地環境特性の合計で36.8%）。食料品においては「駅周辺型商業集積」の売場効率は高いといえるが，その他の立地環境特性では目立った傾向はみられない。
　1997年と2007年の売場効率を比較すると，いずれの立地環境特性，商品分類においても低下しているが，とりわけ「オフィス街地区」の低下が目立

ち，中心市街地疲弊の影響を受けているものとみられる。

5　おわりに

　中小企業庁『商店街実態調査』の結果を見るまでもなく商店街の疲弊は進み，中小小売商業振興法による認定計画数も1990年代後半以降，急速に落ち込んでいる。このことは，商店街活性化計画を立て高度化資金を用いて商店街の活性化を図ろうとする意欲と資金力のある商店街が大きく減少してきていることを意味している。

　さらに，商業統計表の分析によっても商店街形成地区の販売割合，さらには商店街形成地区の小規模店の販売割合は低下の一途をたどり，商店街の地盤沈下が明確になってきている。さらに，売場効率からみた商店街形成地区の優位性も失われつつある。

　2009年の地域商店街活性化法の施行は，意欲と資金力のある選ばれた一部の商店街を重点的に支援していくという商店街振興政策のスタンスを明確にするものであった。同法第3条に基づいて定められた「商店街活性化事業の促進に関する基本方針」では，商店街の「公共性」や「社会・文化的機能」について強調している[29]。商店街が持つ「社会・文化的機能」については，筆者もその機能を高く評価するものではあるが，「社会・文化的機能」は，あくまでも商店街の買い物の場としての機能，すなわち「経済的機能」を基盤とするものであり，「経済的機能」が脆弱化した場合には「社会・文化的機能」も劣化することは避けられない。この意味で，意欲ある商店街においては，あらためて原点に立ち返り，商店街活動を通じて商店街の「経済的機能」の強化を進めていく必要があると考える。商店街が大型店とは差別化された「経済的機能」を果たせるかどうかは商店街を構成する個々の店がいかに個性を持つことができるかにつきる。そこで，商店街活動の基本的方向として，例えば「一店逸品運動[30]」をあらためて見直すなど，個店の個性発揮あるいはその個性の消費者への訴求を商店街活動として支援していく「個店の個性発揮支援型商店街活動[31]」の展開が求められる。

（南方建明）

注
(1) 法人商店のうち「単独店」(支店を持たない商店)を除く「本店」および「支店」をチェーン店とみると,小売業計の販売額に占めるチェーン店の割合は1979年50.7%,1988年58.5%,1997年66.6%,2002年70.0%,2007年75.3%と推移している。また,小売業計の販売額に占めるフランチャイズチェーン加盟店の割合は,2002年7.6%,2007年8.2%となっている(経済産業省『商業統計表(産業編)』(各年版)より算出)。
(2) 商業組合法(1932年9月公布,10月施行)は,1938年5月に改正施行され,「設立要件は各業種毎の過半数の参加から全有資格者の過半数の参加へと変更,商店街商業組合の設立が促進されるようになった」「商業組合法では参加者は地区内の商業者に限定されていたが,商店街振興組合法では,参加者は地区内の商業者のみならず地区内の他の事業者や事業を行っていない個人等も含むことができるようになった」(川野 2001, 22頁)。なお,商業組合法は,1943年7月に廃止された。商店街商業組合については,石原(1985)に詳しい。
(3) 商業調整政策については,南方(2005),南方(2010)を参考にされたい。
(4) 通商産業省「中小小売商業の振興を図るための中小小売商業者に対する一般的な指針」第3条,1991年8月20日。
(5) 中小企業庁(2005)。
(6) 中小企業庁委託調査(流通政策研究所)(2001)。
(7) 佐々木(2006)181頁。
(8) 番場(2006)11頁。
(9) 中小企業庁編(2000)26頁。
(10) 中小企業政策審議会中小企業経営支援分科会商業部会(2009)4頁。
(11) 中小企業政策審議会中小企業経営支援分科会商業部会,4頁。
(12) 中小企業政策審議会中小企業経営支援分科会商業部会,13頁。
(13) 社会課題は,次の6つである(2012年度)。①少子化,②高齢化,③安全・安心,④地域資源活用・農商工連携,⑤創業・人材,⑥環境。
(14) 2007年度までは,中小小売商業振興法による認定を受けた計画に基づいて整備される施設については,「少子高齢化等対応中小商業活性化施設整備事業費補助金」(アーケード,カラー舗装,教養文化施設などが対象),「少子高齢化等対応中小商業活性化支援事業費補助金」(イベント広場など公衆利便施設の整備,テナントミックスに資する店舗などが対象)として補助がおこなわれてきたが,2008年度より「中小商業活力向上補助金」に名称が変更された。それまでは,少子高齢化や安全・安心などの社会課題に対応するものに限られてきたが,商店街の集客力向上やIT化など生産性向上に資する課題に対応する取り組みも補助対象となり,商店街のイメージアップのためのアーケード撤去事業,ポイントカードや電子マネーの導入事業なども補助対象事業として追加された。
(15) 石原武政は,『80年代の流通産業ビジョン』においては,「経済的効率性と社会的有

効性を対立する軸として捉え，それに規制強化の拠りどころを求めていた」と指摘している（石原（2011）88頁）。
(16) 通商産業省商政課編（1984）19頁。
(17) 通商産業省商政課編（1984）16頁。
(18) 『80年代の流通産業ビジョン』では，「地域密着型小売業の役割」として，次のように指摘している。「消費者に生活必需品を供給する小売業，とりわけ消費者の近隣周辺に立地する地域密着型小売業は，広域型商店街等における買回り性の強い小売業とはおのずから役割が異なっており，地域住民の基礎的なニーズを効率的かつ的確に充たしていかなければならない。地域住民にとって生活環境の良否は，これらの機能を有し，便利で親しみが持て，社会的コミュニケーションの場でもある地域密着型小売業が近くにあるかどうかに大きく左右される」（通商産業省商政課編 1984，9頁）。
(19) 通商産業省産業政策局・中小企業庁編（1995）11頁。
(20) 通商産業省産業政策局・中小企業庁編（1995）11頁。石原武政は，「『80年代の流通産業ビジョン』は経済的効率性と社会的有効性を対立する概念として理解したきらいがあったが，ここ（『21世紀に向けた流通ビジョン』―筆者注）ではそれを明確に否定して，相互に矛盾することのない異次元の問題として整理した」と指摘している（石原 2011，88頁）。
(21) 通商産業省産業政策局・中小企業庁編（1995）118頁。
(22) 経済産業省編（2007）72–75頁。
(23) 経済産業省編（2007）72–73頁。
(24) 経済産業省編（2007）76–79頁。
(25) 中小企業庁委託調査（ちばぎん総合研究所）（2010）42–43頁。
(26) 中小企業庁「商店街実態調査」における商店街の問題点に関する設問は，1990年23項目から3つ選択，2003年13項目から3つ選択，2009年11項目から3つ選択として実施されている。なお，1995年，2000年，2003年については，回答方式が異なるため比較できない。
(27) 石原武政・石井淳蔵は，大型店という商店街の「外なる敵」よりも，ひとつの統一された商業集積としての商店街それ自体が内部から崩壊する商店街の「内なる敵」問題の方が重要であると早くから指摘している（石原・石井 1992，17–20頁）。
(28) 1999年における大規模小売店舗（店舗面積500平方メートル以上）内立地の売場効率（売場面積1平方メートル当たり年間販売額）を100とした大規模小売店舗外立地の売場効率指数を売場面積規模別にみると，「10平方メートル未満」54.1，「10平方メートル以上20平方メートル未満」49.4，「20平方メートル以上30平方メートル未満」53.2，「30平方メートル以上50平方メートル未満」60.6，「50平方メートル以上100平方メートル未満」80.3，「100平方メートル以上250平方メートル未満」101.4，「250平方メートル以上500平方メートル未満」97.3となっており，100平方メートル未満において売場効率の格差が大きく，大規模小売店舗内立地の優位性が

強いことを示している（経済産業省（1999），なお大規模小売店舗統計編は，2000年5月末の大店法の廃止以降は刊行されていない）。大規模小売店舗内は，集積の経済の程度が大きい立地と考えられるため，集積の経済に依存する度合いが強い売場面積規模を100平方メートル未満と考えた。

(29) 「商店街は，元来，中小小売商業者及び中小サービス業者が多数集積しており，さまざまな商品やサービスをワンストップで販売・提供する"商いの場"である一方，地域の人々が数多く集まることから，お祭りやイベントなどに利用され，地域の人々が交流する"公共の場"としての役割も果たしている。こうした"商いの場"，"公共の場"を併せ持つ特徴により，商店街は地域の中小小売業や中小サービス業を振興するという経済的機能を有するだけでなく，地域住民の生活利便や消費者の買い物の際の利便を向上させ，地域の人々の交流を促進する社会的機能をも有する存在である」（中小企業庁（2009）8月）。

(30) 「一店逸品運動」とは，商店街を構成する個店が，自店を特徴づける逸品を選定し，商店街活動を通じて消費者に訴求する活動である。逸品を消費者に訴求することにとどまらず，個店相互にそれぞれの店の逸品について批評し，逸品に磨きをかける「一店逸品研究会」によって，個店の個性創出や個性発揮の動機づけをおこなうことに意義がある。1992年に静岡市呉服町商店街において開始され，全国の商店街に広まったといわれている。単価の高い逸品や購買頻度の低い逸品は販売促進効果に限界があるため，個店のモチベーションを持続させることが難しいなどの理由で，逸品を集めた冊子を作成し，それを消費者に配布する活動にとどまり，形骸化した活動となっている商店街が多い。なお，静岡市呉服町商店街の取り組みについては，太田（2002）96-103頁などを参照のこと。

(31) 商店街活動の基本的理念は，「統合型商店街活動」と「個店の個性発揮支援型商店街活動」に大別することができる。「統合型商店街活動」は，「横の百貨店・横のスーパー」という言葉に象徴されるように大型店を目標として商店街の統合型共同活動を志向するもので，個店の多様性・異質性よりも商店街全体の統一性が優先される。そのため，結果として「多様な個性を持つ中小商店の集積」という特性を十分に訴求できていないのが現状といえる。これに対して，「個店の個性発揮支援型商店街活動」は，商店街活性化のためには商店街を構成する個店それぞれが何らかの面で大型店とは差別化された個性を持つことが必要という考え方を基本的理念とする。「個店の個性発揮支援型商店街活動」は，個店の個性発揮のキッカケとなり，その個性の消費者への訴求を支援する商店街活動といえる。詳しくは，南方・岡部（1991），南方（2005）93-115頁などを参照されたい。

参考文献

石原武政（1985）「商店街の組織化—戦前の商店街商業組合を中心として—（上）（下）」『経営研究』第35巻第6号，第36巻第1号。

石原武政・石井淳蔵（1992）『街づくりのマーケティング』日本経済新聞社。

石原武政（2011）「地域商業政策の系譜」『商学論究』第58巻第2号。
太田巳津彦（2002）『一店逸品運動』同友館。
川野訓志（2001）「流通政策は地域をどう見てきたか」『流通』No.28。
経済産業省（1999）『商業統計表（大規模小売店舗統計編）』。
経済産業省『商業統計表（立地環境特性別統計編）』。
経済産業省編（2007）『新流通ビジョン—生活づくり産業へと進化する我が国小売業—』経済産業調査会。
佐々木保幸（2006）「流通近代化政策と中小小売商業振興法」加藤義忠・佐々木保幸・真部和義『小売商業政策の展開（改訂版）』同文舘出版。
中小企業政策審議会中小企業経営支援分科会商業部会（2009）答申「"地域コミュニティの担い手"としての商店街を目指して」。
中小企業庁編（2000）『新中小企業基本法』同友館。
中小企業庁（2005）「中小企業連携組織対策に関する中間報告書」。
中小企業庁（2008）「商店街関連施策の実施状況（中小企業政策審議会商業部会資料）」。
中小企業庁（2009）「商店街活性化事業の促進に関する基本方針」。
中小企業庁委託調査（流通政策研究所）（2001）『商店街実態調査報告書2000年度』。
中小企業庁委託調査（ちばぎん総合研究所）（2010）『商店街実態調査報告書2009年度』。
通商産業省商政課編（1984）『80年代の流通産業ビジョン』通商産業調査会。
通商産業省「中小小売商業の振興を図るための中小小売商業者に対する一般的な指針」第3条，1991年8月20日。
通商産業省産業政策局・中小企業庁編（1995）『21世紀に向けた流通ビジョン』通商産業調査会。
番場博之（2006）「商業調整政策の特殊性とその背景（その①）」『千葉商大論叢』第43巻第3・4号。
南方建明・岡部達也（1991）『商店街のマーケティング戦略』中央経済社。
南方建明（2005）『日本の小売業と流通政策』中央経済社。
南方建明（2010）「中心市街地活性化と大型店立地の都市計画的規制」『日本経営診断学会論集』第9号。

第4章

流通政策の歴史と地域の再生
――調整政策の歴史――

1　はじめに

　日本の流通政策で中心的な役割を果たしてきた調整政策は，近年大きくその性格を変えており，またその役割も相対的に小さくなってきている。本章では，こうした調整政策が百貨店法というかたちで誕生し，その後の大規模小売店舗法に受け継がれ，さらに大規模小売店舗立地法や都市計画法という全く性格の異なる政策に変化していく過程を，その背景にある流通構造の変容とともに捉え，検討していきたい。

2　流通政策における調整政策の位置づけ

　日本では戦前に流通政策の基本構造が形成されたが，そのなかでもとくに中心的な役割を果たし，社会的にも政治的にも議論の焦点となってきたのは，大規模店規制に代表される調整政策であったといえる。本章では，調整政策の歴史を振り返り調整政策の果たしてきた役割を検討し，調整政策がいかなるものであるかを考え，そのうえで調整政策と地域の関係を検討してみたい。
　調整政策という用語は，馴染みのない者にとっては理解しにくい概念である。その理由は，「調整」という言葉の意味にある。『広辞苑』（第6版）によれば，「調整」とは「調子をととのえ過不足をなくし，程よくすること。」となっている。こうした理解に立てば，調整政策とは，民間事業者による流

通活動に政府等が介入し,適切な商品流通を実現するという施策になる。

確かに字句の解釈からいえばそのとおりなのであるが,先に述べた調整政策の解釈では振興政策や競争政策といった全ての流通政策を包含してしまう意味となってしまう。このことから,「調整」の対象は,もう少し絞って考える必要がある。

調整政策を理解する際にキーワードとなるのは,「規制」という言葉である。調整政策はさまざまな政策手段によって実施されてきたがいずれも事業者の活動を規制しその事業活動のレベルを「調整」するものであった。統制政策や競争政策も「規制」しているが,これらの政策では民間企業の活動それ自体に一定の禁止という枠組みをはめて,誘導するという性格を持っている。

統制政策と競争政策は,自由競争という視点からは両極端な性格を持っているのであるが,こうした政策は商品流通の管理や禁止といった直接的なかたちで機能することで,民間流通業者の自由な活動の場を設定している。これに対し,調整政策は,基本的に自由な経済活動というのを背景としつつ,行き過ぎた活動を抑えることで周辺環境との調和を図らせる役割を負うものとして理解できる[1]。具体的には,大企業の行き過ぎと見なされる活動を抑制し中小企業に事業機会を与える,あるいは近隣住民の生活環境を保全するため,企業の事業活動にさまざまな強度を持った規制をかけることで,大企業と中小企業との間で活発な競争が展開されまた快適な住環境が守られることになる。

こうした性質を有する調整政策がこれまでなぜ流通政策の中心でありえたのか。大規模店規制に代表されるように,その社会的,経済的,政治的影響がすこぶる大きく,マスコミがこうした話題を華々しく取り上げてきたこともあるが,調整政策の持つ性質にその理由を求めることも可能であろう。統制政策や競争政策は強制力が強いがゆえに,経済活動にとっては外的な枠組みとして機能することになる。これに対して,調整政策は,振興政策と同様,政策との付き合い方を工夫することで制約要因にもなれば促進要因にもなりうるという内部変数的性格を備えている。そのため,その時々の政策のあり様に注目が集まったということがある。

振興政策も，調整政策と同様の性質を持つが，事業活動等への資金援助等が多いため，公的資金の使われ方に対する批判や同業者間のねたみの対象となるのを防ぐためか，あまり詳細な情報が出てくることは少ない。また振興政策は，その成果が発揮されるには政策面での努力に加え，その当該事業者のさらなる努力が不可欠なのであるが，必ずしもそれが保証されているわけでなく，補助事業が成功するかどうかは明確でない。実際，多くの振興事業では，支援開始は華々しく報道されるが，それがいかなる成果をあげているのかについては報道されることも少なくなってしまう。

こうしたことから調整政策は，これまで日本の流通政策の中心的存在であった。それでは，流通政策のなかで調整政策がどのように形成されてきたのか，歴史的経緯をみていこう。

3 大規模小売業規制の軌跡①
―百貨店法，大規模小売店舗法―

3－1 百貨店の生成

第2次世界大戦以前の日本では，小売業態としてみるべきものはあまりなく百貨店と商店街があった程度というのが実情である。このうち百貨店は，最初の大規模な管理の行き届いた小売業態となった。

日露戦争さらには第1次世界大戦を通じて，日本は重工業化を進めており，それに伴い都市部の人口は急成長し，都市社会が成立し始めていた。この都市社会に百貨店が登場することになる。1904年の三越呉服店の「デパートメントストア宣言」はよく知られているが，こうした呉服店が百貨店として本格的な姿を現すには長い時間を要した。

呉服店が百貨店になるには，まず品揃えの拡大が必要になるが，多くの商品は国内生産もされておらず，消費者もそうした商品を使おうとしなかったため，百貨店成立にあたっては，各種商品の輸入，その後輸入代替としての国内生産，また消費者の生活の洋風化が不可欠であった。取扱商品の拡張は，商品在庫量の増大となり，店舗の大規模化を招くが，都心部に立地していることから水平方向への店舗拡大は難しく自ずと多層階とならざるをえ

ず，その結果，鉄筋鉄骨コンクリート造りの洋風建築となる。そのような建築物に，ショーウインドーやエレベーター・エスカレーターといった新しい設備が採用された。

　店員制度にも大きな変化があった。呉服以外の商品を扱うようになれば，従来からの店員だけでは対応が難しいが，そのような新商品を販売するのに長年の熟練を要する座売りをするには時間がなさすぎた。そこで，顧客自身が商品を見てある程度商品選択が可能な陳列販売が実施されるようになり，これを前提として若い女性を店員として採用することになる。取扱商品の拡大，大規模店化，女店員制度といったこれら改革は，多額の費用を伴い，百貨店の多くは大正期に入ると株式会社化を進めた。

　初期の百貨店は呉服店としての性格を強く残しており，日常的な買い物の場とはいえなかったが，品揃えの拡大や百貨店間の競争を通じて，徐々に存在感を高めていく。第１次世界大戦のインフレ傾向を受け，百貨店は木綿製品等の低価格販売をおこなっていたが，大衆化の大きな契機となったのが，1923年の関東大震災であった。震災のため多くの商業施設が罹災したなか，耐火建築であり資本力もあった百貨店は，臨時マーケットを開き食料品など実用品や日用品の販売に乗り出したのである。また従来実施していた下足預かりもこれを機に廃止されていく。大正期に誕生したサラリーマンという中産層を主要なターゲットとする小売業態として，名実ともに百貨店になっていくのである。

　また大正末から昭和初期にかけて新しいタイプの百貨店が生まれてくる。それは，阪神急行電鉄が梅田駅に併設した阪急百貨店を嚆矢とする電鉄系百貨店である。この種の百貨店は通勤等で駅を利用する客を対象としており，初期の阪急百貨店の売場に呉服売場がなかったことに象徴されるように，実用品や日用品を主力販売品としていた[2]。こうして，いっそう百貨店の大衆化が推し進められたのである。

3−2　中小小売商の困窮と小売商業政策

　他方，中小小売商は，大正期後半から昭和初期にかけて，その数を増やしていた。その背景には，大量の潜在的失業者の存在があった。日露戦争以降

の重工業化の下で工場労働者が増加し都市化が進んでいくが，第1次世界大戦後の反動恐慌，関東大震災，金融恐慌，世界大恐慌，そして東北地方の大凶作と続いた不況は多くの潜在的失業者を生み出していた。とくに度重なる恐慌は農産物と工業製品との間に鋏状価格差を生み出し，潜在的失業者の一時的な受け入れ先となっていた農村を疲弊させ，都市部に潜在的失業者が滞留する状況を生み出していた。社会保障制度の未整備な当時，潜在的失業者は新たな所得獲得や所得補助の術を求めなければならなかった。こうした人びとに働く場として映ったのは，小売業であった。

1931年の『大阪市小売店調査』によれば，店舗数の多い業種は，菓子小売業1万2416店，酒小売業4601店，煙草小売業4287店，白米小売業3815店となっており，とくに菓子小売業の店舗数は全小売店舗数の16.1％を占めていた[3]。こうした特定の業種店が増加した理由は，技術も資金もあまり持たない潜在的失業者がとりあえず開業したために発生したものと考えられる。

中小小売商がこうして急増した時期は，電鉄系百貨店が現れ，百貨店が品揃えを食料品や日用品にまで拡大し，出張販売や安売によって大衆化を進め，百貨店間の競争が激化した時期と重なり合う。当時の中小小売商がどの程度百貨店と競合関係にあったかは明らかでないが，百貨店の活動は横暴な大資本の行動として理解されることとなる。

この結果，反百貨店運動が展開された。具体的には，反百貨店運動は，同業組合加盟運動，不当廉売問題，商品券問題，出張販売問題等，さまざまなかたちでおこなわれていく。

こうした状況の下で，政府は中小小売商と百貨店との対立関係をどのように考えていたのだろうか。こうした疑問に答えるのが，1929年に商工審議会が中間答申としてとりまとめた「小売制度の改善に関する方策」である[4]。「（百貨店問題に対する）改善策は進んで大規模小売商を抑圧することであってはならず，むしろ遅れたる中小小売商を大規模小売商と同列に進ましむることを主眼としなければならぬ。同時にまた徒なる救済にのみ堕することを避け，かつ消費者の利益を害せざるを期せなくてはならぬ。即ち中小小売商の自助自衛の精神に本づき自ら救はんとするものに便宜を与へ，自救力を助長し，これを善導するにつとむべきである。」つまり中小小売商と百貨店の

対立関係を政府も問題視しているのであるが，その改善にあたっては，経済近代化を指向する立場から中小小売商の側が各種共同事業を実践することで対応すべきであるとしたのである。

　事実，1932年9月には商業組合法が成立しており，商業者が自発的に業種別に組織化し共同事業をおこなうことで，経営改善をおこなう仕組みが作られたのである。その後，商業組合を設立し実績をあげる中小小売商が現れてくる。

3－3　百貨店法の成立と廃止

　とはいうものの，商業組合法の制定は多くの中小小売商にとってはあまり評価されたとはいえなかったようである。百貨店への直接規制が求められていたのであり，1932年以降，国民同盟をはじめとする諸政党によって百貨店法案が帝国議会に提出される[5]。このような状況に危機感を抱いた政府は，1937年に政府提案をおこないいったんは審議未了となるものの，同年に開かれた帝国議会で百貨店法は成立することとなった。

　百貨店法では，百貨店自体が商工大臣の営業許可を要するものとなっており，営業拡張（支店等の設置，増床）や出張販売も許可が必要で，閉店時刻・休業日，その他営業方法についても規制が設けられていた。また百貨店組合による自制措置も設けられていた。ただし，本法が機能した期間は短かった。日中戦争が始まり，翌年には重要物資の統制が始まったため，百貨店の規模拡大の時代が終わりつつあったからである。

　第2次世界大戦後，百貨店法は廃止された。その理由としては，①独占禁止法に示されるように市場競争を経済運営の基本とする立場からは特定業態のみを同業者間で規制する政策は不都合であったこと，②百貨店は，建物を接収されるなどして使用できず，販売する商品にも事欠き，販売員も少なくなっており，また消費者も百貨店の取り扱うような買回品を購入する余裕をなくしている状況では，脅威とはならなかったことが挙げられる。

3－4　百貨店法の復活と小売商業調整特別措置法

　しかし朝鮮戦争によって復興への足がかりを得た1950年代になると，百貨

店の売上高(1953年),売場面積(1954年),店員数(1957年)が戦前の水準にまで回復するようになってくる。それにつれて戦前にあったような中小小売商との対立関係が露わになってきた。

　戦前とは異なるのが,納入業者と百貨店の関係である。返品などは戦前からあった商慣行であるが,戦後復興の過程で百貨店は大規模事業者という地位を利用して各種商慣行から利益を得ようとする。このような傾向に拍車をかけたのが,戦前からの納入業者に加えて,戦後新たに参入してきた新規業者が百貨店取引への参入を狙い,派遣店員や委託取引をおこなうことで,これらが商慣行として定着していった。ところが百貨店は,こうした商慣行を使い納入業者から不当な利益を得ようとしたため,対応を求める声が納入業者の間にあがってきた。公正取引委員会は,1954年に百貨店業への特殊指定をおこない,不当返品,納入後の不当な値引き,納入業者に不利な委託販売,派遣店員の強要,といった行為に対し一定の対応をとったものの,それだけでは不十分という意見も少なくなかった。その理由は,百貨店の総合的な事業力にある。

　こうした百貨店をめぐる問題は,小売業,卸売業にかかわらず,百貨店という大規模な販売力=購買力を持つ事業者が存在していることに原因があるのであり,この問題への対策は,こうした大規模事業者のさらなる規模拡大指向を抑制することに尽きるという考え方が出てきたのである[6]。

　1954年には中小小売商によって百貨店対策小売商連盟が結成され,翌55年6月には百貨店法の社会党案,民主党案が出てくることになる。他方,百貨店は駆け込み増床・出店をおこない,計画された増加面積の合計は既存店舗面積の50％にまでおよんだのである。

　結局,1956年6月,百貨店法は再び制定されることとなる。戦前の百貨店法との主たる違いは,百貨店組合による自制措置がなくなったことと,中小小売商による共同店舗への規制を避けるために建物の売場面積に基づく規制から企業単位での規制へと変化したことである。こうして百貨店の営業拡大に対しては一定の歯止めがかけられることとなった。

　当時の中小小売商と対立関係にあったのは,百貨店だけではなく,小売市場,購買会,消費生活協同組合,製造業者の小売兼業,等があった。とくに

1950年に配給統制が完全撤廃され，小売市場開設が自由化されると，小規模な小売商を集めて市場開設することがビジネスとして成り立つため，多くの小売市場が開設されるようになっていた。
　こうした状況に対して政府は，小売部門には失業者になるような多くの労働者が流入しており，しかも他部門の大資本との競争に晒されていることから，何らかの手だてを立てることが必要と認識していた。その際検討されたのは，小売商登録制，小売兼営の許可制，営業時間の法定等であったが，憲法の規定する営業の自由との関連が障害となり，これらは日の目を見ることはなかった。1959年に小売商業調整特別措置法が成立するが，その目的は「小売商の事業活動の機会を適正に確保し，及び小売商業の正常な秩序を阻害する要因を除去し，もつて国民経済の健全な発展に寄与すること」であり，①購買会事業への規制，②小売市場の許可制，③製造業者等の小売業兼業の届出，④製造業者・卸売業者の小売事業や小売市場を巡る紛争の斡旋・調停等がおこなわれることとなった[7]。こうして百貨店に対しては百貨店法が，それ以外の問題に対しては小売商業調整特別措置法が対応するという政策体系が完成したのである。調整政策の体系化が進んでいた時期は，年率10％超の成長率を記録していく高度経済成長の開始期に当たる。そういう意味で，皮肉なことに政策体系の完成はタイミング的には潜在的失業者の受け皿の必要性が少なくなる過程で生み出されたということになろう。

3－5　大規模小売店舗法の成立とその背景

　政府の政策立案に手抜かりがあったこととして指摘されるのが，当時生まれつつあった「スーパー」と呼ばれる店舗群に対する配慮を欠いていたことであろう。よく知られている紀ノ国屋は1953年にセルフ販売方式を部分的に導入した小規模店（130平方メートル）であったが，1956年に小倉に開店した丸和フードセンターは390平方メートルとかなりの規模を持ち，公開経営指導協会を介して，全国的な「主婦の店」運動を生み出していく。この時期から1960年代前半にかけて，全国にスーパーが乱立されていき，今日見るような総合スーパーや食品スーパーとなる企業が生まれてくることになる。
　この時期に生まれたスーパーの特徴は，大規模店，幅広い品揃え，大量低

価格販売，セルフ販売，チェーン展開という点にある。とくにこれら特徴のなかでは，セルフ販売とレギュラーチェーンの導入が困難であり，生鮮食品分野でセルフ販売を導入していく過程で，スーパーは総合スーパー（GMS）と食品スーパー（SM）へと分化していくことになる。

　店舗単位でみても大規模店であり，しかもチェーン展開するということで，スーパーは中小小売商から非難されることとなる。しかし，政府は，スーパーを放置する。その理由としては，大規模小売業者による近代的な小売業態であり，消費者にとってはさまざまな商品を容易に手に入れられる利便性があり，当時社会問題となっていた物価高騰を抑制する手段としても考えられたことがある。

　しかしスーパーが，百貨店法が企業単位で出店等を規制している点を逆手にとりフロアごとに企業を変えることで百貨店法の適用を免れる擬似百貨店という方法で出店したことから，スーパーに対する反発はいっそう強くなった。中小小売商からの反発に加えて，百貨店法の規制対象である百貨店からも，百貨店法の撤廃ないしは百貨店同様スーパーも規制対象とする法改正が要求されることとなった。

　スーパーに対する規制要求とは別に，当時進行していた政策に資本自由化がある。1960年代後半から製造業分野で段階的に進められており，小売業を対象とするのは時間の問題と考えられていた。その際，最も大きな影響を受けると考えられるのがスーパー業界であった。スーパーマーケット自体がアメリカ生まれの業態であり，すでに巨大チェーンとして海外進出をおこなっていたからである。実際，一時的ではあったが，住友商事と提携関係にあったセイフウェイが出店するといったこともあり，海外大手スーパーマーケットの進出が日本のスーパーにとって脅威となっていたのである。

　こうした中小小売商，百貨店，スーパー，それぞれの思惑を吸収するかたちで百貨店法の改正が進められるが，結局1973年に新たな法律である大規模小売店舗法（「大規模小売店舗における小売業の事業活動の調整に関する法律」）が成立したのである。本法は，百貨店法と比較すると次のような特徴を持っている。百貨店法は企業単位で規制をかけていたのに対し，大規模小売店舗法では建物単位つまり店舗面積1500平方メートル以上の店舗（政令指

定都市等3000平方メートル以上)を一律に規制する仕組みとなったこと。百貨店法では,百貨店業,出店・増床等が許可制に置かれていたのに対し,大規模小売店舗法ではより規制力の弱い事前審査付き届け出制へと変更され,しかも調整対象は,店舗面積,開店日,休業日数,閉店時刻に限定されたことである。この改正を要約すると,対象業態を百貨店からさまざまな大規模小売店へ拡大するとともに,規制内容を絞りまた規制力も事前審査付きというグレーゾーンを残しながらも緩和を図るという構成をとっている(8)。

大規模小売店舗法成立と同時期の出来事として以下の2点を指摘しておきたい。ひとつはオイルショックであり,もうひとつは1970年前後に現れてきた多様な小売業態である。1973年10月に起こった第1次オイルショックは,翌年には消費者物価を23%上昇させ,戦後初のマイナス成長を引き起こし,その後続くスタグフレーションの原因となった。その後,1979年に第2次オイルショックが起こり低成長経済が続くことになり,市場規模があまり拡大しないなかでのスーパーの成長は中小小売商との紛争の大きな原因となった。

1970年前後に現れた新規業態としては,コンビニエンスストア,専門量販店,ホームセンター等がある。これら業態には次の特徴があった。①チェーン展開志向,②セルフ販売志向,③中規模店志向,④郊外志向である。これら特徴の背景にあったのは,スーパーの発展につれてチェーン化とセルフ販売の技術が成熟・普及したことであり,消費者が物質的にある程度充足した状態で価値観を多様化させ多様な買物場所を求めるようになったことであり,1970年代はまだ十分とはいえなかったがモータリゼーションによる車社会の兆しが見え始めたことであった。

3-6 大規模小売店舗法の運用強化

低成長経済下のスーパー出店は全国各地に紛争を引き起こした。この背景には,①スーパーの主力商品が食料や日用雑貨といった多くの中小小売商が取り扱っている分野であったこと,②店舗面積調整の下限が1500平方メートルまたは3000平方メートルと,中小小売商からするとかなり大規模であったこと,③小売業者による5条届出がおこなわれると調整が開始されるが,

その期間は3ヶ月間に限られていること，④調整できるのは店舗面積，開店日，閉店時刻，休業日数の4項目のみで出店を阻止することはできなかったこと等が挙げられる。そのため，出店反対運動はさまざまな方法により調整手続きに入らせないようにすることとなった。届出窓口となった市町村でも地域社会に対立が生じることを好まず，出店業者が地域の商業者と事前に話し合いをして合意が成立しなければ届出を受理しない場合や大規模小売店出店に関する要綱や条例等が策定されるに至ったのである。

　政府の方でもこうした地域での動きに対応しようとし，1978年には改正がおこなわれ500平方メートルを基準面積とし，従来の基準規模未満の店舗を第2種大規模小売店舗として追加し，勧告期間の延長等をおこなった。しかしその後も紛争や地方の規制はさらに広がり，1981年までに28都道府県，63都市で出店凍結宣言が出されることになった。こうした状況を受け，1982年に通産省は2年間の大型店出店抑制方針を打ち出した。これは，出店抑制地域の指定と大手大規模小売業者への個別指導によるもので，こうした措置は1984年以降も続けられた。こうして中小小売商の出店反対運動と地方自治体による出店規制は，政府による規制強化策を引き出すことで，いわゆる「出店凍結の時代」を招いたのである。

3－7　大規模小売店舗法廃止の経緯

　こうした政府の動きを大きく変化させたのは，1989年の日米構造協議であった。以前から問題となっていた貿易赤字問題への対応をアメリカ政府が日本政府に求めてきたのであり，貿易赤字の原因を国内の大規模小売業の発展を抑制している大規模小売店舗法に求め，同法の撤廃を要求してきたのである。同年の『90年代の流通ビジョン』では，運用面で問題はあるものの，基本的には現状を維持するとしていたことに示されるように，出店を厳しく規制する方針であった日本政府にとっては，受け入れがたい要求であった。全く異なる立場の政府間交渉は，1年半以内で出店が可能となるよう調整期間を短縮すること，閉店時刻を午後6時から7時へと緩和すること，届出については原則受理すること，輸入品売場の特別措置，2年ごとに大規模小売店舗法の見直しをおこなう等で決着したのである。

1992年には法改正がおこなわれ，境界面積の引上げ，商業活動調整協議会の廃止，調整期間の1年以内への短縮，出店抑制地域の廃止等がおこなわれるとともに，輸入品売場特例法が成立した。94年の運用適正化では，1000平方メートル未満の案件は原則受理することとなった他，閉店時刻や休業日数についての緩和がおこなわれた。96年の見直しはおこなわれず，98年を目前に控えた97年12月に大規模小売店舗法廃止の方針が打ち出されるに至ったのである。その後，準備期間を経て，2000年6月に大規模小売店舗法は完全に廃止され，大規模小売店舗立地法にとって代わられた。

3－8　大規模小売店舗法の問題点

　大規模小売店舗法は，四半世紀もの間日本の大規模小売店舗の出店を規制してきた。規制対象となった大規模小売業者以外からも，さまざまな不満が出る運用であったというのが実情であろう。

　中小小売商にとっては，いったん届出がおこなわれれば出店を抑えるという調整がありえないのに加え，調整内容は4項目に限られている。消費者にとっても，調整項目が限られていることや意見を述べる場が事実上ないといった問題があった。窓口となる市町村や調整実務に携わる人びとにとっては，調整項目が限られており出店を止める術がないだけでなく，調整にあたっての判断基準がなく，現実には大規模事業者と地元商業者との間で不正行為がおこなわれる可能性もあるという問題を抱えていた。

　政府にとっては，国際的な観点からは小売サービスの需給調整をおこなっているということでWTOサービス貿易一般協定（GATS）違反という批判を受けることや，国内的視点からの，消費者利益にそぐわないという批判や大規模店規制は総量規制としての性格を備えており，大規模小売業者による地位維持のためのカルテルとして機能しているという批判，また中小小売商に事業機会を確保することもできていないのでないかということもあり，大規模小売店舗法は政策手法として芳しいものがなかったというのが実情であろう。

4 大規模小売業規制の軌跡②
―大規模小売店舗立地法，都市計画法―

4－1 小売業の郊外化

　1980年代の「出店凍結の時代」は小売構造が大きく変化した時期でもある。それは，日本の小売業の大部分を占めていた小規模零細小売業者の減少が本格化したこと，モータリゼーションの進展を受け郊外出店が進み始めたこと，郊外出店の主流となったのは出店規制の対象となった総合スーパーや食品スーパーではなく専門量販店によるロードサイド型の中規模店であったことである。

　1990年代のバブル崩壊以降になると，80年代に始まったこうした傾向がいっそう鮮明になってきた。都心部に立地していた大規模店の多くはスクラップ＆ビルドにより郊外部に転出し，転出できなかった百貨店や商店街は衰退していった。郊外部では，大規模小売店舗法の段階的な緩和を受けより大規模な商業開発がおこなわれ，郊外型ショッピングセンターが数多く立地した。不況を背景として「価格破壊」を旗印として，大規模小売業者がプライベートブランド商品を盛んに開発しただけでなく，製販統合型の専門量販店がアパレル，バラエティーストア，ホームセンター，ディスカウントストアといった分野で出現し急成長を遂げたのである。

　こうした商業活動の郊外化により，地方都市を中心として街中が衰退する

図表4－1　年代別，立地別ショッピングセンター数の推移

	69年以前	70～79年	80～89年	90～99年	2000～09年
総計	127	446	572	1,013	831
中心地域	62	161	161	145	110
周辺地域	48	118	147	233	164
郊外地域	17	167	264	635	557

（出所）日本ショッピングセンター協会のウェブ・サイト上の資料＜http://www.jcsc.or.jp/data/sc_state.html＞より，筆者作成。

第4章　流通政策の歴史と地域の再生――調整政策の歴史――

インナーシティ問題が発生してきた。さらに郊外部での大規模商業開発は郊外住民との紛争を招き，地域住民による出店反対運動がおこなわれるようになっていた。

4-2 まちづくり三法の成立

こうした地域問題が発生していたこともあり，大規模小売店舗法の見直しがおこなわれていた1990年代半ばにはすでに次の施策への準備が進められていたとみてよかろう。ここで考えられたのは，中小小売商との競争関係からの大規模店規制ではなしに，地域住民の住環境を保全するために大規模店に必要な対応策をとらせるものであった。大規模小売店舗立地法が成立した背景には，①WTOは需給調整的施策を禁じていることから大規模小売店舗法を維持するのが困難となったこと，②地域住民による環境保全を目的とした出店反対運動といった新たなタイプの紛争の発生，③荒川区や川崎市のように環境面に着目した大規模店規制を実施しようとする地方自治体の動きがある。

こうして，店舗面積1000平方メートルを超える店舗を環境面から規制する大規模小売店舗立地法が1998年に成立し，2000年に施行されたのである。

1997年に大規模小売店舗法廃止の方針を定めた際，すでに仮称ではあったが大規模小売店舗立地法が提言されていた。翌年には，同法と中心市街地活性化法（「中心市街地における市街地の整備改善及び商業等の活性化の一体的推進に関する法律」)，都市計画法の改正が成立し，ここにまちづくり三法が始まるのである。大規模小売店舗立地法の施行は2000年6月まで待たなければならないが，改正都市計画法と中心市街地活性化法は実施に移され，中心市街地の活性化が指向されることとなる。

これら三法の役割分担は次のようになっている。中心市街地活性化法は，中心市街地活性化に役立つと考えられるさまざまな誘導措置等によって諸活動や投資を呼び込む。大規模小売店舗立地法は，その名称にもかかわらず大規模店の立地自体を規制するのではなく，出店予定計画について交通渋滞，騒音といった何らかの生活問題が発生しないか事前に検討し，問題発生の可能性がある場合，当該事業者に改善を要請するという内容である。都市計画

図表4－2　都市計画法等の改正（2006年）による出店規制の強化

土地の区分				改正以前	改正後
用途地域	住居系	低層住居専用地域	第一種	50㎡超不可	50㎡超不可
			第二種	150㎡超不可	150㎡超不可
		中高層住居専用地域	第一種	500㎡超不可	500㎡超不可
			第二種	1500㎡超不可	1500㎡超不可
		住居地域	第一種	3000㎡超不可	3000㎡超不可
			第二種	可	手続き必要
		準住居地域		可	手続き必要
	商業系	商業地域		可	可
		近隣商業地域		可	可
	工業系	工業専用地域		手続き必要	手続き必要
		工業地域		可	手続き必要
		準工業地域		可	手続き必要
市街化調整区域				制限あり	制限あり
非線引き都市計画地域等の白地地域				可	手続き必要
都市計画区域外				手続き必要	手続き必要

（出所）矢作・瀬田編（2006）を参考に，筆者作成。

法は，特別用途地域等を使い大規模店等の立地を誘導しようとするものである。

　ただ大規模小売店舗立地法はまちづくり三法が目標とする中心市街地活性化という視点から見ると逆行する性格を備えている。同法は周辺の生活環境悪化を防止するよう機能するため，大規模店予定地に近接して住宅密集地がある市街地では出店計画に対してさまざまな改善要求が出てきやすく，結果として大規模店は市街地内への出店を敬遠することとなる。こうした三法間の機能のずれを是正する役割を負っているのが都市計画法である。

　ところが現実には，まちづくり三法は当初期待されたような成果をあげられず，2006年に都市計画法と中心市街地活性化法が改正されることとなった。とくに都市計画法の主要な改正点は次のような内容であった。①1万平方メートルを超える大規模集客施設の立地を3用途地域（商業地域，近隣商業地域，準工業地域）に限定すること，②「原則として出店不可」の地域に

図表 4－3　百貨店法（戦後），大規模小売店舗法，大規模小売店舗立地法の比較表

	百貨店法（戦後）	大規模小売店舗法	大規模小売店舗立地法
施行時期	1956～1974年	1974～2000年	2000年～
調整方法	経済調整	経済調整	社会調整
調整内容	店舗の新増設，出張販売，閉店時刻，休業日数，その他営業方法	売場面積，開店日，閉店時刻，休業日数	駐車場・駐輪場，入出路整備，安全対策，騒音対策，景観保全，廃棄物処理，悪臭対策，リサイクル活動，その他
調整権限	政府（通産大臣）	政府（通産大臣）（都道府県）（知事）	都道府県，政令指定都市
手続き	許可制	事前審査付届出制	事前審査付届出制
対応	改善勧告，改善命令	改善勧告，改善命令	改善勧告
対象店舗	百貨店で1500㎡（3000㎡）以上	1500㎡（3000㎡）以上の店舗 ↓ 500㎡超の店舗	1000㎡超の店舗

（出所）各法令集より，筆者作成。

出店するには自治体による用途変更が必要となったこと，③用途地域の決定・変更に都道府県が関与することで，実質的な広域調整体制が作られたこと。

　こうして日本の調整政策は，ようやく都市計画法と大規模小売店舗立地法によって大規模商業施設の立地に規制を加える制度へと転換したのである。

5　調整政策と地域

　日本における調整政策を歴史の流れに沿って検討してきた。戦前，最初の大規模小売業である百貨店の出現とともに，政府は異業態間競争を調整する必要に迫られたといってよい。戦後もその傾向は引き継がれたが，近年になって経済調整は主として外圧によって社会調整にとって代わられた。

　競争条件を是正するような経済調整の場合，地域との接点は限られる。もちろん地域との関係が無視されたわけではない。百貨店法では明確ではなか

ったが，大規模小売店舗法では「地元民主主義」という理念の下，地元の意向を取り入れる調整方式がとられた。この背景には小売店は地理的に限られた商圏内で競争しており，地域での小売業のあり方は政府が一律に決めるものでなくその地域ごとに決定すべきであるという発想に基づいていた。

だが今日，「地元民主主義」やその下で作業を進めた「商業活動調整協議会」の評判は芳しいものではない。これらは狭い閉ざされた地域社会のボス政治とでもいうべき因習に基づくものであり，「民主主義」とはほど遠い性格を持ち，流通業の革新や発展を阻害する結果をもたらしたとされたからである。

こうした「地元民主主義」が否定された結果，調整政策が大幅に骨抜き状態になってしまった感が強い。経済調整が否定されるとともに，地域独自に商業のあり方を考えるのは好ましくなく，外部不経済といった環境問題に限定して大規模商業者の出店計画に微調整を求めるのが関の山ということになってしまった。数値化できる環境問題に限定することで，WTO等の要請に合致させたうえに，透明性のある規制つまり全国一律の基準による規制に馴染みやすくさせたのである。地方自治体の権限は勧告にとどまり，強制力を持たない。

無論，都市計画法が大規模商業開発に一定の枠をはめたのは，日本の流通政策史上，大きな前進には違いない。だが１万平方メートルを超える集客施設という基準は，大規模な郊外型ショッピングセンター開発には有効でも，郊外部での商業集積形成に対してはザル法といわざるをえないであろう。また都市計画法はあくまで立地できる地理的範囲を限定するにすぎず，どのような商業活動が営まれるかにまで関与する政策手段ではない。

調整政策の歴史が示しているように，大規模小売店舗法のような経済調整には確かに限界と欠点がある。競争関係に手を出すことは腐敗を招くおそれを伴い，また大企業の活動は例えばコンビニエンスストアや各種中規模専門店のように規制を超えて進んでいく。そこで，社会調整への転換がおこなわれた。今日実施されている社会調整では，都市計画法による都市全域にわたる立地政策が一方にあり，他方に大規模小売店舗立地法という出店予定地周辺の半径数十メートルという極めて狭い範囲を対象にする政策が実施されて

いるが，商業施設にとって意味のある商圏を意識した政策はおこなわれていない。

　大規模小売店舗立地法は，その成立の経緯から経済調整には極めて禁欲的な態度をとっており，それが法目的である住環境を守る際の足かせとなっているように思われる。大規模店が立地する場合，店舗が大きく集客力が巨大なため，交通渋滞等を招くことになりがちである。その際，政策当局が店舗規模の縮小を求められるのかという問題がある。法目的からいえば，交通渋滞を発生させるおそれが高く，円滑な駐車場への車両誘導や十分な駐車場の確保といった対策だけでは不十分であると認められる場合，競争手段としての店舗面積の削減に踏み込む必要があるのは明らかであろう。しかし，大規模小売店舗立地法を策定した理由のひとつであるWTOサービス貿易一般協定（GATS）における「サービスの事業の総量…の制限」に該当することになるため，政府は地方自治体による店舗面積の削減要請は行き過ぎとの判断を下すこととなろう。こうして環境規制といいながら環境規制としても不十分となっており，それは社会調整と経済調整は全く別物と見なすところからきている。現実の調整局面では環境への施策と競争条件に対する規制とは全く無関係ではない。

　調整政策に地域環境を保全する役割があるという場合，その「地域環境」概念の内には，例えば近隣での生活必需品の買い物可能性とか都市商業の中心性つまり高度な買回品の取り扱いといった地域住民の買い物環境の確保が含まれるべきであろう。現在の社会調整は，経済調整を拒絶することで，こうした地域住民の生活環境を破壊する可能性を含んでいるのである。

　本来，「地元民主主義」という発想には地域のことは地域住民が決定するという住民自治の思想が横たわっている。地域住民の立場では大規模店出店による住環境破壊も許し難いが同時に近隣での買い物環境の破壊も同様に耐え難いことなのであり，そうした住民の立場に立った商業規制のあり方を考える基本理念が「地元民主主義」である。こうした地域自治の思想は，全国一律に標準化された店舗を展開するチェーン・オペレーションとは相容れない性格を持つ。それが，「地元民主主義」批判の下層に流れているように思われる。

6 おわりに

　百貨店法に始まる日本の調整政策は，新規業態の成長とそのような動きに即応できない中小小売商との対立関係に直面した政府が，その対立を一時的に抑制しつつも，そうした新規業態の成長を利用して流通近代化を図ろうとする過程で作りあげた施策である。その過程で，小売業のあり方は地域によって異なることから，地域性を重視した調整がおこなわれた。

　ところが戦後の流通近代化は小売業のチェーンストア化が軸となったことから，地域性を重視した調整政策は流通近代化の妨げになるという批判が強くなった。その結果，地域の状況に沿いつつも，予め出店可能地域を指定する都市計画法や，環境への影響を数値で判断する大規模小売店舗立地法といった政策に転換することにより，チェーンストア化にとって大きな障害とならない調整方式への転換が図られたのである。

　ところがチェーンストアが小売業の主流となるにつれて，どこに行っても同じお店があるといわれるような地域性に乏しい小売環境が生まれてきている。また，そうしたチェーンストアにとって出店しやすいショッピングセンター中心の商業施設分布ができあがっており，これが地域住民からは自動車でなければ買い物に行けないし，撤退するときは一度に地域から全てのお店が消えるといったことで買い物難民問題の原因となっている。

　今後求められる調整政策は，都市構造に関わる立地政策とともに，各ゾーニングのなかでいかなる商業活動が営まれるのか，その商業活動の内容や質を吟味し地域住民の生活に資するような商業施設を確保する，きめ細かな施策となろう。

（川野訓志）

注
（1）　田島義博氏は，競争条件に修正を加える場合，強者抑制と弱者支援のふたつの方法があり，広義の調整政策はその両者が含まれるべきだとし，フランスのロワイエ法がそうした両面的性格を備えていると指摘している。田島（1982）90頁。

(2) 阪急百貨店（1976）。
(3) 大阪市（1931）。
(4) 通商産業省（1980）171-172頁。
(5) 通商産業省（1980）205-208頁。
(6) 通商産業省（1980）315-318頁。
(7) 通商産業省（1980）322-332頁，および石原（1994）。
(8) 川野（2009），および石原編（2011）。

参考文献

石原武政（1994）『小売業における調整政策』千倉書房。
石原武政・矢作敏行（2004）『日本の流通100年』有斐閣。
石原武政編（2011）『通商産業政策史4　商務流通政策』経済産業調査会。
大阪市（1931）『大阪市小売店調査』。
川野訓志（2009）「大規模小売店舗法」石原武政・加藤司『日本の流通政策』中央経済社。
草野厚（1992）『大店法—経済規制の構造—』日本経済新聞社。
国土交通省都市・地域整備局まちづくり推進課／都市計画課（2006）『概説まちづくり三法の見直し—都市計画法・中心市街地活性化法の改正—』ぎょうせい。
田島義博（1982）「小売業調整政策」久保村隆祐・田島義博・森宏編『流通政策』中央経済社。
通商産業省企業局商務課（1956）『百貨店法令の解説』一橋書房。
通商産業省企業局（1972）『流通変革下の小売商業—百貨店法改正の方向—』大蔵省印刷局。
通商産業省産業政策局商政課（1976）『大規模小売店舗における小売業の事業活動の調整に関する法律の解説』通商産業調査会。
通商産業省（1980）『商工政策史　第7巻　内国商業』。
通商産業省産業政策局大規模小売店舗調査官付（1980）『新・大規模小売店舗法の解説』通商産業調査会。
通商産業省産業政策局・中小企業庁（1984）『80年代の流通産業ビジョン』通商産業調査会。
通商産業省商政課（1989）『90年代の流通ビジョン』通商産業調査会。
通商産業省産業政策局流通産業課（1994）『これからの大店法—改正大店法の見直しの在り方—』通商産業調査会。
通商産業省産業政策局・中小企業庁（1995）『21世紀に向けた流通ビジョン』通商産業調査会。
通商産業省産業政策局流通産業課（1998）『これからの大店政策—大店法からの政策転換—』通商産業調査会。
日本ショッピングセンター協会のウェブ・サイト上の資料＜http：//www.jcsc.or.jp/data/sc_state.html＞。

阪急百貨店（1976）『株式会社阪急百貨店二十五年史』。
矢作弘・瀬田史彦（2006）『中心市街地活性化　三法改正とまちづくり』学芸出版社。

第5章

自治体による地域商業振興条例と地域の再生

1 はじめに

近年,多くの地方自治体で地域商業の振興に関する条例が制定されている。その多くは,以下のような大型店やチェーンストアへの商店街組織あるいは地域の経済団体への加入を促進する内容を含んでいる。

①商店街において商業を営む者は,商店会へ加入すること等により商店街の活性化を図るよう努める。

②商店街において商業を営む者は,商店会が商店街の活性化に寄与する事業をおこなう際には応分の負担をするよう努める。

③大型店を営む者は,地域における経済団体に加入すること等により,地域活動へ参加するよう努める。

本章では,このような自治体の地域商業振興条例制定の背景や内容,意義等を検討し,これらの条例を基礎とする地域商業振興政策の可能性を探る。

2 地域商業振興条例制定の背景

2-1 小零細小売業の減少および商店街の衰退問題

近年,商店街へのさまざまなチェーンストアの出店が目立っている。このようなチェーンストアには,コンビニエンスストアやドラッグストア,均一価格店といった小売業のほか,ファストフード店やコーヒーチェーン店のような飲食店チェーンも存在する。そして,大型店やチェーン店は,商店街内

図表5－1　小売業の事業所数の推移

(単位：1000店)

	1997年	1999年	2002年	2004年	2007年
1－2人	709.0	661.8	587.6	539.4	499.8
	49.9	47.0	45.2	43.6	43.9
3－4人	350.3	321.4	299.4	289.1	275.8
	24.7	22.8	23.0	23.3	24.2
5－9人	212.4	237.3	225.5	219.9	226.9
	15.0	16.9	17.3	17.8	19.9
10－19人	93.5	117.4	119.1	120.5	92.1
	6.6	8.3	9.2	9.7	8.1
20－49人	43.3	54.2	52.9	53.4	33.5
	3.0	3.9	4.0	4.3	2.9
49人以下	1408.5	1392.1	1284.5	1222.3	1127.9
	99.2	98.8	98.8	98.8	99.2
50人以上	11.2	14.8	15.5	16.1	9.9
	0.8	1.0	1.2	1.3	0.9
合　計	1419.7	1406.9	1300.1	1238.0	1137.9

(注)　下段は構成比（％）。各数値は四捨五入しているため合計と合致しないものもある。
(出所)　経済産業省『商業統計表』各年版より作成。

やその近隣に立地することで，商店街が生み出す集積メリットを享受するにもかかわらず，商店街組織や当該地域の経済団体に加入しないケースが多くみられる[1]。商店街組織や地元経済団体主催のイベントがおこなわれる場合，当該組織の加入者はコストを負担しかつ人的にも協力する。イベント等が実施されると，通常高い集客効果が見込まれるが，当該地域に立地し各種経済団体に未加入の大型店やチェーンストアはその恩恵に浴する一方で，ほとんど負担をしないことが問題とされるようになった。

　そもそもこのような事態が問題視されるようになった根底には，「まちづくり三法」が整備された1990年代後半以降も歯止めのかからない小零細小売業の衰退問題が存在している。まず，この点について，商業統計調査と商店街振興組合連合会の調査から確認しておこう。

図表5－1は，1997年から2007年までの就業者規模別の小売事業所数を示している。1982年に172万店を数えた小売事業所数（商店数）は，1985年調査以降減少の一途をたどり，1997年には約142万店まで減少した。小売事業所数は，その10年後の2007年には120万店を割り込み113万7900店となった。

　事業所数減少の中心が，就業者規模1-2人および3-4人の小規模零細層であることは，これまでの傾向と変わりないが，同10-19人，20-49人，50人以上の中規模・大規模小売業が減少し，かわって5-9人層が増加した点が特徴的である。生業的な小売業の減少傾向に加えて，近年における中規模・大規模小売業の事業破綻や店舗の閉鎖が進んでいることが統計データからも看取される。また，5-9人層が増加している点は，この層の新規開業が増加していることも作用しているのであろうが，むしろ10-19人層，20-49人層の小売業がいわゆるリストラを進め，より小規模な層へ階層間移動していると推察できる。1980年代後半から90年代にかけて，零細層から小規模層へと拡大した小売業の減少傾向が，中規模層へおよんでいる実態が認められる。この点は，今日の中小小売商業問題の拡大ないし深化として位置づけられよう。

　1-2人，3-4人規模の小売業の減少は，商店街の低迷に直結すると思われる。実際，全国商店街振興組合連合会が実施した「平成18年度商店街実態調査報告書」（2007年3月）によると，「衰退している」と「停滞しているが衰退する恐れがある」商店街の比率は70.3％にのぼる[2]。従前の調査に比べて，「停滞している」に該当する回答項目が細分化されているので「衰退＋停滞」比率は下がっているが，「横ばいである」（22.9％）と答えた商店街が，これまで衰退あるいは停滞してきた延長上に位置すると捉えると，現下の商店街の置かれている状況はいっそう厳しいものであると認識することができる。そのことは，「繁栄している」と答えた商店街が1.6％と過去最低になった点にも示されよう。

　商店街の低迷は空き店舗の増加にも現れるが，同調査によると，2006年度の空き店舗率は8.98％となり，調査開始以来最も高い比率となった。なお，2001年度の空き店舗率は8.53％，2003年度は7.31％であった[3]。空き店舗の増加は，商店街の商業集積機能を低下させることとなるが，空き店舗問

題以外にも「魅力ある店舗が少ない」(36.9%) ことや,「商店街活動への商業者の参加意識が少ない」(33.4%) ことが,同調査において商店街の抱える問題として挙げられている。また,空き店舗を生み出す一因にもなる「経営者の高齢化等による後継者難」(31.4%) も,商店街の維持を困難にさせている。

2-2 商店街組織への加入促進等に関する条例制定の背景

以上のように,小零細小売業の減少および商店街の衰退が進行していく下で,商店街組織の組織率の低下も進んだ。例えば,後述するように,商店街組織への加入促進等に関する条例は東京都世田谷区で最初に制定されたが,その世田谷区における商店街組織の条例制定前の組織率は,商店街へのコンビニエンスストアやファストフード店,ドラッグストア,携帯電話販売店等チェーンストアの出店が増加した結果,50～60%に低下した[4]。

都心部の商店街へのチェーンストア出店増加の背景には,好立地の商店が商店主の代替わり等を契機に,自主的に運営をやめチェーンストアへ土地や施設を賃貸する事例が増加したり[5],商店街に商店主や地主が住んでいない建物が増えたりしたという都心部特有の問題があった[6]。そのような物件に,地縁もない不動産会社等がテナントを誘致・仲介することによってチェーンストアの過剰な出店が進んだのである[7]。

上記のような事態が進行し,商店街組織の加入率が低下することによって,地元の祭りやカラー舗装の分担金等の負担が加盟店に集中し,地域の活性化事業への協力も得られないという問題が激化したのである[8]。図表5-2に示されるように,全国商店街振興組合連合会による調査でも,2000年度以降「商店街活動への商業者の参加意識が薄い」という問題が,商店街組織において強く意識されるようになった。

このような問題を背景に,東京都世田谷区では,いち早く商店街組織(世田谷区商店街連合会)から「商店街(地域エリア)にコンビニエンスストアやチェーン店が参入することは,商店街振興にとってはありがたいが,商店街組織に加入せず,賦課金を払わないのは困る。何とかしてほしい」[9]と,区に対して大型店やチェーンストア等を商店街組織に加盟させる条例の制定

図表5－2　商店街における課題

	最も多かった回答	2番目に多かった回答	3番目に多かった回答
1995年度	大規模店に客足が取られている（75.7％）	後継者難（63.9％）	大規模店出店ラッシュに押され気味（60.6％）
2000年度	魅力ある店舗が少ない（72.8％）	大規模店に客足が取られている（72.3％）	商店街活動への商業者の参加意識が薄い（65.0％）
2003年度	経営者の高齢化等による後継者難（67.1％）	魅力ある店舗が少ない（66.3％）	商店街活動への商業者の参加意識が薄い（55.7％）
2006年度	魅力ある店舗が少ない（36.9％）	商店街活動への商業者の参加意識が薄い（33.4％）	経営者の高齢化等による後継者難（31.4％）

（注）2006年度は回答数が3つまでと制限された。
（出所）全国商店街振興組合連合会（2007）13頁より作成。

を要求するに至った。

3　地域商業振興条例の制定

3－1　地域商業振興条例の制定

　東京都世田谷区では，条例制定に向けた検討過程で，「強制的事項は法的に違法となることを確認し，努力規定の整備に向けて進めることを確認」[10]し，2004年4月に，既存の産業振興条例（世田谷区産業振興基本条例）を改正することによって，大型店等の立地する地域の経済団体等への加入や地域貢献を促す条項を加えた。

　同年6月には，世田谷区商店街連合会「パワーアップ商店街　商店街加入促進大会」を開催し，改正された世田谷区産業振興基本条例の存在を喧伝した。このような取り組みは，他の商業者組織や地方自治体に情報発信する効果を発揮するのみならず，地域商業政策や産業政策についての学習機会になったと理解することができる。実際，この取り組みの効果もあって，同年中に，東京都江東区（7月，江東区商店街振興組合等組織化支援要領の改正）

や港区（10月，港区中小企業振興基本条例の改正），名古屋市（11月，安心・安全で快適なまちづくりなごや条例）において同様の条例の整備が進んだ。

さらに，2005年には，4月に東京都杉並区（杉並区商店街における商業等の活性化に関する条例），板橋区（板橋区産業活性化基本条例），練馬区（練馬区産業振興基本条例），渋谷区（渋谷区新たな商業振興のための条例），足立区（足立区経済活性化基本条例），台東区（東京都台東区中小企業振興に関する基本条例の改正），目黒区（目黒区中小企業振興基本条例の改正），千葉県習志野市（習志野市産業振興基本条例），6月に東京都荒川区（荒川区産業振興基本条例），7月に東京都文京区（文京区商店街振興に関する条例），10月に町田市（町田市商店街の活性化に関する条例），12月に小金井市（小金井市商店街の活性化に関する条例），府中市（府中市商店街の活性化に関する条例）において，同様の条例が施行される運びとなった。東京都世田谷区の条例施行からわずか1年の間に，首都圏を中心に，地域商業振興に関する条例の整備が広がり，既存の条例を改正するのみならず，新たな地域商業振興条例を制定する動きが高まったのである。

ここで，いったん確認しておきたいのは，全国FC加盟店協会が「私たち全国FC加盟店協会は，加盟店が商店街の一員として，地域の経済とくらしの中で共存共栄していくべきだという考えです」[11]と述べている点である。つまり，商店街組織等への入会に対して，チェーンストア等の加盟店は必ずしも否定的ではなく，むしろ積極的に対応しようとしている側面もみられるのである。したがって，商店街組織等への加盟問題は，チェーンストア組織の本部の方針に負うところが大きい。実際，中小企業庁委託事業としておこなわれた2009年度調査によれば，地域貢献や商店街活動への参加に対して，大型店とチェーンストアともに「店長等に権限がない，本部の承認が得られない」が最も高い回答比率を占めている[12]。ここに，資本制企業としてのチェーンストア本部（フランチャイザー）と加盟店（フランチャイジー）との間の矛盾，すなわちチェーンストア内部における矛盾を認めることができるのである。

3－2　地域商業振興条例の全国的拡大

さて，2006年になると，2月に世田谷区商店街連合会を中心に「全国商店街加入促進サミット」が開催され，その後，地域商業振興に関する条例は東京都内から千葉県や埼玉県へ波及し，関西においても条例化が進められるようになった（全国で14件の条例施行）。そして，2007年以降，地域商業振興に関する条例は全国的に浸透していく。

関西では，大阪府高槻市（地域における商業の活性化に関する条例）が2006年12月に，大阪府（大阪府商業者等による地域のまちづくりの促進に関する条例）と吹田市（吹田市産業振興条例）が，2009年に地域商業振興に関する条例を定め施行した。なお，2009年7月には地域商店街活性化法（商店街の活性化のための地域住民の需要に応じた事業活動の促進に関する法律平成21年法律第80号）が制定され，地域商業の振興が地方自治体レベルに加えて，国レベルでもいっそう重要視されるようになったのである。

3－3　地域商業振興条例の役割および効果

それでは次に，このような地域商業の振興に関する条例の役割についてみていこう。

第1に，条例が制定されたことによって，地域商業を重視する地方自治体の姿勢が，大型店やチェーンストア等に対して明確に示された。実際，地方自治体が商店街等地域商業を大事にする姿勢を打ち出したことで，チェーンストア等の商店街組織等への加入が促されることになった。

第2に，地域の商業者に対しても地域商業振興における役割が位置づけられた。具体的には，従来チェーンストア等への勧誘に熱心でなかった商店街組織自体への組織加入の勧誘の動機づけにつながった[13]。例えば，大阪市（地域商業の振興に関する条例なし）の調査によると，商店街組織の大型店等への組織加盟等に関する働きかけ（商店街計）は，同市において大型店9.2％，コンビニエンスストア12.8％程度であり[14]，そもそも非常に低い。このような条例が施行されることによって，商店街組織にも，自らの組織を強化し地域商業振興に寄与する自助努力がより強く求められるようになるのである。

図表5－3　チェーンストア等の商店街活動への協力の増加

	2008年2月	2009年12月
商店街振興組合への加入	70.0%	76.0%
イベントの費用負担	47.2%	50.3%
イベントへの人材派遣	16.2%	26.1%

（出所）全国商店街振興組合連合会（2010）より作成。

　第3に，地方自治体の地域商業振興政策の連続性が確保された[15]。首長や当該政策担当職員が代わっても，条例に基づく基本政策は変更されないため，行政の地域商業振興に対する姿勢が継続されるのである。

　第4に，いくつかの地方自治体の条例では，地域商業振興に地域住民の役割が位置づけられた。東京都杉並区の杉並区商店街における商業等の活性化に関する条例では，「区民は，商店会及び事業者が行う商店街の活性化のための取組が区民生活の向上及び地域経済の発展に寄与することを確認し，この取組に協力するよう努めるものとする」という条項が定められている。このような規定は，あくまでも理念的であり具体性に欠けるが，従来の商業政策にはみられなかった地域商業と地域住民の連関性を明記した点で有意義なものといえよう。

　以上のような役割を持った地域商業振興に関する条例が施行される下で，実際にチェーンストア等の商店街組織等への加入も一定の成果をあげることができた。

　例えば，世田谷区内商店街組織に，条例施行後2004年4月から2005年4月にかけて476事業者が新たに加入し，2004年4月から2010年3月にかけては2500事業者が新規加入した[16]。また，図表5－3をみると，2008年2月から2009年12月の間に，「商店街振興組合への加入」「イベントの費用負担」「イベントへの人材派遣」が全て増加していることがわかる。

　しかしながら，一方で，地域商業振興に関する条例は全て努力義務の範囲を越えず，条例自体を知らないか，知っていても商店街組織等に加入しない大型店やチェーンストアも多いといわれている[17]。このような条例を先行して施行した首都圏の自治体でも，「条例の一定の効果はあったものの，都

心部に大型店は少なく，成果をあげたものは商店街内の未加入の小規模店が中心で，郊外地域の大型店にはほとんど効果がないことや，全体的に大型店の条例に対する無反応な態度が指摘されている」[18]。

したがって，地域商業振興に関する条例の実行には，大型店やチェーンストアに対して商店街組織や経済団体の役員，地方自治体職員によって，条例の意図を説明し，加入を促す地道な働きかけが不可欠となろう。

4 地域商業振興条例と地域産業振興政策

4－1　地域商業振興条例の類型

地域商業の振興に関する条例は，以下のような3つのタイプに分類することができる。

第1に，商店街加入促進特化型である。このタイプの条例は，東京都渋谷区や文京区，高槻市等にみられ，チェーンストア等に，商店会等商店街組織への加入を図るよう努め，商店街組織が商店街の活性化に寄与する事業をおこなう際には応分の負担をするよう努めることを求めている。そして，大型店に対しては，地域における経済団体に加入すること等により，地域活動へ参加するよう努めることを要請する。このような条例は，地域商業振興に特化したものとして位置づけることができる。

第2に，産業振興（中小企業振興）型である。東京都世田谷区を嚆矢とするこのタイプの条例は，首都圏の自治体を中心に既存の産業振興条例を改正することによって，地域商業振興政策に先鞭をつける一方で，北海道帯広市（帯広市中小企業振興基本条例，2007年3月施行）や大阪府吹田市の条例のように，中小企業振興政策あるいは産業振興政策を基礎として新規に制定されている。

2000年代になって，地方自治体で産業振興条例を強化したり，新たに制定したりする傾向が生じた背景には，1999年の中小企業基本法改正があったと考えられる。改正法の第6条では，「地方公共団体は，基本理念にのつとり，中小企業に関し，国との適切な役割分担を踏まえて，その地方公共団体の区域の自然的経済的社会的諸条件に応じた施策を策定し，及び実施する責務を

有する」と規定された。すなわち，中小企業振興政策あるいは産業振興政策の策定や実施において，財政的・制度的・人的側面での国の負担が軽減される一方で，まちづくり条例や大型店出店規制等地方自治体の施策内容が国の政策と異なった場合に，地方自治体の介入する権利が確保され，中小企業や地場産業，商店街振興は地方自治体が責任を負うという図式が形成されたのである[19]。このように，地域の産業振興政策等において，地方自治体の実施主体としての責務が明確化されたことによって，このタイプの条例化が推進されることとなったのである。事実，改正中小企業基本法の理念は，2000年代に入ってから，徐々に中小企業政策を実施するための根拠法や組織，制度に影響をおよぼし，地方自治体において産業政策ないし中小企業政策の変化を顕在化させたのである[20]。

　第3に，地域振興型である。このタイプの条例は，東京都立川市（立川市商業まちづくり条例）や神奈川県藤沢市（藤沢市商業振興条例）等で施行されており，商店街組織等経済団体の組織強化に収斂される第1に挙げた特質を包含するとともに，大型店やチェーンストア等のみならず地域の商店街組織や商業者が果たすべき役割について，地域貢献という非経済的側面にまで拡大し位置づけている。このタイプの条例は3つの型のなかでも，比較的新しい領域を形成している。その背景として，1990年代以降におけるまちづくりの進展や，地域社会のなかで地域商業を再考する動きが増加したことがあったと思われる。

　しかしながら，いくつかの地域商業振興に関する条例の制定過程をみると，大型店やチェーンストア等といった個別経営主体に対して，商店街組織等への加入を促す内容を条例化することについては，異論や反発も大きい。その理由はおおむね，①営業の自由を保障する日本国憲法との抵触，②組織強化は商業者等の自助努力問題，③地域商業振興における商店街組織の加入促進施策の位置づけの脆弱さ，の3点に集約することができる。したがって，地域特性に照らし合わせて第2の産業振興型の条例化が困難な場合，条例化は経済主体による地域貢献を機軸とした非経済的側面を重視する方向をとるようになったのではないかと考えられる。

　それでは次に，地域振興型条例と産業振興（中小企業振興）型条例につい

て，具体的に考察していこう。

4－2　地域振興型条例の内容

　地域振興型条例について，藤沢市商業振興条例を取り上げて，その内容をみていこう。同条例第6条では，「商店会は，生活に必要な利便と良質な商品，地域に密着したサービス等を提供するとともに，商店会を中心とするにぎわいのある地域コミュニティの形成を目指して，イベント，防犯活動，防災活動等の地域社会への貢献に努めるものとする」と規定している。

　つづく第7条では商業者の責務として，「商業者は，自らの創意工夫により経営基盤の強化に努めるとともに，地域社会の一員であるとの認識に立って，地域経済団体等と連携の上，市民の良好な生活環境に配慮した事業展開及び雇用促進，環境対策，防犯活動，防災活動等の地域社会への貢献に努めるものとする」とし，第8条で事業者の責務として，「事業者は，法第4条の指針に基づき，周辺地域の生活環境の保持のため，大規模小売店舗の施設の配置及び運営方法に関する事項に配慮するとともに，自らが地域社会における構成員であるとの認識に立って，地域経済団体等と連携の上，次に掲げる事項に関する事業の実施に努めるとともに，公共的団体等が行う地域貢献事業に参加し，又は協力するよう努めなければならない」と明記している。同条例では，地域商業の役割として，地域経済活性化や雇用対策等の経済的側面以上に，ゴミの減量等の環境対策や防犯対策，青少年の非行防止対策，防災対策等の非経済的側面への貢献が重視されている。このような特質は，当該地域の歴史的，経済的，社会的，文化的特性を基礎に，前項で述べた諸点も作用し形成されたと思われる。

　さらに，第9条において，「事業者のうち当該大規模小売店舗を代表する者は，規則に定めるところにより地域貢献事業に関する計画書を作成し，市長に提出しなければならない」と，大型店に対して地域貢献計画書の作成および提出を義務づけている点が特徴的である。

4－3　産業振興（中小企業振興）型条例の内容
4－3－1　吹田市産業振興条例の内容

　それでは最後に，吹田市産業振興条例を取り上げて，産業振興（中小企業振興）型条例の内容について検討していこう。

　同条例の第1条で，「この条例は，産業の振興に関する基本理念及び施策の方針を定め，市，事業者，経済団体等及び市民の役割を明らかにすることにより，産業基盤の安定及び強化並びに地域経済の循環及び活性化を図り，もって就労機会の増大及び安心安全な市民生活の確保に資するとともに，調和のとれた地域社会の発展に寄与することを目的とする」ことを規定し，地域内経済循環および地域内再投資の方針を掲げている。

　そして，産業の振興は中小企業者の発展を基礎に推進され（第3条3項），その方針として，第4条で企業誘致を進める場合も地域経済の循環および活性化に寄与するように図ることや，日常生活を支える地域密着型商業の展開および商業地の整備を支援することにより，地域の商業の魅力の向上を図ること，地域からの雇用の促進および継続に対する支援を図ること，市内の中小企業者の受注機会の増大を図ること等を提示している。

　他の地方自治体の産業振興条例や中小企業振興条例において，「地域経済の循環」を政策の柱として位置づけているものはほとんどみられず，以上の内容に，吹田市の産業政策の進取性を認めることができる。これまで多くの地域では，産業政策として企業誘致に依存する傾向が強かったが，そこで生み出された付加価値は本社に移転されてしまう比率が高く，地域内の経済が循環せず，地域の持続的成長が損なわれる状況がみられた。それゆえ，「地域内に投資決定の主体があり，それを中心に繰り返し再投資する活動を量的にも質的にも強化することが，地域内再投資力を高める」[21]ことになり，地域の持続的発展につながるのである。

　また，同条例の第3条において，「産業の振興は，市が市民，事業者及び経済団体との協働の下に産業の振興のための施策を行うことにより推進されなければならない」ことが記され，産業振興における市の役割が明示されている。すなわち，産業振興が公共政策として明確に位置づけられている。そして，同条項に基づいて，市は必要な調査を行い，産業施策を総合的かつ計

画的に推進する(第5条)。産業振興を事業者の自助努力に委ねる傾向が強い近年の自治体産業政策のなかで，吹田市の条例は改正中小企業基本法を背景にして，地方自治体が積極的に地域産業振興政策を企画し実行していく方向を示しているのである。しかしながら，多くの産業振興条例や中小企業振興条例と同様に，本条例も中小企業保護を目的とするものではなく，地域づくりや地域振興のために，その中心となるべき中小企業の活性化に地方自治体が主体的かつ総合的に取り組むというものである[22]。

さらに，本条例では第6条において，市内の大型店や特定連鎖化事業者(チェーンストア)に対して，経済団体等への加入を促すのみならず「地域社会における責任を自覚し，市が行う産業施策及び経済団体等が行う産業振興のための事業活動に協力するよう努める」ことを求めている。

4-3-2 吹田市産業振興条例の制定経緯

以上のように，吹田市産業振興条例は非常に先進的な内容を有するのであるが，その制定には以下のような経緯があった。

図表5-4 吹田市における工業事業所数等の推移(従業者4人以上)

	事業所数	従業者数(人)	製造品出荷額等(万円)
1998年	292	8,627	32,820,208
1999年	267	7,963	31,616,074
2000年	267	8,031	29,603,019
2001年	238	7,170	28,506,914
2002年	217	6,479	27,477,634
2003年	217	6,322	26,426,490
2004年	189	5,958	26,263,836
2005年	190	5,726	25,377,651
2006年	190	5,793	25,512,181
2007年	189	6,169	27,463,140
2008年	190	5,869	27,026,193
2009年	163	5,370	23,585,704

(出所)吹田市「吹田市統計書」各年版より作成。

図表 5 − 5　吹田市における小売業事業所数等の推移(飲食店を除く)

	事業所数	常時従業者数	年間販売額 (万円)
1994年	2,492	16,414	31,744,102
1997年	2,349	16,038	34,087,003
2002年	2,172	18,119	28,484,409
2004年	2,082	17,719	30,223,165
2007年	1,902	17,438	30,226,330

(出所)　吹田市「吹田市統計書」各年版より作成。

　図表 5 − 4 と 5 − 5 に示されるように，1990年代後半以降，吹田市では工業分野と小売業分野ともに衰退傾向が顕著となった。工業では1998年から2009年にかけて，事業所数が292から163，従業者数が8627人から5370人，製造品出荷額等が約3280億円から約2360億円へと減少した。小売業でも1994年から2007年の間に，事業所数が2492から1902へと減少し，3200億円近かった年間販売額はほぼ3000億円となった。従業者数は同時期に 1 万6414人から 1 万7438人と増加した。この小売従業者数の増加も，事業所数の減少と照らし合わせると，小規模小売業の衰退と大型店の拡大を意味しており，結局は市内の一般小売業にとって，経営の悪化を示しているのである。
　このような状況の下で，1990年代中頃から吹田民主商工会を中心に，産業振興に関する条例制定を求める学習や運動が開始された[23]。2001年以降の数年間には，市議会における産業(中小企業)振興条例制定の質疑がおこなわれたが，この段階では条例制定には至らなかった。2006年になると，「吹田市新商工振興ビジョン─快適ライブタウンの創生をめざして」が策定され，そこで，「商工業の振興の基本となる事項を広く市民に周知し，市の方針を明確にするため，条例の制定について今後研究・検討を進める」[24]と明記されることとなった。同年には，高槻市で「地域における商業の活性化に関する条例」が制定され，吹田市でも吹田市商業団体連合会から商業の活性化を目的とした条例制定要求が出され，吹田市商工会議所工業部会よる条例制定要求とあわせて，条例化に向けた機運が高まった。
　そして，2007年に吹田市商工業振興対策協議会・吹田市商工業振興施策検

討部会において条例化の検討が始められたのみならず，商工行政を強化するために吹田市産業労働にぎわい部が創設された。同年8月に吹田市商工業振興対策協議会で提示された産業振興条例案は，地域内経済循環等の視点はなく，他の自治体の条例を模したチェーンストア等の商店街組織等への加盟を主たる内容とするものであった。それゆえ，地域内経済循環等の視点を盛り込んだ吹田民主商工会による「吹田市中小企業振興基本条例（仮称）に向けた提言」等がまとめられ[25]，商業組織の強化にとどまらない産業振興条例制定に向けて本格的な議論が展開されるようになった。その後，翌2008年には，吹田市商工業振興対策協議会・条例検討部会が設置され，2009年にようやく吹田市産業振興条例の制定に至った。

　ここで注目したいのは，条例制定過程において，他の地方自治体の条例の模倣に終始することなく，地域特性を踏まえて，なんのための産業振興条例なのかという点を深く掘り下げて，学習活動が繰り返され，条例制定要求を運動として継続していったことである。この点は，地域商業の振興や地域産業振興に関する条例を企図している地方自治体や事業者にとって，おおいに参考になろう。

4 - 3 - 3　条例制定後の取り組み

　地方自治体によっては，条例や産業振興ビジョン等を策定した後，それらの実行が伴わない場合がみられるが，吹田市では，条例施行後に全事業所実態調査を実施した（2011年）ほか，「商店街エコ化事業」（2009年）を実施し，さらに「吹田市商店街及び商店ポータルサイト」（2010年）を整備した。商店街エコ化事業とは，市内商店街のアーケードに太陽光パネルやドライ型ミストを設置し，加えて照明の高効率化を追求する事業である[26]。同事業に関する発注は市内の事業者を中心におこなわれており，産業振興条例の下で，地域内経済循環あるいは地域内再投資の取り組みが実際に進められたのである。

　吹田市産業振興条例において地域内経済循環の方針が掲げられ，商店街エコ化事業のような実際の取り組みが展開された背景には，吹田市における官公需の地元発注比率の低下問題があった。

　図表5-6をみると，2009年度の官公需地元発注比率は件数ベースで

図表5－6　吹田市官公需地元発注比率

(単位：％)

	合　　計		工　事		物　品　等		役　　務	
	件数	金額	件数	金額	件数	金額	件数	金額
2009年度	41.5	28.4	92.2	27.1	38.8	19.1	43.5	35.9
2010年度	38.9	40.2	91.3	58.2	36.8	11.8	38.9	34.6

(注) 2000年度の吹田市工事金額地元発注比率75.2％。
(出所) 吹田市「吹田市議会議事録」より作成。

41.5％であり，金額ベースでは28.4％にすぎない。工事の同比率は件数ベースでこそ92.2％にのぼるが，金額ベースではわずか27.1％である。物品等では，金額ベースでも19.1％にとどまっている。2000年度の吹田市工事金額地元発注比率が75.2％であったことをかんがみると，2000年代を通じて，公共工事の縮小傾向のなかで地元企業への官公需の発注が落ち込み，そのことが地域経済を低迷させる要因のひとつとなっていることを認めることができる。吹田市産業振興条例およびそれに基づく諸制度は，このような地域経済縮小化傾向への対応となっているのである。

　また，吹田市では，産業振興条例をいっそう精緻化し具体化するために，「地域における商業の活性化に関する要項」(2010年1月施行) を整備した。同要項第5条4項において，「市内において大型店を運営する者は，商業者等の受注機会の確保及び地元雇用の創出に努めるものとする」と定め，地域内経済循環ないし地域内再投資の方針を大型店に対しても促しているのである。翌2011年には，「商業者等に求められる具体的な地域貢献策の例」がまとめられた (2011年4月施行)。ここでは，地域貢献を含む10領域54例を具体的に提示し，商業者等が店舗の特徴や立地環境，組織体制などを勘案して，できることを選択して取り組むことを奨励している。

5 おわりに―地域産業振興政策と結びついた地域商業振興に関する条例の意義―

　以上，ここまで地域商業振興に関する条例や地域商業振興の観点を包含した産業振興条例等について，その内容や制定背景を考察してきた。
　いずれの条例の型においても，商業の持つ経済的側面と非経済的側面（社会的側面）を強化あるいは再構築することの重要性を確認することができる。商業とりわけ小売商業は地域社会のなかで商取引をおこない，地域における経済活動の重要な主体であるのみならず，商取引以外の領域においても地域社会で重要な役割を担っている。地域商業振興に関する条例は，このような商業の持つ二面性を同時に追求していく政策なのである。
　吹田市のような産業振興型の条例は，地域商業振興政策を商業の領域内にとどめず，それを中小企業振興政策として位置づけ直し，地域中小企業の持続可能な仕組みとして実行している。同時にそこでは，地域商業を地域産業の構成要素としても位置づけ，他の地域産業との連関を強めようとしている。すなわち，生産過程と流通過程を結びつけた地域内経済循環が志向されているのである。強固な地域内経済循環が構築されることによって，地域商業の持つ非経済的側面も増進されることになり，地域社会の持続可能性につながることになる。
　地域経済の内発的発展について理論的・実証的に考察されている宮本憲一氏は，「もともと都市は社会的分業を地域内ですすめるものであるが，製造業・建築業などの物的財貨を生産する部門が相互に関連するだけでなく，それらに卸小売業・金融・観光・福祉・教育などのサービス部門が関連し，できるだけ地域内で財貨やサービスに付加価値をつけることがのぞましい。（中略…引用者）さらに，都市で生みだされる社会的剰余（営業利潤＋個人の余裕資金＋租税）が地域内で分配され，再投資され，その際にできるだけ福祉や文化など市場にのりにくい公共的な性格の財やサービスの向上にも配分されれば，地域の総合的な発展が可能になる」[27]と述べられる。地域内経済循環をとり入れた産業振興政策と結びついた地域商業振興条例の整備とそ

れに基づく諸施策の実施は，地域内産業連関を強め，そこで産出された社会的剰余がさらに地域内で再投資されることによって，地域の経済活動の枠を超えて地域社会全体の持続的な成長をもたらすことになろう。そして，そのことは，われわれ地域住民の「生活の場としての地域再生」[28]にもつながるのである。

（佐々木保幸）

注
(1) 例えば，大阪市における商店街の会員に占めるチェーン店舗構成比20％未満の割合は9.9％，20～40％未満20.9％，40～60％未満9.4％，60～80％未満6.7％，80％以上7.1％となっている（大阪市経済局 2007，37頁）。
(2) 全国商店街振興組合連合会（2007）12頁。
(3) 全国商店街振興組合連合（2007） 8頁。
(4) 『日経MJ』2003年11月13日。
(5) 『日本経済新聞』2004年 3 月26日。
(6)(7) 『日本経済新聞』2005年 8 月 6 日。
(8) 『日経MJ』2003年11月13日。
(9)(10) 地方自治研究機構（2011）30頁。
(11) 植田（2011）43頁。
(12) 地域貢献について「店長等の権限がない，本部の承認が得られない」と答えた比率は大型店39.8％，チェーンストア54.8におよぶ。しかしながら，「商店街組織と連携する意識がない」と答えた比率も，大型店で24.7％，チェーンストアで30.1％を占めていることも見逃せない（インテージ 2010，10-11頁）。
(13) 『日本経済新聞』2004年 5 月27日。
(14) 大阪市経済局（2007）35頁。
(15) 植田（2007）83頁。
(16) 地方自治研究機構（2011）32頁。
(17)(18) 『日本経済新聞』2007年 6 月 7 日。
(19) 吉田（2010）24頁。
(20) 和田（2010）44頁。
(21) 岡田（2010）32頁。
(22) 岡田（2009）185頁。
(23) 西尾（2010）149頁。
(24) 吹田市（2006）63頁。
(25) 西尾（2010）150-152頁。
(26) JR吹田駅周辺まちづくり協議会（2010）。

(27) 宮本（1999）358頁。
(28) 神野直彦氏はこの点について「地域の内部で人間を育てるという基本に帰って地域の再生を試みる必要があります。人間の生活の場として，また人間を育成する場として地域を再生していく，そのために地域の自然に合わせた生活様式を確立していく，そうすれば地域で暮らす人間の生活様式に密着した新しい欲求が出てくるのであり，その欲求を技術革新によって生み出された新しい産業で満たしていくというのが，これからの地域再生の道ではないでしょうか」と主張される（神野 2010, 8頁）。

[付記] 本研究は，科学研究費補助金（基盤研究（C）23530461）による研究成果の一部である。

参考文献
足立基浩（2010）『シャッター通り再生計画』ミネルヴァ書房。
インテージ（2010）平成21年度中小企業庁委託事業『中心市街地における商業活性化の現状及び課題に関する調査報告書』（概要版）。
植田和弘・神野直彦・西村幸夫・間宮陽介編集（2004）『都市経済と産業再生』（岩波講座「都市の再生を考える」4）岩波書店。
植田忠義（2011）『フランチャイズは地域を元気にできるか』新日本出版社。
植田浩史（2007）『自治体の地域産業政策と中小企業振興基本条例』自治体研究社。
植田浩史編著（2000）『産業集積と中小企業』創風社。
植田浩史編著（2004）『「縮小」時代の産業集積』創風社。
宇野史郎・吉村純一・大野哲明編著（2008）『地域再生の流通研究』中央経済社。
NPO法人区画整理・再開発対策全国連絡会議編（2008）『都市再生—熱狂から暗転へ』自治体研究社。
大阪市立大学大学院創造都市研究科編（2010）『創造の場と都市再生』晃洋書房。
大阪市経済局（2007）『大阪市小売商業実態調査報告書』。
大阪市経済局編（2007）『大阪市小売商業振興プラン』。
大阪市経済局編（2009）『大阪の経済2009年版』大阪都市経済調査会。
大阪自治体問題研究所編（2011）『大阪大都市圏の再生』自治体問題研究社。
岡田知弘（2009）『一人ひとりが輝く地域再生』新日本出版社。
岡田知弘（2010）「地域内再投資力が地域を元気にする」岡田知弘・高野祐次・渡辺純夫・西尾栄一・川西洋史『中小企業振興条例で地域をつくる』自治体研究社。
経済産業省『商業統計表』各年度版。
神野直彦（2002）『地域再生の経済学』中公新書。
神野直彦・森田朗・植田和弘・苅谷剛彦・大沢真理編（2004）『自立した地域経済のデザイン』（新しい自治体の設計4）有斐閣。
神野直彦（2010）「なぜ，いま地域再生なのか」神野直彦・高橋伸彰編著『脱成長の地域

再生』NTT 出版.
吹田市（2009）「吹田市産業振興条例について」.
吹田市（2006）『吹田市新商工振興ビジョン – 快適ライブタウンの創生をめざして』.
吹田市「吹田市議会議事録」.
吹田市「吹田市統計書」各年度版.
全国商店街振興組合連合会（2007）平成18年度中小企業庁委託事業『平成18年度商店街実態調査報告書』（簡易版）3月.
全国商店街振興組合連合会（2010）「平成21年12月時点における百貨店・チェーン店等の商店街活動への協力状況に関する調査結果概要」.
地方自治研究機構（2011）『自治体法務研究』No.25.
中小企業庁編『中小企業白書』各年版.
仲村政文・蔦川正義・伊東維年編著（2005）『地域ルネッサンスとネットワーク』ミネルヴァ書房.
中山徹（1995）『[検証] 大阪のプロジェクト』東方出版.
中山徹（2002）『地域経済は再生できるか』新日本出版社.
中山徹（2004）『地域社会と経済の再生』新日本出版社.
西尾栄一（2010）「産業振興条例の制定に向けた民主商工会の政策活動」岡田知弘・高野祐次・渡辺純夫・西尾栄一・川西洋史『中小企業振興条例で地域をつくる』自治体研究社.
広原盛明・高田光雄・角野幸博・成田幸三編著（2010）『都心・まちなか・郊外の共生』晃洋書房.
福川裕一・矢作弘・岡部明子（2004）『持続可能な都市』岩波書店.
宮本憲一（1999）『都市政策の思想と現実』有斐閣.
安井國雄・富沢修身・遠藤宏一（2003）『産業の再生と大都市』ミネルヴァ書房.
矢作弘（2009）『「都市縮小」の時代』角川書店.
矢作弘・瀬田史彦編（2006）『中心市街地活性化三法改正とまちづくり』学芸出版社.
吉田敬一（2010）「グローバル化時代の地域振興と中小企業」吉田敬一・井内尚樹編著『地域振興と中小企業』ミネルヴァ書房.
和田耕治（2010）「国の地域中小企業政策と地方自治体」.
JR 吹田駅周辺まちづくり協議会（2010）「JR 吹田駅周辺まちづくり協議会商店街エコ化事業推進委員会平成21年度事業報告および平成22年度事業計画（案）」.
『日本経済新聞』.
『日経 MJ』.

第Ⅱ部

地域再生に向けた取り組み

第6章

大型店撤退問題と地域の再生

1　はじめに

　近年，全国の地方都市では人口流出，少子高齢化，モータリゼーションの進展等によって，駅前や都心部に立地する商店街が衰退するなかで中心市街地の空洞化の傾向がみられる。一方で人口・住宅の郊外への移転，大規模小売店舗・大型商業施設（以下，大型店とする）や病院・福祉施設などの公的機関の外部移転が進むに伴い都市機能の郊外化が進展してきている。とくに，大型店の数は増加しながらその大型化・郊外化の展開が著しく，それに伴ってオーバーストア状況が続いている。同時に中心市街地を中心とした大型店の閉鎖・撤退も相次いでおり，それらは消費者の買い物をはじめ地域の雇用や税収ならびに「まち」そのものに大きな影響を与えている。

　大型店の出店に関しては，旧大規模小売店舗法（以下，大店法とする）の厳しいチェックや大規模小売店舗立地法（以下，大店立地法とする）による生活環境の保持の視点からの法的な手続きが不可欠である。一方，大型店の撤退・閉鎖に関する法的な手続きとしては，大店立地法第6条（変更の届出）5項のなかで，（店舗面積1000平方メートル以下にするものに対して）廃止届出を提出するように定められているが，その場合でも，時期の指定はなく，事前に行政や住民に告知する機会も設けられておらず，休業中の店舗や届出が出されていないまま廃止されている店舗も存在する[1]。

　大型店出店の実態分析，それに伴う中小小売商業問題ないし商店街問題の研究，さらに「まちづくり」の事例研究，それらに関わる行政の取り組み・政策に関する研究はこれまでにも多くみられる。しかし，近年顕著になって

きている大型店閉鎖・撤退についての現状把握、その影響の度合い、行政の対応状況についての研究はあまりみられない。

本章では、大型店閉鎖・撤退に関わる実態把握や大型店に対する行政の取り組みを説明したうえで、地域再生に向けて大型店閉鎖・撤退後の対応策やそのあり方を考察する。そこで、第2節では大型店の出店状況を説明する。第3節では大型店撤退の実態を考察する。第4節では大型店出店・撤退に関わる政策の経緯を説明する。第5節では大型店撤退後の地域再生への取り組みを考察し、最後に総括している。

2　大型店出店状況

ここでは、大型店の出店状況について『全国大型小売店総覧』から面積規模別・立地形態別の立地の特徴を考察していこう。

2-1　大型店の面積規模別の出店状況

日本における2011年5月現在の大型店数を店舗面積別にみると、1000平方メートル以上2000平方メートル未満の店舗は6980店（36.3%）で、全体の約3割5分以上を占めており、次いで2000平方メートル以上3000平方メートル未満の店舗が4007店（20.9%）となっている。したがって、1000平方メートル超3000平方メートル未満の店舗で全体の約5割5分以上を占めていることがわかる。次に、割合の高い順にみると、3000平方メートル以上4000平方メートル未満の店舗が1834店（9.5%）、10000平方メートル以上20000平方メートル未満の店舗が1472店（7.7%）、4000平方メートル以上5000平方メートル未満の店舗が1333店（6.9%）となっている（図表6－1）。

次に大型店の新規出店を、2002年から2010年までの過去9年間の推移でみると、2002年（436件）、2003年（585件）、2004年（719件）と急増し、それをピークに2005年以降からは横ばいないし緩やかな減少傾向にあることがわかる（図表6－2）。

以上から最近の大型店出店の特徴としては、全体の約半数ともいえる44.9%（1991年以前）の割合を占めていた1000平方メートル超2000平方メー

図表6－1　大型店の店舗面積規模別の店舗数

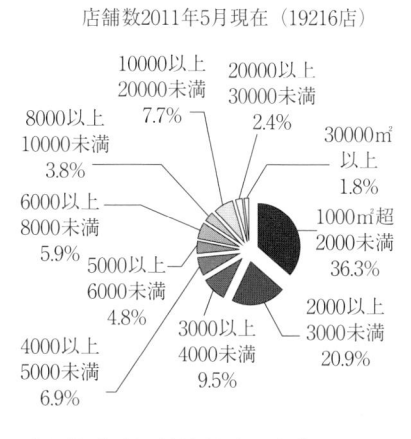

店舗数2011年5月現在（19216店）

- 10000以上20000未満　7.7%
- 20000以上30000未満　2.4%
- 8000以上10000未満　3.8%
- 30000㎡以上　1.8%
- 6000以上8000未満　5.9%
- 1000㎡超2000未満　36.3%
- 5000以上6000未満　4.8%
- 4000以上5000未満　6.9%
- 3000以上4000未満　9.5%
- 2000以上3000未満　20.9%

図表6－2　大型店の新規出店数の推移

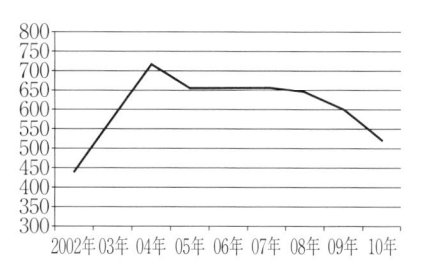

（2002年～10年の折れ線グラフ）

（出所）東洋経済新報社（2011）『全国大型小売店総覧　2012年度版』21頁。

トル未満の店舗が，33.3%（1992～2001年），29.6%（2002～2010年）とその割合を減少させているのに対して，3000平方メートル以上の店舗の割合が37.4%（1991年以前），44.5%（1992～2001年），47.9%（2002～2010年）と増加傾向にあり，出店の大型化が進んでいるといえる。このことは，「借地借家法」の改正や都市計画法の改正に関わる土地利用の柔軟化，商業集積形態としてのSCの増加，大型店の郊外立地傾向等に関係しているものと考えられる。

2－2　大型店の立地形態別の出店状況

　大型店の出店を立地別に大まかに市街地への立地と郊外への立地に分けてみると，市街地への立地はターミナル型，商店街型，駅前・駅近辺型の項目で，郊外への立地は郊外住宅街型，郊外幹線道路沿型の項目で示されている。

　まず，市街地立地型であるターミナル型，商店街型，駅前・駅近辺型の店舗についてみてみよう。市街地に立地するターミナル型，商店街型，駅前・駅近辺型の店舗の割合の合計を示すと2002年は11.3%，2010年は10.9%とな

第6章　大型店撤退問題と地域の再生　　113

図表6−3　大型店の立地形態別の店舗数割合の比較（2002年／2010年）

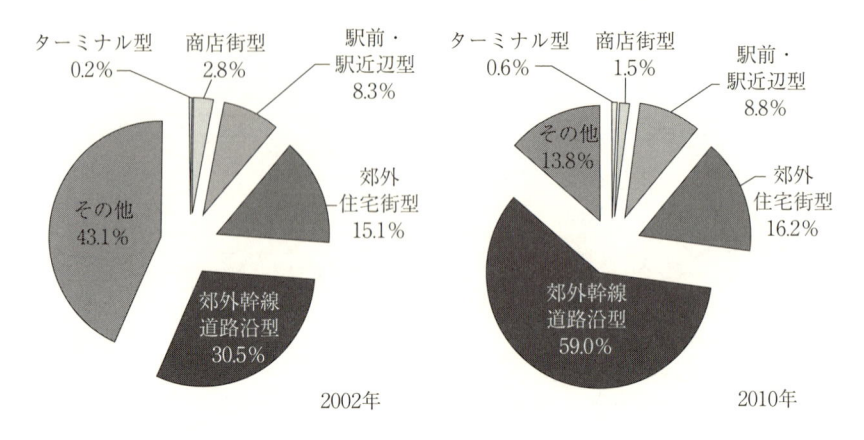

2002年
- ターミナル型 0.2%
- 商店街型 2.8%
- 駅前・駅近辺型 8.3%
- 郊外住宅街型 15.1%
- 郊外幹線道路沿型 30.5%
- その他 43.1%

2010年
- ターミナル型 0.6%
- 商店街型 1.5%
- 駅前・駅近辺型 8.8%
- 郊外住宅街型 16.2%
- 郊外幹線道路沿型 59.0%
- その他 13.8%

（出所）東洋経済新報社（2011）『全国大型小売店総覧　2012年度版』22頁。

図表6−4　大型店の立地形態別の店舗数

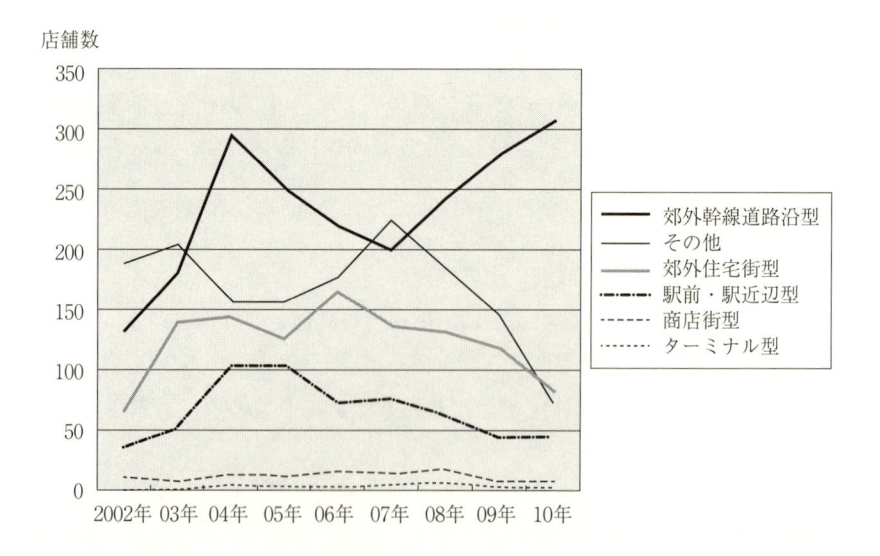

凡例：郊外幹線道路沿型／その他／郊外住宅街型／駅前・駅近辺型／商店街型／ターミナル型

（出所）東洋経済新報社（2011）『全国大型小売店総覧　2012年度版』22頁。

っており，全体的にその新規出店数が少なく，その割合に大きな変化がみられない（図表6－3）。また，2002年から2010年までの9年間の推移をみると，駅前・駅近辺型の店舗が2005年をピークに毎年減少していることなどから，市街地への大型店の新規出店は，2005年以降，減少傾向にあり，今後もしばらくはそれが続くと考えられる（図表6－4）。

　次に，郊外立地型である郊外住宅街型，郊外幹線道路沿型の店舗についてみてみよう。大きな割合を占めているその他（立地形態不詳分を含む）を度外視して，郊外に立地する郊外住宅街型，郊外幹線道路沿型の合計をみると，2002年は45.6％，2010年は75.2％と全体に占める割合が高くなっている（図表6－3）。また，2002年から2010年までの9年間の推移をみると，郊外住宅型は2006年をピークに緩やかな減少傾向にあるが，郊外幹線道路沿型は，2007年を境に2008年度は243件，2009年度は279件，2010年度は307件という増加傾向をみせている（図表6－4）。

　以上のことから，市街地立地の代表的形態であった駅前・駅近辺型店舗の減少が始まった2005年より，大型店の市街地への新規出店には陰りが見え始め，それと同時に新規出店の郊外化の傾向が始まり，2007年を境とする郊外幹線道路沿型の店舗増加により，出店の郊外化は決定的になったといえるだろう。そして，今後もこの傾向は続くと考えられ，大型店は郊外立地が主流になると考えられる。

3　大型店撤退の実態

3－1　大型店撤退の全国・九州地区の現状

　近年，都市中心部に立地する百貨店・スーパーマーケットなど大型店の撤退事例が増加している。図表6－5にみられるように，2000年に長崎屋，そごう，2001年にマイカル，壽屋，2004年にダイエーと全国的に展開している大手小売企業の経営破綻を契機に，各地で大型店閉鎖が相次いだ。そうした都市部では大型店撤退が中心市街地空洞化の大きな要因となっている[2]。

　例えば，九州地区では，これまでダイエー，壽屋，ニコニコドーといった全国・地場の大手小売企業の倒産が相次いだために，閉店に至った店舗は相

図表6-5　主要大型小売企業の経営破綻の状況

小売業者 (店舗名)	手続申立日		破綻前後の 店舗数
長崎屋	2000年2月	会社更生法	96
そごう	2000年7月	民事再生法	28(1)
マイカル	2001年9月	民事再生法	144(2)
壽屋	2001年12月	民事再生法	134
ダイエー	2004年10月	産業再生機構	263

(注)（1）国内のみ。（2）グループで215。
(出所) 中条（2007）178頁より作成。

図表6-6　九州・沖縄地区の大型店撤退・閉店

(単位：件)

	2002年前	2003年	2004年	2005年	2006年	2007年	合計
福岡県	27	20	26	8	22	16	119
佐賀県	3	1	2	0	3	2	11
長崎県	0	3	4	0	1	2	10
熊本県	3	19	6	4	6	2	40
大分県	22	5	2	11	3	1	44
宮崎県	7	7	4	6	1	4	29
鹿児島	1	9	1	7	4	1	23

(出所) 東洋経済新報社『全国大型小売店総覧』各年度版より作成。

当数に達している。これらの倒産は，地域経済に対して深刻な打撃を与えるところから，地元経済界や商工会議所が働きかけて，撤退跡地にいわゆる「居抜き」出店する多くの事例が発生したことも，九州地区の特徴となっている。図表6-6は，九州・沖縄地区の大型店撤退・閉店件数を県別および年度別に集計したものである。

九州地区での撤退の特徴は，2002年1月に倒産した壽屋の事例が挙げられ

る。倒産時点での壽屋の閉鎖店舗数は134店舗であったが，業態変更や居抜き出店等で，跡地の店舗による営業を継続しえた店舗数は約3分の2にものぼった。名実ともに閉鎖に至った店舗は，40数店舗であった[3]。

3－2　大型店撤退の立地・規模別特徴

　大店立地法施行後，大型店の出店の特徴は，第1に，店舗面積の需給調整が廃止されたことによって立地面積が巨大化してきたこと。第2に，借地借家法の弾力化措置によって新たに設定された事業用定期借地権を活用しての借地による出店のケースが一般化してきたことである。これらの特徴は一連の規制緩和の潮流のなかで定着してきたものであり，とりわけ小売分野では，米国や欧州などの先進諸国から，かつてない強力な参入規制廃止の要求が高まり，事実上の市場開放がなされた経緯がある。

　これによって，わが国の小売企業は，国内小売企業間との競争のみならず，海外有力企業との熾烈な競争に立たされることとなったのである。わが国の小売企業が出店に際して，大型化ないし超大型化の戦略に基づいて，店舗面積を数万平方メートルにまで拡大させてきたことが，はたして「規模の経済性」に沿ったものであるかどうかは議論の分かれるところである。だが，いずれにしてもこのような大規模化やコスト低減化の出店戦略が顕著になってきたのは，規制緩和の潮流が製造業のみならず非製造業，とりわけ小売業の分野にまで深く浸透してきた証でもあったといえよう。

　他方で，借地を利用しての出店戦略は，大店立地法への移行後の最大の特徴といっても過言ではない。出店戦略との関連でみた一連の弾力化措置のなかで，2007年の「借地借家法」の改正は，画期的なものであった。この大改正から事業用定期借地権は，10年からの契約が可能となり，大型店の出店に際して巨額の費用を投じて土地を確保する必要性が薄れ，借地による出店，すなわち土地の所有と利用の分離が一挙に進展することになった。だが，従来の借地契約とは異なり，更新不可のため，将来の一定期間経過後，確実に返還の時期が到来することも明らかになったのである。

　かくして，このような特質を持った大型店の立地は，広大な敷地面積の確保の観点から，都市計画法に規定された用途地域のエリアを踏み越えて，農

図表6－7　大型店の面積規模別にみた撤退比率

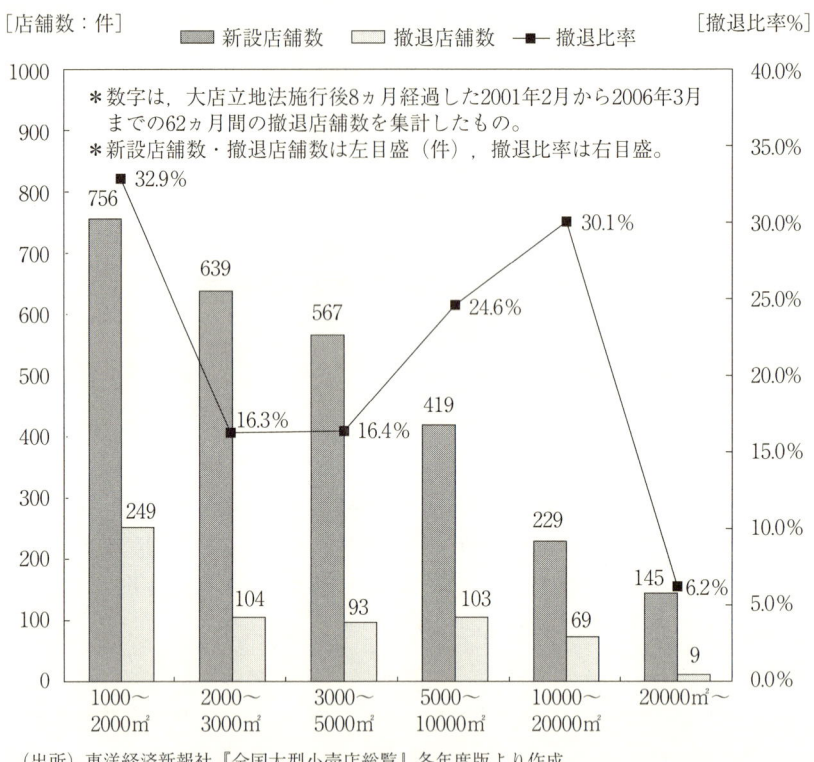

[店舗数：件]　■新設店舗数　□撤退店舗数　―■―撤退比率　[撤退比率％]

＊数字は、大店立地法施行後8ヵ月経過した2001年2月から2006年3月までの62ヵ月間の撤退店舗数を集計したもの。
＊新設店舗数・撤退店舗数は左目盛（件）、撤退比率は右目盛。

面積規模	新設店舗数	撤退店舗数	撤退比率
1000～2000㎡	756	249	32.9%
2000～3000㎡	639	104	16.3%
3000～5000㎡	567	93	16.4%
5000～10000㎡	419	103	24.6%
10000～20000㎡	229	69	30.1%
20000㎡～	145	9	6.2%

（出所）東洋経済新報社『全国大型小売店総覧』各年度版より作成。

地法の規定にまで抵触する立地のケースや、売上高・採算ベース等の悪化によって、契約満了前の早期に閉店や撤退する多くの事例が報告されている。

例えば、図表6－7でみられるように、大店立地法施行後8ヵ月経過した2001年2月から2006年3月までの62ヵ月間にわたる全国ベースでの撤退件数をみてみると、いわゆる居抜き出店等を除いた撤退の件数は627件にものぼっている。内訳は、5000平方メートル以下の大型店が7割強（446件）、5000平方メートル以上が3割弱（181件）となっているが、そのなかでも1万平方メートル以上の撤退件数が78件で1割強を占めている。

こうした大型店の撤退がひとたび発生した場合には、単に「まちづくり」問題といった点にとどまらず、農地の改廃や用途地域の乱用等によって地域

経済に計り知れないほどの損失をもたらす恐れがある。事実これらの大型店撤退は，立地別にみて，商店街型や駅前・駅近辺型の市街地にとどまらず，スプロール化の居住環境に対応して郊外に立地される郊外住宅型や郊外道路沿型にも共通してみられる現象である[4]。

また，中心市街地における大型店の空き店舗実態調査（経済産業省）によれば，中心市街地にある911店舗のうち，営業中の大型店は595店舗(65.3％)，閉鎖されて空き店舗になっているものが214店舗(23.5％)，空き店舗の後，解体されて跡地になっているものが102店舗(11.2％)であると報告されている。つまり，中心市街地にある大型店のうち，空き店舗や解体後のさら地が34.7％に達しており，それだけ中心市街地の空洞化が窺える[5]。

さらに，大型店の撤退状況を面積規模別と立地別とでみてみよう。大型店の撤退状況を面積規模別でみると，大型店のなかでも小規模な店舗にあたる1000～2000平方メートルの店舗の撤退が40.9％で最も多い。次いで2000～3000平方メートルが16.4％，3000～5000平方メートルが14.5％，5000～10000平方メートルが15.8％，10000～20000平方メートルが10.1％，20000平方メートル以上が1.2％となっている。つまり1000～5000平方メートルの店舗が7割以上を占めており，大型店のなかでも小規模な店舗の撤退が多いことがわかる（図表6－8）。

大型店の撤退状況を立地別でみると，その他を度外視して，市街地に立地した商店街型が24.1％，駅前・駅近辺型が15.1％，両者で39.2％のシェアを示している。それに対し，郊外に立地した郊外道路沿型が23.5％，郊外住宅街型が17.7％，両者で41.2％のシェアを示している。つまり，大型店の撤退は郊外型が市街地型をごくわずか上回っている状況であった[6]（図表6－9）。しかし，大型店の出店状況と撤退状況を比較するかぎり，市街地型の撤退が相対的に顕著といえる。

ともあれ，大型店問題は，初期の頃は大型店出店に関わる大型店と中小小売店との調整をめぐる問題であったが，最近は大型店出店に関わる地域間・都市間の問題ならびにそれに伴う大型店閉店・撤退に関わり商店街の衰退や中心市街地の空洞化による「まちづくり」問題へと展開していき，ここに大型店問題は流通政策や地域・都市政策として公的調整に大きく関わってきた

図表6－8　面積規模別大型店の撤退状況　　図表6－9　立地別大型店の撤退状況

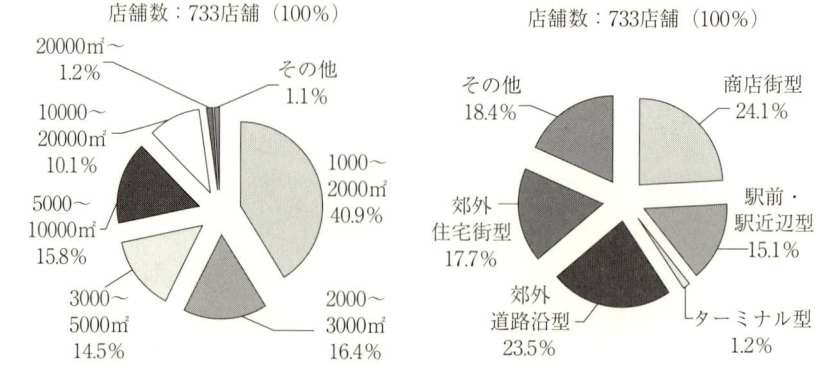

店舗数：733店舗（100％）

- 20000㎡～ 1.2％
- 10000～20000㎡ 10.1％
- 5000～10000㎡ 15.8％
- 3000～5000㎡ 14.5％
- 2000～3000㎡ 16.4％
- 1000～2000㎡ 40.9％
- その他 1.1％

店舗数：733店舗（100％）

- その他 18.4％
- 郊外住宅街型 17.7％
- 郊外道路沿型 23.5％
- ターミナル型 1.2％
- 駅前・駅近辺型 15.1％
- 商店街型 24.1％

（注）撤退店舗数は，大店立地法施行後8ヵ月経過した2001年2月から2007年3月迄の74ヵ月間に撤退した733店舗を対象に，面積規模別に分類したもの。
（出所）東洋経済新報社『全国大型小売店総覧』各年度版より作成。

のである。そこで大型店に対する政策の経緯を概説しておこう。

4　大型店に対する政策の経緯

4－1　伝統的な大型店規制法

　大型店に関わる政策は，百貨店法・大店法・大店立地法など日本の伝統的商業政策として展開されてきた。戦前・戦後の百貨店法は，当時唯一の大型店である百貨店と中小小売店との調整をとおして商業の発展，ひいては国民経済の発展を図るものであり，実態としては百貨店の新設・増床に対する許可制という百貨店を厳しく規制するものであった。

　その後高度経済成長期に入ると，政府による積極的な流通近代化が推進され，総合スーパー等の新興大型店の出現による小売競争の激化が，中小小売商業振興法と大店法という小売二法を成立させた。つまり，一方では中小小売店の発展を支援する中小小売商業振興法が振興政策として，他方では大型店と中小小売店を調整するために大型店を規制的に調整する大店法が調整政策として，セットされ展開されてきたのである[7]。

大店法は，大型店と中小小売店との経済的調整を目的とした条件付き届出制であった。しかし，実態としては前半の1985年頃までは厳しく規制するものであったが，それ以降は国際化の進展に伴う規制緩和によって大型店に対する規制も緩和されてきた。
　1980年代後半からの経済の国際化と規制緩和は，小売部門における競争を激化させ，近代的小売業の発展・成長と伝統的中小小売業の衰退・減少を引き起こした。同時に小売競争は従来の大型店と中小小売店との競争だけでなく都市間・地域間競争に発展していった。つまり，交通体系の整備やモータリゼーションの進展による住宅・事務所等の都心から郊外・近郊都市への移転に伴って，商業集積も都心の駅前・バスセンターや中心市街地からロードサイド地域や郊外・近郊都市に広域化していった。その結果，都心の駅前・バスセンターや中心市街地に立地している伝統的中小小売業の衰退・減少を引き起こし，またそれに伴う商店街の空き地・空き店舗の恒常化により，中心市街地の活力が低下し崩壊の危機に直面していった。
　1990年代になるといっそうの規制緩和による大型店の郊外立地が進み，商店街の空き地や空き店舗の恒常化による中心市街地の空洞化がいっそう進展していくことになる。その結果，これまでの調整政策と振興政策からなる小売二法による流通政策に限界がみられ，1998年5月に「まちづくり三法」が制定され，流通政策の転換を余儀なくされることになった。そこでの趣旨は，大型店立地の是非は改正都市計画法，周辺地域の生活環境の保全は大店立地法，まちなか再生は中心市街地活性化法でおこなうことにあった[8]。

4－2 「まちづくり三法」

　大店立地法は，社会規制とりわけ地域社会の環境調整を対象にしたものであった。もちろん，こうした流通政策の転換は，画期的なものであったが，法の趣旨として調整政策の範疇に属するものとしては，大店法と一貫したものである。
　また，中心市街地活性化法は，これらの中心市街地の急速な空洞化に対応して，これらの再生や復活の視点から施策を講じようとしたものであり，大店立地法とは異なり，振興政策の系譜に属するものとなっている。

さらに，改正都市計画法は，市街地の土地利用に際して従来の用途地域を補完する特別用途地区の設定で，規制誘導の姿勢を前面に押し出した点が大きな特徴となっている。こうした改正都市計画法は中心市街地活性化法による市街地の活性化や「まちづくり」の観点からの施策とは，必ずしも即座に整合したものとはいえず，大店立地法と同様に調整政策の範疇に属する法体系として位置づけられている。したがって，「まちづくり三法」を基盤とした流通施策の構築には，これらふたつの相反する方向を踏まえたうえで，齟齬をきたすことのない方策が講じられなければならない[9]。

4－3 「まちづくり三法」改正

「まちづくり三法」が制定されたが，その後も大型店の郊外立地や商店街の衰退などにより中心市街地の空洞化が進展している。中心市街地活性化法に基づく活性化策の実効性が発揮されず，改正都市計画法による大型店の立地調整機能が弱いなど「まちづくり三法」自体の不備も指摘されてきた。そこで，「まちづくり三法」のそれぞれの問題点を指摘したうえで，新たに「まちづくり三法」の見直しや改正への動きをみていこう。

まず，「まちづくり三法」の問題をみると，中心市街地活性化法に関しては，市町村が進める市街地の整備は，道路の整備等のハード事業に偏っていたり，商業振興等と一体的に進められていない場合がある。さらに商業振興等の活性化事業については，自治体の支援不足，TMO (Town Management Organization) 自体の問題，関係者間の連携協力体制の不備および意欲不足など多くの問題が指摘される。

次に大店立地法に関しては，この法律が大型店に対し周辺地域の環境への配慮を求める社会的な規制であり，大型店がおよぼす広域的影響や，商業施設が住民生活に必要なインフラであるという経済的側面については考慮されていない。

改正都市計画法に関しては，大型店の立地調整の面でほとんど機能していない。また地方自治体独自の運用が困難で大型店の広域調整が困難であったり，学校・病院等の公共公益施設の建築に関わる取り扱い等の問題がある。

さらに中心市街地活性化法と改正都市計画法を連携させた運用がなされて

いない[10]。

　次に「まちづくり三法」の新たな見直しをみると，中心市街地活性化法の改正は，実効性のある活性化事業，市街地への都市機能の集約を挙げている。市街地への都市機能集約に関しては，市街地での質の高い生活の確保という側面から，商業の活性化やハード面の整備にとどまらず，多様な都市機能の中心市街地への集約をおこなうコンパクトシティ[11]の考え方が提唱されている。具体的には，中心市街地への居住等の促進，中心市街地整備推進機構の拡充，中心市街地への大型店出店の促進等が挙げられる。

　次に改正都市計画法の改正は，適正な立地誘導策として，大規模集客施設（小売店以外，サービス店等を含む）の立地調整の仕組みを適正化し，郊外への都市機能の拡散を抑制する。具体的には立地規制の厳格化，広域調整の仕組みの整備，公共公益施設の中心市街地への誘導などが挙げられる[12]。

　さらに大店立地法については改正されなかったが，「まちづくり三法」が見直されるなかで大型店の社会的責任への関心が高まり，第4条の指針改定（2005年2月）がおこなわれる際，大型店の社会的責任として地域貢献の必要性が提起されることになった。

4-4　大型店の社会的責任としての地域貢献への取り組み

　大型店の社会的責任としては，大型店を設置する者が配慮すべき事項に関する指針のなかの「コンパクトでにぎわいあふれるまちづくりを目指して」（2005年12月）では，大型店の社会的責任の一環として，大型店がまちづくりに自ら積極的に対応すべきとされている。さらに事業者による中心市街地の活性化への取り組みについて中心市街地活性化法第6条に責務規定が定められるなど，まちづくりへの貢献に関する自主ガイドラインの策定に取り組んでおり，個々の事業者においても自主的な取り組みをおこなうことが強く期待される。

　業界サイドでは，日本チェーンストア協会〈2006年6月〉，日本百貨店協会〈2006年12月〉，日本ショッピングセンター協会〈2007年1月〉，日本フランチャイズチェーン協会〈2009年1月〉などでガイドラインの策定がおこなわれている。

行政サイドでは，熊本県がいち早く「大型店の立地に関するガイドライン」(2005年12月) を策定した。そこでは，豊かな地域コミュニティを構築していくために，大型店に対して企業の社会的責任としての主体的な地域貢献を求めるとともに，地域住民との充分なコミュニケーションによる連携のもと，地域の実情に即したかたちで地域貢献を進めることを要請することになっている[13]。

　また，福島県は，「広域のまちづくりの観点から特定小売商業施設を適正に配置するとともに，地域貢献活動を促進する」ことを目的として，2005年に大型店に対する出店規制の条例である「商業まちづくりの推進に関する条例」を全国で初めて制定している。この条例は，①小売商業施設の立地ビジョンとなる「商業まちづくり基本方針」であり，特定小売商業施設（店舗面積6000平方メートル以上の小売商業施設）を集積させるとともに，郊外への特定小売商業施設の立地を抑制する。②特定小売商業施設の立地についての広域の見地から調整する。③特定小売商業施設の地域貢献活動を促進するという3つの柱からなっている[14]。

　以上のように，大型店の社会的責任については，企業側の自主性や行政によるガイドライン程度では充分な効果を発揮できるとは思われない。中心市街地の空洞化によって地域経済が疲弊していくなかで，単に買物利便性効果を提供するだけではなく，より地域経済の振興に寄与すべく制度を確立することが必要である。

　ともあれ，大型店問題は，大型店出店に関わる大型店と中小小売店との店舗間調整の問題から商店街衰退やそれに伴う中心市街地の空洞化問題へと展開していき，それに伴って地域再生としての流通政策や地域・都市政策が大型店閉店・撤退に関わってきたのである。このような大型店閉店・撤退問題は，地域経済の再生にとっての最重要課題のひとつである。そこで，次節では，大型店閉鎖・撤退に関わる対応策を考察していこう。

5 大型店撤退問題と地域再生に向けて

5－1 大型店撤退問題とその再活用の事例

　大型店の出店・撤退に関わる法律として成立した「まちづくり三法」は，中心市街地の空洞化に歯止めをかけるものとして注目されたが，その効果をあげている事例は多くはない。中心市街地に立地する大型店の撤退は交流人口を減少させ，中心市街地の空洞化をいっそう加速させている。このような大型店撤退による中心市街地の空洞化に対して，その地域の回復ないし再生をどのように図るのかは重要な課題である。中心市街地再生のために，大型店転用・再生の傾向として以下のような事例がある。

　第1に，居抜き出店の事例である。この事例は比較的多く，最小限の内装変更で単数の大型店あるいは複数の小売店舗が空き店舗を埋めていく場合である。百貨店撤退と総合スーパー撤退とでは立地場所や建物施設等の差異により大型店転用・再生の傾向に差異がみられる。その場合，物品販売の小売業だけでなくサービス施設の転用もみられる。

　第2に，中心市街地の利便性を活用して自治体が居抜き出店後に残った空フロアを補塡するため，フロアの一部をパスポート発行窓口や市役所出張窓口などの公共施設として用いる事例がみられる。これは，民間での転用がうまくいかない場合の次善の策としておこなわれることが多い。例えば，新潟県長岡市の「市民センター」は，市民サービスセンター・観光情報コーナー・会議室・職業紹介・一時保育施設などで構成される。

　第3に，マンションやホテルなど住居施設への転用の事例もある。例えば，栃木県佐野市では，大型店の建物を大幅に改造して民間高齢者ケアホームに転用した。一方，建物解体は築年の古い店舗で多くみられ，中心市街地立地の利便性を生かしマンションに建て替えられる事例も多くみられる[15]。

　第4に，行政が公共事業の一環として公園ないしグラウンド等の公共施設を設置し，広く市民の憩い場として活用する方向も考えられる。

　以上のように，中心市街地の大型店再生に際しては，民間レベルでの再生

をベースとしながらも，それが難航した場合には，行政のバックアップが効果的なことがわかる。これら行政介入の事例は，大型店閉鎖で市民が日常生活に重大な不利益をこうむるがゆえに再生を目指したというより，むしろ行政が都市間競争における「都市の顔」を意識した結果のトップダウン的決断ともいえる。まちづくり三法の一部改正など，政府主導の枠組み整備も進んでいる。そのために，公的資金の活用による中心市街地活性ないし再生の事案が増えることが予想される。その場合，自治体は単に大型店のみに依存するのではなく，既存の商店街や公共施設との集積相乗効果を発揮できるように，中心市街地を再生する工夫が必要であろう(16)。

5－2 大型店撤退問題と地域再生に向けて

　大型店閉鎖・撤退問題は日本全国の都市のほとんどが抱える問題である。百貨店や大型スーパー等の大型店退店により，核店舗不在となった大型商業施設の再生は，中心市街地活性化にとって最重要課題のひとつとなっている。

　大型店閉鎖・撤退後の中心市街地活性化ないし地域再生に向けての解決策のひとつは，退店した大型店と同規模の大型店を入店させることである。例えば，大都市の駅前など立地条件の良い場所には老舗の百貨店に替わって他の百貨店ないし新興小売業態の専門量販店やディスカウントストアがキーテナントとして進出している事例がある。

　しかし，3大都市圏の立地条件の良い店舗以外では非常に難しい状況にある。とくに，地方都市の店舗については立地条件や複雑な不動産の権利関係などが要因になって誘致が難航している。その原因のひとつは，長期経済不況や人口減少化下での厳しい小売競争のなかで，大型店が売上高の増加を目指して積極的な出店を繰り返すことによってオーバーストアの状況になることにある。もうひとつは，百貨店や総合スーパーのほとんどの既存大型店の売上げはバブル崩壊後減少し続け，大型店の経営力が著しく弱まってきていることにある。したがって，特別にユニークな店舗を出店させないかぎり大型閉鎖店の跡に別の大型店で埋めるということは，難しい状況にあるといえる。

次に，大型店閉鎖・撤退後の空き店舗・空き地の活用策としては，商業施設以外のサービス，娯楽施設，公共施設等さまざまな施設を組み合わせた（大型小売店舗を核とした）複合型大規模集客施設の事例が挙げられる。人びとのニーズや生活が多様化し豊かになってきているために，商品販売だけでなく飲食・アミューズメント・エンターテインメント・カルチャー等のサービス施設が求められる。この複合型大規模集客施設は時間消費型に加え，生活堪能型と呼べるような都市生活者の生活全般のニーズに対応するものとして期待される。

　さらに，商業・教育・医療等の利便施設が集中している中心市街地は，居住地としてもその優位性が見直されて，都心回帰の傾向が現れている。したがって，大型店閉鎖・撤退後の空き店舗・空き地には，中心市街地の他の利便施設とのネットワークを生かしつつ，商業・地域サービス・カルチャー・アミューズメント・エンターテインメント等の新潮流ビジネスにより都市生活をより豊かにする複合型施設として再生されることが期待されている。

　これは，今までの中心市街地の核となる集客施設としての商業施設が，新たな複合型大型商業施設による中心市街地の核としての集客施設に再生されるということであり，魅力的な新潮流ビジネスを創造することによって，中心市街地活性化に寄与する施策ともなる[17]。

　最後に，中心市街地再生や地域再生に関わる総合的な規制・誘導が可能となる政府や自治体の法的基盤の整備が何よりもまず重要である。例えば，「まちづくり三法」の運用という観点からの規制や誘導の措置を講じることである。また近年の郊外型大型店の立地に関しては農地転用規定の根本的な見直しを図ることなどが挙げられる[18]。

6　おわりに

　本章の分析は，近年顕著になってきている大型店閉鎖・撤退による中心市街地の空洞化に対する実証研究をとおして，大型店閉鎖・撤退後の中心市街地活性化ないし地域再生への対応策を試みた。

　第2節では，大型店の出店状況を『全国大型小売店総覧』から面積規模

別・立地形態別の立地の特徴を考察した。それによると，大型店の立地は駅前・駅近辺型店舗への出店減少が始まり，大型店の市街地への新規出店には陰りが見え始め，それと同時に新規出店の郊外化の傾向が始まり，2007年を境とする郊外幹線道路沿型の店舗増加により，出店の郊外化は決定的になったことが明らかになった。今後もこの傾向は続くと考えられ，大型店ないしSC（ショッピングセンター）の出店は郊外立地が主流になると考えられる。

第3節では，都市中心部に立地する百貨店や総合スーパーの主要大型店の撤退事例を中心として，大型店撤退の実態を全国・九州地区の事例を紹介した。そこでは，大型店の撤退は郊外型のものが市街地型のものをごくわずかに上回っている状況であった。したがって，大型店の出店状況と比較するかぎり，市街地型大型店の撤退が相対的に高く，それによって中心市街地の空洞化が明らかになったことを論証することができた。

第4節では，最近の大型店問題が大型店出店に関わる地域間・都市間の問題さらにそれに伴う大型店閉店・撤退に関わり商店街の衰退化や中心市街地の空洞化による「まちづくり」問題へと展開していき，ここに大型店問題は流通政策や地域・都市政策として公的調整に大きく関わってきた。そのために大型店出店・撤退に対する行政の取り組みや対応の経緯を考察した。

第5節では，大型店撤退後の地域再生への取り組みを考察した。ここでは，百貨店（そごう）や総合スーパー（ダイエー）撤退後の再活用の事例を参考にしながら，民間レベルや行政レベルの具体策を考察した。そのうえで大型店閉鎖・撤退後の中心市街地活性化ないし地域再生に向けてのマクロ的ならびに法的な取り組みも提示した。

（岩永忠康）

注
（1） 井上・中山（2002）739頁。
（2） 中条（2007）177頁。
（3） 濱内・岩永（2009）124-125頁。
（4） 濱内・岩永（2009）120-121頁。
（5） 経済産業省（2008）3月。
　　　この調査は，2007年8月時点での経済産業省の調査である。回答を得た全国1589

市区町村のうち旧大店法における3000平方メートル以上のいわゆる第1種大型店が、どのような状況にあるかを明らかにしたものである。
（6）　濱内・岩永（2009）122-123頁。
（7）　番場（2011）17頁。
（8）　宇野（2011）30-31頁。
（9）　濱内・岩永（2009）106頁。
（10）　横内（2006）4－7頁。
（11）　コンパクトシティの発想は、市街地の拡大を抑制し、都市機能を中心部に集積することで、職住接近により自動車の利用を減らし、環境改善を図るほか、行政コストを抑え、中心市街地の衰退を防ぐなど、少子化で人口増加が頭打ちになり、成熟した都市の活力を保持していく政策として注目されている。
（12）　横内（2006）8-10頁。
（13）　宇野（2011）32-33頁。
（14）　＜http://www.lib.kitami-it.ac.jp/files/pdf/humanscience/vol_5_3.pdf＞（2012年3月14日のアクセス）金倉忠之「地域視点からの大型店出店問題と地方自治体の規制手法」58頁。
（15）　中条（2007）179-182頁。
（16）　中条（2007）193-194頁。
（17）　経済産業省商務流通グループ流通産業課中心市街地活性化室（2004）114-121頁。
（18）　濱内・岩永（2009）132-133頁。

参考文献

井上芳恵・中山徹（2002）「大型店撤退に関する研究―撤退大型店の特徴及び行政の対応策―」『日本都市計画学会論文集』。
岩永忠康（2004）『現代日本の流通政策』創成社。
宇野史郎（2011）「まちづくり三法の改正と地域流通―大型店の地域貢献と雇用効果の視点を中心に―」『流通』No.28。
金倉忠之「地域視点からの大型店出店問題と地方自治体の規制手法」。
経済産業省（2008）『不動産の所有と分離とまちづくり会社の活動による中心商店街区域の再生について』。
経済産業省商務流通グループ流通産業課中心市街地活性化室（2004）「Ⅷ　社会潮流の変化に対応した大型閉鎖店舗活用の新たな可能性」『講義テキスト／社会経済系』。
東洋経済新報社『全国大型小売店総覧』各年度版。
中条健実（2007）「駅前大型店の撤退と再生―地方都市の旧そごうの事例―」荒井良雄・箸本健二編『流通空間の再構築』古今書院。
濱内繁義・岩永忠康（2009）「大規模集客施設をはじめとする郊外開発の規制誘導に関する研究」佐賀大学済学部地域経済研究センター『人口減少社会における社会資本整備のあり方に関する研究』（地域経済研究センター調査研究報告書No.24）。

番場博之（2011）「『流通政策の転換と地域流通』について」『流通』No.28。
横内律子（2006）「まちづくり三法の見直し」『調査と情報』第513号。

第7章

環境・高齢化問題と地域の再生
――市場と非市場の連携による新たな商店街の活性化――

1 はじめに―環境・高齢化問題と商店街活性化―

　環境問題が本格的に認識され始めたのは，1970年代あたりからである[1]。
　国際的には，1964年のレイチェル・カーソンの『沈黙の春』が環境問題の端緒としてよく指摘されるが，国際的な環境問題の取り組みに大きな影響を与えたのは1972年のローマクラブによって発表された『成長の限界』である。彼らによる地球環境の悪化，地球資源の枯渇という警告を受けて，1972年にスウェーデンのストックホルムで「国連人間環境会議」が開かれ，そこで「人間環境宣言」と「国連環境計画」が採択され，それがその後の国際的な環境への取り組みの出発点になった。
　その10年後の1982年に「国連環境計画」の特別理事会で「環境と開発に関する世界委員会」が設置され，今日の環境問題のキーワードとなる「持続可能な開発と持続可能な社会」という概念が提唱された。そして，1992年にブラジルのリオ・デ・ジャネイロで地球環境サミット「国際環境開発会議」が開催され，「リオ宣言」と行動計画「アジェンダ21」が採択されることによって，本格的な環境問題に対する国際的な取り組みの流れがつくられた。
　国内においても1970年代から国際的な動きと呼応してその動きがみられるようになった。なかでも1960年代から1970年にかけて生じた公害問題の対策として，1971年に「環境庁」（現，環境省）が設置されたことはその象徴的な出来事であった。とりわけ1970年代以降から，さまざまな環境問題を顕在化させ，これまでの公害問題とは質的に違うものが現れ，政府の対策は公害

問題から環境問題へ転換していった。

1993年に「環境法」の理念に基づいて,「公害基本法」(1967年)と「自然環境保全法」(1972年)が「環境基本法」に一本化され,さらにその具体的な実施の基本枠組みとして2000年に「循環型社会形成推進基本法」が成立し,資源浪費型の大量廃棄社会から環境への負荷を低減した循環型社会(リサイクル社会)への転換,ならびにその推進が示され,日本国内の社会経済システム全体が環境に優しい循環型社会(リサイクル社会)へ本格的に転じてゆき,環境問題は社会全般の問題として社会全体が取り組まなければならない重要課題になっていったのである。

高齢化問題も国内においては1970年代がひとつの分岐点として現れる[2]。

高齢化社会の目安は人口構成において高齢化率(65歳以上)が7％を超えたときといわれているが,必ずしも7％は理論的な根拠のある数値というわけではない。国連が1956年に世界各国の人口データを比較した際に,全人口のうち65歳以上の人口の占める割合が7％を超えた国で高齢化による社会的・経済的影響が大きく現れてくるところから,その基準値として使われ始めたのである。だから,7％を超えたからといって,必ずしも,高齢化に伴う諸問題が発生するというわけでもなく,ひとつの目安の数値にすぎない。

その目安の数値である7％が日本では1970年に到達したことから高齢化社会へ入ったと判断され,1985年には高齢化率が10.3％と,二ケタ台になったことから,「本格的な高齢化社会の到来」といわれるようになって,この頃から高齢化問題が本格的に議論されるようになった。

日本の高齢化率はその後も上昇し,1990年代にはアジア地域において高齢化率はトップになり,2000年に入ると20％を超えて世界の先進国を追い越し,いまや日本は世界において類例をみない「超高齢化社会」の国となった。超高齢化社会の到来は,その問題を社会福祉の固有の領域から,社会生活全般の領域へ拡大させ,環境問題と同様,社会全般の問題として対応せざるをえない重要な課題になっていった。

環境問題と高齢化問題は流通領域において,一方はリサイクル流通の問題として,他方は高齢者の買い物不便の問題(買い物難民問題)として現れ[3],これらの社会的地域的問題への対応としていずれも商店街がこれらの

拠点として絡むかたちで関わり，これらが商店街活性化の問題に関わってきたところに共通の特徴がある。

以下ではその活動をみながら，商店街活性化の問題解決の方向が従来とは異なり，新たな切り口と展開として現れ，それが地域再生につながっていること，そして最後にそこに内在する理論的課題がこれまでと違って新たなものとして現れていることを論じていきたい。

2 商店街問題のこれまでの活性化と新たな取り組み

2-1 市場領域におけるこれまでの商店街活性化

商店街問題は，古くは戦前において百貨店業態と商店街の対立という「百貨店問題」として，戦後においては主にスーパー業態と商店街の対立という「大型店問題」として，かたちを変えながらも大規模小売業と商店街を構成する中小零細小売業の対立というかたちで現れてきた。

それは，百貨店業態やスーパー業態の，いわば企業形態として近代的な経営形態をおこなう大規模小売業と，家族従業を中心とする個人形態の，いわば非近代的な伝統的な経営形態をおこなう中小零細小売業の資本規模の圧倒的格差による競争形態からもたらされる問題として捉えられていたのである。

だから，これらの対立は，一方で，競争の調整という視点から大規模小売業を抑制する「百貨店法」や「大規模小売店舗法」という法的規制によって競争の調整を図り，他方では中小零細小売業の自助努力による底上げという近代化のための振興施策というかたちで問題の解決を図ったのである。言い換えれば，中小零細小売業の大規模化もしくは集団化によって，大型店に対抗可能な大規模化を図り，格差是正による競争秩序の確保をするという，いわば経済的な調整による問題解決というかたちで推し進められたといってよい[4]。

これは，いわば市場領域による調整政策といってよく，別の言い方をすれば，「商人による，商人のため」の活性化であった。

2－2　非市場領域重視による新たな商店街活性化の展開

　商店街問題を市場領域による調整政策によって問題解決を図ろうとしたにもかかわらず，1982年あたりから圧倒的多数を占める中小零細小売業の商店数の減少傾向が出現し，それ以降，その傾向が今日まで続いてきた。そして商店街自体の繁栄状況の割合も1980年代に入って急角度で低下し，その多くは停滞もしくは衰退の状況に追い込まれていき，苦境に陥ったまま今日まできている[5]。このことは明らかに市場領域による調整政策がうまく機能しなかったことを物語っている。

　さらに，その解決を困難にさせたのが，大型店に対する「外なる敵」と同時に，商店街内部に経営者の高齢化，後継者不足という「内なる敵」の問題を抱えたことであった[6]。商店街の個々の店舗は「外なる敵」に打ち勝てない，さらに「内部の敵」を抱えて自らの立て直しも容易でない状況下で，それでも活性化をしなければならないという難しさを抱え込むようになった[7]。

　このような問題を抱えながらも，その解決の方向の流れは1980年代あたりから少しずつであるがこれまでとは違った変化がみられ始めた。それが都市流通システム・都市流通政策という視点によるまちづくりの動きであり[8]，そしてその大きな転換は1998年あたりからおこなわれた政策転換で，「まちづくり三法」による中心市街地活性化の方向である。

　もちろん，この政策転換についての評価は賛否両論が今でもみられるが，中小零細小売業や商店街においては少なからず効果がみられたとみてよいように思われる。例えば，商店街の景況調査結果や空き店舗率においてわずかであるが回復の変化がみられたこと[9]，個々の商店街において活性化の動きが活発になってきたことなどがその裏づけとしていえるのではないかと思っている。

　この政策転換はこれまでのような市場領域での政策ではなく，非市場を含めた視点によるものであったところにその特徴があった。

　モータリゼーションの進展，自家用車を利用した消費者によるドアートゥードア型の買い物行動は広大な駐車場と利用しやすい郊外のショッピングセンターへと駆り立て，その結果，郊外の小売業商業施設への集中・繁栄と

中心市街地の商店街への衰退・空洞化をもたらした。そして,「商店街がつぶれても消費者は困らない」,困るのは「商店主と高齢者」とまでいわれ,商店街の持つ社会的機能の喪失が盛んに指摘されるようになった[10]。

そのような状況下で,商店街活性化の方向が去っていった消費者をいかに取り戻すかという点にあり,それは少なくとも価格の安さや品揃えの豊富さという経済的なニーズへの対応ではなかった。その方向は商店街の個々の店舗がいくら頑張っても現実的には無理な対応であり,大型店に対してとても対抗できず,勝てない対応であるといえた。

そこから,むしろそれ以外の対応方向,つまりそれは昔から個々の商店主が持っていたきめ細かな消費者への対応や培われた商売に対する信頼などの人間的な社会的関係を形成するコミュニケーション機能を活かすということであり,このような非経済的なニーズへの対応をとることであった。

例えば,具体的には商店街の空き店舗を,さまざまな商店街の商品を含んだ情報発信拠点施設,買い物サポーターの常駐施設,地域市民の趣味などの展示施設や交流のための拠点施設,さらには行政の出先拠点施設というようなかたちで利用し,地域の社会的政治的文化的な「コミュニティ機能」を商店街内部に埋め込むという活性化の方向である。

その方向は「日常的な買い物施設としての商店街」から,「地域施設としての,あるいは生活インフラとしての商店街」へ,商店街の質的な機能の転換であった。それは明らかに「消費者」を経済的活動(物販サービス購入活動)をするものとしてのみみるのではなく,「生活者」として非経済的活動(社会的文化的活動)をあわせ持つものとしてみることによって,商店街のにぎわいを取り戻そうという動きであった。

これは多くの研究者が試行錯誤の過程で苦渋の末の行き着いた理論方向であり,ここで論じる環境や医療による商店街の活性化もこの流れの上にあるといえる。それをひとことでいえば,非市場を重視し,市場と非市場を連携させた商店街活性化という,新しい活性化の方向であるといえる。

3 環境問題に対応した商店街活性化と地域再生

3-1 空き缶回収機と商店街の自主的分権的ネットワーク

　早稲田商店会は商店街が環境問題に取り組むというこれまでにない珍しい取り組みを始めた。1996年に「エコサマーフェスティバル」をおこない，これを契機として「空き缶回収機」による環境を軸にした商店街活性化の動きが，1998年から始まった。いわゆるエコステーションとして商店街機能を強調する商店街の活性化である。もちろんそれをとおして環境問題への対応という地域再生に商店街が貢献するということでもあった。

　この空き缶回収機を利用した商店街活性化の動きは瞬く間に全国へと広がっていった。そしてそれを利用した商店街が結集して「全国リサイクル商店街サミット」が1999年から毎年おこなわれ，空き缶回収機を軸とした商店街ネットワークが形成された。重要なことは，熊本市の城見町商店街のように，じり貧状態だった多くの商店街が空き缶回収機を利用した商店街活性化によって復活・再生していったことである。そこに空き缶回収機を利用した環境を軸とする商店街活性化の意義があった[11]。

　熊本市の城見町商店街活性化のプロセスをみてみると，まず，ばらばらな状態にあった商店主を飲み会の開催によって参加者間の緩やかなコミュニケーションづくりに成功し，それ以後，商店街内の会員間の挨拶が進展し，内部間に緩やかな人間的関係が形成され，さらに商店街をどうにかしたいと思っている熱意ある商店主たちの行動的な中核集団が形成されていく。

　この集団形成こそ商店街活動を担う商店主の「内的ネットワーク」の形成であり，その結果，商店街内で一定のまとまりをもって行動する商店主集団が形成されることになる。そのことは同時に商店街内の個々の商店主の性格や行動様式を互いの商店主が知ることになり，その共有化によって商店街の諸問題において対応できる個々の商店主の役割が明確化していくのである。それにあわせて商店街内の商店主の行動役割分担が自然発生的にまとまっていくことになる。このようにして自主的分権的ネットワークが商店街内に形成されていった。そして彼らが議論してまとまった商店街活性化のスローガ

図表7-1　空き缶回収機

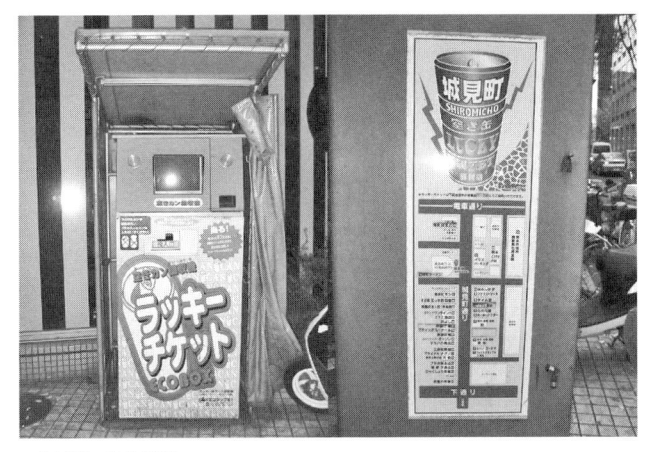

(出所) 筆者撮影。

ンが「環境」であり，具体的な取り組みがリサイクル流通の視点による空き缶回収機（図表7-1）を利用した商店街の活性化であった(12)。

じり貧状態の商店街が復活するまでのプロセスでよくいわれるのは，商店街内部構成員間のまとまりであり，積極的な商店主の役割分担による行動参加であると指摘されているが，その多くはこのようなプロセスで自主的分権的ネットワークが形成されたことであり，また多くの商店街において空き缶回収機による商店街の活性化が可能だったのはこのプロセスが形成しやすかったのではないかと思われる(13)。

3-2　市場と非市場のネットワーク連携による商店街活性化と地域再生

空き缶回収機はリサイクルという環境問題のひとつの解決手段として導入され，地域住民が商店街に設置している空き缶回収機のところまで空き缶を持ってくることで，環境問題に貢献するという地域再生の社会的役割を果たすものであった。と同時に，空き缶投入によってその回収機から商店街で提供できる商品や割引を記したチケットが消費者に与えられ，商店街を去っていった消費者を再び引きつけるという役割を果たした。空き缶回収機はまさしく環境問題に対する自然環境活動という非市場と，商店街へ消費者の回帰

によって商店街に利益をもたらすという市場を連携するものであった。

　ここでは市場と非市場を連携するうえで「ネットワーク」が重要な役割を果たした。つまり，商店主の「商店街を復活・再生させよう」という自主的分権的な集まり（ネットワーク）と，その外側に位置する地域住民の「環境に優しい行動をしよう」という自主的分権的な集まり（ネットワーク）が商店街に置かれている空き缶回収機を接点にして，つながっていったのである。

　そして重要なことは，後者の消費者の「環境に優しいという行動」によって商店街の活性化が支えられているということである。地域住民に商品やサービスを提供する経済的機能（市場的側面）だけでなく，環境というリサイクルの視点からのエコステーションとしての機能（非市場的側面）を商店街にあわせて持たせることによって，商店街が後者の機能によって前者の機能を支えられるという，非市場重視型の商店街活性化が登場したといえる。ここにこの商店街の活性化活動の新しい特徴があった。

　別の言い方をすれば，空き缶回収機によるエコステーションとしての商店街は，空き缶回収機まで地域住民の自主的主体的任意的な空き缶持参活動によって，商店街の内的ネットネットワークと，地域住民をつなぐ新たな外的なネットワークの形成を引き起こし，いわば市場システム（商店街）と社会システム（地域）の連携によって，商店街への地域住民回帰と商店街の復活・再生をもたらしたといえる。

　またこの商店街の空き缶回収機を軸とした環境重視の商店街活性化は，商店街と地域社会のネットワーク形成だけでなく，自治体の環境行政を動かし，その連携を果たすことによって，行政的政治的な領域のネットワーク化にも成功した。行政の環境フェアと連携して商店街全体をそのフェアの場所提供を可能にし，またその社会的貢献を報道機関が発信することによって，コストをかけることなく商店街自体の存在を市民に情宣でき，結果として商店街の知名度を上げることに成功したのである。

　このようにして，商店街の環境運動は，社会システムだけでなく，自治体の行政と連携するという政治システムと市場システムがネットワークで結びつけられるという結果を引き起こした（図表7－2）。商店街を軸とした内

図表 7-2　環境ネットワークとエコステーションとしての商店街

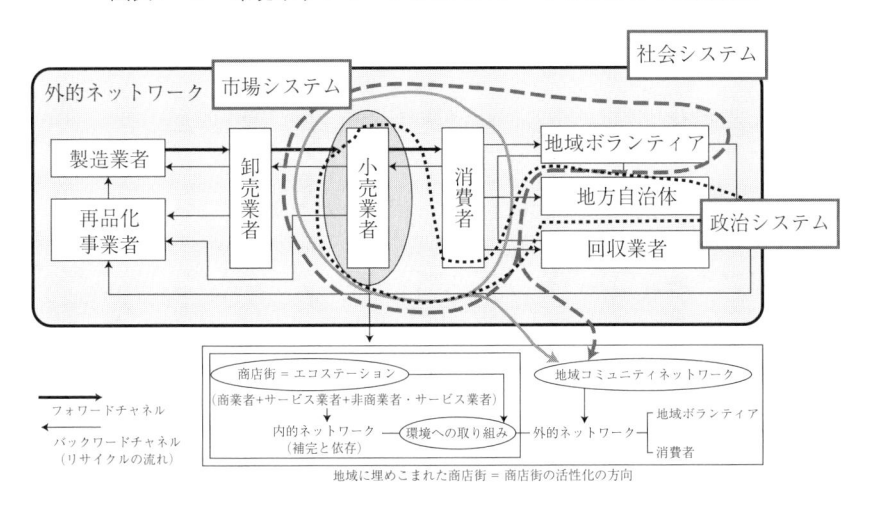

(図省略：外的ネットワーク、市場システム、社会システム、政治システムを示す図。製造業者、卸売業者、小売業者、消費者、再品化事業者、地域ボランティア、地方自治体、回収業者、商店街＝エコステーション（商業者＋サービス業者＋非商業者・サービス業者）、内的ネットワーク（補完と依存）、環境への取り組み、外的ネットワーク、地域コミュニティネットワーク、地域ボランティア、消費者、フォワードチャネル、バックワードチャネル（リサイクルの流れ）、地域に埋めこまれた商店街＝商店街の活性化の方向)

的ネットワークは社会的方向と政治的方向のネットワークに外延的に拡大展開をしていったのである。

　そして，われわれが注目するのは，「ネットワーク」が市場の新たな調整機構として現れている点である[14]。地域住民の「環境に優しい」という自発的主体的協働参加的行動によって支えられた社会的ネットワークによって，商店街という市場機能が支えられていることに注目する必要があろう。つまり，そこには商店街が消費者の売買による人間関係の経済的な市場原理によって支えられているのではなく，消費者の環境に優しいという人間関係の社会的な非市場原理によって支えられているのである。流通システムが，社会的ネットワークによって市場が支えられている新しい姿をそこに読み取ることができる。

　かくして，環境を重視したエコステーションとしての商店街は，市場システムと社会システムと政治システムの，市場と非市場の連携によるものであること，そしてそれが環境に優しいリサイクル運動をする消費者を基点として動くことによって機能し，結果として商店街がリサイクル社会全体のエコステーションとしての機能として一定の役割を果たし，そのことがリサイク

ル社会の下の地域再生に貢献したということができよう。このような働きによって商店街が復活・再生したのである。

4 高齢化問題に対応した商店街活性化と地域再生

4－1 大型店問題と高齢化による商店街の苦戦と新たな活性化への模索

上述したように、「外」の大型店と、「内」の経営者の高齢化、後継者不在というふたつの問題を抱えて、商店街は厳しい状況に追い込まれている。現状の商店街のほとんどは空き店舗率が上昇し、その水準が高いところではシャッター化が進行しつつある。

例えば熊本市においてももっともにぎわいのあるといわれている中心部の商店街でさえ、空き店舗率の推移は、2003年3.3％、2004年2.5％、2005年2.7％、2006年5.9％、2007年5.0％、2008年5.7％、2009年6.3％、2010年11.4％、2010年8.1％という具合に、上昇しつつあり、またここで取り上げる熊本市の健軍商店街の空き店舗率の推移も、2003年14.5％、2004年15.3％、2005年20.0％、2006年21.1％、2007年23.5％、2008年24.3％、2009年18.3％、2010年17.9％、2010年20.9％というように、中心部と違って一段と高水準で推移し、しかもシャッター化が目立つのである[15]。

とくに後者の健軍商店街は、そのようななかでも、医商連携という新しい商店街活性化のコンセプトで少子高齢化に対応し、地域との連携を図りながら生き残りを模索しようとして、孤軍奮闘し、踏ん張り、頑張っているのである。そしてその活動は今では全国にも鳴り響き、経済産業省の『地域コミュニティの担い手をめざして 新・がんばる商店街77選』のひとつに選ばれるほどめざましいものであった[16]。ここでは熊本市の健軍商店街による医商連携による活動を事例にしてその動きをみていくことにしよう[17]。

この健軍商店街は熊本市の東部のベットタウンに位置し、その中心に位置している商店街である。戦後、東部地区は早い時期にベッドタウン化が進み、急激な人口増加がみられた。それと並行して、スーパー業態や百貨店業態の大型店が商店街内部に立地し、これらの大型店を核にこの商店街は「共存共栄」というかたちで、1980年代半ば頃まで地域の中核的な商店街として

図表7-3　熊本市と健軍地区商店街の年間商品販売額の推移とその増減率（1976～88年）

年間商品販売額（万円）					
	1976	1979	1982	1985	1988
熊　本　市	31,603,087	43,299,303	57,251,077	62,931,619	65,279,808
若　葉　校　区	667,508	1,002,434	1,172,249	1,602,105	1,299,983
泉　ヶ　丘　校　区	509,777	492,954	510,080	650,735	468,002
健軍地区商店街	1,177,285	1,495,388	1,682,329	2,252,840	1,767,985

年間商品販売額の増減率（％）					
	1976～79	1979～82	1982～85	1985～88	1976～85
熊　本　市	37.0	32.2	9.9	3.7	99.1
若　葉　校　区	50.2	16.9	36.7	△18.9	140.0
泉　ヶ　丘　校　区	△3.3	3.5	27.6	△28.1	27.7
健軍地区商店街	27.0	12.5	33.9	△21.5	91.4

（注）1．健軍商店街は若葉校区にある。
　　　2．本表では，若葉校区と泉ヶ丘校区を合わせて健軍商店街地区とした。
（出所）各年の熊本市『熊本市商業統計報告書』より作成。

　成長・発展を遂げたのである（図表7-3）。その結果，1982～1983年頃には通行量は1975年頃の高かった水準を達成（平日で2万6000人から2万7000人の水準）し，年間販売額も1985年には過去最高の160億円を達成した。
　しかし，すでに，熊本市内では1980年代から大型店の郊外化が進展し，1万平方メートルを超す巨艦店舗がロードサイドの周辺に立地し，モータリゼーションの進展とともに，消費者（とくに若い年齢層）の自家用車によるドアートゥードア型の買い物が強まって，次第に中心地を形成する商店街や近隣商店街に影響を与え始めていた[18]。
　健軍商店街も日曜日の通行量の減少や若い年齢層の商店街離れなどが次第に顕著になり始め，1985年あたりから通行量の頭打ちと減少（平日で2万人台からそれ以下になり始めた），さらに商圏の狭隘化の進展と高齢者による購買客の顕著化が1990年代前後からみられるようになった[19]。
　商圏の狭隘化に伴う商店街の全体の売上げの減少化は，商店街内部の個々の店舗だけでなく大型店の売上げも低下をもたらし，商店街内やそばにある

図表7－4　熊本市と健軍地区商店街の年間商品販売額の推移とその増減率（1988～2007年）

	年間商品販売額（万円）					
	1988	1991	1994	1997	2002	2007
熊　本　市	65,279,808	80,924,927	80,922,668	82,040,880	80,775,960	77,374,045
若　葉　校　区	1,299,983	1,398,085	1,307,215	1,150,857	481,930	774,414
泉 ヶ 丘 校 区	468,002	504,190	483,144	568,071	634,032	603,486
健軍地区商店街	1,767,985	1,902,275	1,790,359	1,718,928	1,115,962	1,377,900

	年間商品販売額の増減率（％）				
	1988～91	1991～94	1994～97	1997～2002	2002～05
熊　本　市	24.0	△0.0	1.4	△1.5	△4.2
若　葉　校　区	7.5	△6.5	△12.0	△58.1	60.7
泉 ヶ 丘 校 区	7.7	△4.2	17.6	11.6	△4.8
健軍地区商店街	7.6	△5.9	△4.0	△35.1	23.5

（注）1．健軍商店街は若葉校区にある。
　　　2．本表では，若葉校区と泉ヶ丘校区を合わせて健軍商店街地区とした。
（出所）各年の熊本市『熊本市商業統計報告書』より作成。

　大型店の経営不振による相次ぐ閉店（1989年ニコニコ堂健軍店，1995年ユニード健軍店）が生じ，商店街全体の集客力の低下によって売上げを急角度に低下させた（図表7－4）。
　このような状況に追い込まれた健軍商店街の商店主たちは自力で商店街の活性化へ向かい始めたのである。その基礎に置いたのが1985年の熊本地域商業近代化計画ローリング事業の答申であった[20]。「健軍商店街の活力を取り戻すためには地域に密着した方法が最も効果的である」という基本方針にそって，1992年のアーケード（「ピアクレス」と命名）の本格的な改修を契機に，顧客の高齢化や商品構成の消費者ニーズの乖離に対して本格的な対応策に乗り出していったのである。
　熊本県や市の補助事業を利用して，ピアクレス創業祭，商店街店舗マップ，輸入品フェア，そして経済不況に対応したプレミアム付き買い物券，スタンプ・カード事業，さらに駐輪場利用によるスタンプ券押捺事業，商店街発着の無料送迎バスなど，数々の地域密着型事業を展開していった。
　そして，1998年から動きだした中心市街地活性化，「まちづくり三法」の制定の流れにそって，2000年以降から空き店舗の増加（2000年頃は11.0％台

で，2004～2005年頃には14～15％台へ上昇）と相俟って，健軍商店街の活性化は急務となり，次第に非市場に力点を置いた空き店舗活用施策へと転換していくことになる。その施策は異業種の連携という新たな活性化であり，その中核が医商連携による商店街の活性化である[21]。こうした動きが商店街の全体の落ち込みを回復状態へ持っていくことに成功したのである。

4－2　医商連携のネットワークによる商店街の活性化と地域再生

　2003～2004年にかけて，健軍商栄会，健軍新天街，健軍商店街振興組合，泉ヶ丘商店街の4つの商店街が「健軍まちづくり推進協議会」を設立し，振興ビジョンを策定して，次のような基本方針と目標を設定した[22]。「人にやさしく，地域に愛されるショッピングモール―心がかよいあえる安全・安心・便利な商店街」という基本方針の下，「高齢者や障害者にやさしいまちづくり」「地域に密着したコミュニティのあるまちづくり」などである。

　「いきいきショッピング事業」で空き店舗とタクシー会社とを連携させた高齢者のための宅配，高齢者や障害者に対する買い物サポーター制度，さらに高齢者の個食に対応した「ぐんぐん市場」，またベビーカーや買い物カートの無料貸し出し，子育て応援という観点から未就学児を連れてきた場合に健軍カードのポイントをプレゼントする「とくとく応援団」，授乳所やミルクのお湯を提供する「あったか応援団」を設けるなど，買い物弱者（「買い物難民」）の高齢者や子育て中の若い地域住民に対する取り組みを展開していった。その延長上に，医商連携型の商店街活性化がおこなわれたのである。

　健軍商店街は2009年に「医商連携型まちづくり事業」へ乗り出した[23]。その背景には，健軍商店街周辺地域（若葉校区）における高齢化率の高さ（24.4％，2005年），商店街内の空き店舗率の増加（18.3％，2009年）という事情があった（図表7－5，図表7－6）。もちろん，2000年以降の当時の潮谷県知事の主導する福祉政策，ユニバーサルデザインの推進ということも後押しとなった。このような背景が健軍商店街を「高齢者や障害者の方にも利用しやすく安全な商店街づくり」へ動き出すことになったのである。商店街の活性化が「健康福祉・子育て支援」という，いわば非市場的要因をス

図表7-5　熊本市と健軍地域の年齢階層別人口構成(2005年)

		年齢階層別人口構成(人)				年齢階層別人口構成比(%)			
		15歳未満	15〜64歳	65歳以上	合計	15歳未満	15〜64歳	65歳以上	合計
熊本市		99,881	444,754	123,878	669,603	14.9	66.4	18.5	100.0
健軍地域	合計	11,119	43,611	10,865	65,667	16.9	66.4	16.5	100.0
	東町	1,544	5,907	1,136	8,587	18.0	68.8	13.2	100.0
	健軍東	1,203	3,878	435	5,516	21.8	70.3	7.9	100.0
	桜木	2,668	9,065	2,058	13,798	19.3	65.7	14.9	100.0
	秋津	2,004	8,326	2,227	12,558	16.0	66.3	17.7	100.0
	若葉	692	3,348	1,310	5,374	12.9	62.3	24.4	100.0
	泉ヶ丘	994	4,427	1,662	7,088	14.0	62.5	23.4	100.0
	健軍	2,014	8,660	2,037	12,746	15.8	67.9	16.0	100.0

(注) 1. 年齢不詳があるため, 各年齢階層別人口を合計した数値と合計とは一致しない。
　　 2. 原数値は国勢調査の数値である。
(出所) 2005年の『国勢調査』より作成。

図表7-6　熊本市商店街全体と健軍商店街の空き店舗率の推移(2000年, 2003〜09年)

(単位：%)

	2000	2003	2004	2005	2006	2007	2008	2009
熊本市商店街全体	5.2	8.4	8.9	8.1	8.8	10.4	10.2	10.7
健軍商店街	11.0	14.5	15.3	20.0	21.1	23.5	24.3	18.3

(注) 2000年・2008年は商店街実態調査のデータであり, それ以外は熊本市による通常調査のデータである。
(出所) 熊本市商業労政課の資料による。

ローガンにしてまちづくりをおこなったということは, 先にみた環境を軸とした商店街の活性化とよく似ているといえる[24]。

さて, 医商連携のまちづくりの具体的な取り組みは健軍商店街の空き店舗を使った「まちなか図書館『よって館ね』」の開設, そこでの「世代間を超えた交流のできるサロンの提供」である。そしてそれを核にした産学連携による健康に関する「商店街ブランド開発」「健軍・農村地域間交流フェスティバル&健康フェア」の開催である。

なかでも，この空き店舗「よって館ね」の建物は運営を健軍商店街振興組合がおこない，そこでは医療・健康・福祉・子育て相談が主たる内容でおこなわれていて，高齢者や子育ての人たちの交流施設になっており，医商連携の中核的機能を果たしている。そしてその建物で毎日の主要な業務を支えているのは，常駐している退職した看護師のボランティアであり，また決まった曜日と時間に「健軍まちの保健室」「介護相談」「歯科相談」「薬の相談」をおこなうための，医療機関・看護協会・栄養士会・薬剤師会・社会福祉協議会などから派遣されたボランティアの人たちである。

少し具体的に内容を眺めてみると[25]，この「よって館ね」は基本的には高齢者に対して常駐の退職された看護師が，常設している血圧計や体脂肪計を利用して，来訪する高齢者に対して「健康相談」や若い子育て中の人に「子育て相談」をおこなっている。しかし，この建物の中心的位置を占めるのが医療や社会福祉機関からボランティアで派遣されておこなう「健康相談」や「介護相談」である。

「健康相談」は各月の第2・第4の土曜日に午後1～4時まで「健軍・まちの保健室」と銘打って，この時間帯に10～20人程度の相談をボランティアの人たちがおこなっている。主に血圧と体脂肪を測り，肥満度BIMを計算し，健康状態を聞いたうえで適切なアドバイスをするのがここでの仕事である。

「介護相談」は毎月の第2と第4の火曜日に午前10～12時までおこなわれている。この館の利用者はひと月平均およそ1000人程度で，相談件数はひと月平均およそ40人程度である。

さらに，注目すべきは「よって館ね」は館内の壁際に，健康・福祉・子育てに関する本や商品が陳列されていて，なかでも陳列されている商品には商品名や効果・効能だけでなく，健軍商店街内の商店名が書かれていて，これらの商品が商店街内部で購入できるように配慮されていることである。つまりこの建物と商店街の商品・サービス提供が連携されているのである。ここに医商連携の商店街活性化の本質的視点が組み込まれているとみてよいであろう。

しかし，それだけではない。われわれがここで取り上げたのは，医商連携

による商店街の活性化事業が，医療・健康・福祉・子育てという地域住民の切実な少子高齢化問題領域に関わり，これらの問題の地域再生に商店街が内部の空き店舗を使って貢献しようということ，そして同時に商店街ににぎわいを取り戻し，商店街を活性化させようというところに特徴があると考えている。少子高齢化という地域構造のなかで，商店街が高齢者と子育てを支援するということから「次世代型まちづくり」という名称がついた理由はそこにある。

　この医商連携は高齢者や若い子育て中の人たちが住みやすい地域であるように商店街がその機能を埋め込むことによって，それに貢献するとともに，同時にこれらの人たちが商店街に足を運んでくれることによってにぎわいを取り戻すということを意図していた（図表7－7）。

　さらに，注目すべきは「高齢者や子育てに優しい」という目的にそって医

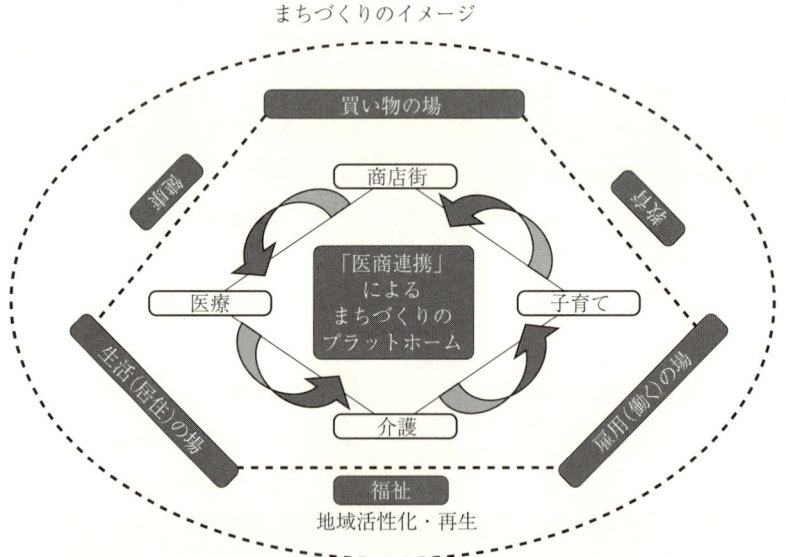

図表7－7　医商連携による商店街活性化と地域再生の構図

医療・介護・子育て支援の関係者からみた「医商連携」による
まちづくりのイメージ

（出所）九州経済産業局「『医商連携』によるまちづくりに挑戦!!—安全に安心して暮らせる次世代型まちづくりをめざして」(2009年3月)のパンフレット12頁より作成。

療関係者の退職者や医療や社会福祉機関からの派遣によるボランティアによってこのシステムが支えられ，さらにこのボランティアの「社会システム」と商店街本来の持つ「市場システム」と医療機関の支援という「公共システム」が連携していることである。商店街の活性化という市場原理的要素の強いもの（市場システム）と，医療・福祉といった公共的性格の強いもの（公共システム）や地域市民・消費者・生活者の健康・子育て・ボランティアといった非経済的な社会的要素の強いもの（社会システム）が相互に連携するかたちで，この医商連携事業が成り立ち，少子高齢化という地域問題の再生に商店街活性化事業が一役買うところに特徴があるといえる。ここでもこの連携事業が非市場的なものと市場的なもの連携による商店街の活性化であるところに注目すべき点がある。

とくに，「高齢者に優しい」という目的にそって医療関係者の退職者や医療や社会福祉機関から派遣されたボランティア活動なくしてはこのシステムは動かないという点であり，この点は繰り返して強調しておきたい点である。

5 おわりに──商店街の新たな活性化にみる理論的な諸問題──

最後にこの環境・高齢化問題と商店街活性化についての理論的な問題を整理すると以下のようなものになる。

まず，商店街の活性化の理論的方向は「コミュニティ機能の埋め込み」というところに議論が落ち着いている。これは今のところ，商店街の活性化の議論を積み重ねた結果，得られた唯一の方向だと考えられ，実際にこの視点から多くの商店街の活性化が論じられている。そして重要なことは，この視点はこれまでの流通理論の概念や視点を大きく変える内容を含んでいるという点である。

「コミュニティ機能の埋め込み」は，具体的には地域の消費者・生活者・市民に物販サービス以外の機能を，空き店舗などを使って提供することを意味する。本章で論じた空き缶回収機によるエコステーション機能の場所の設置や医療・健康・福祉系の機能の場所の提供をはじめ，異業種連携という視

点から産学連携や地産地消による販売場所の提供や地域住民の文化的・交流的機能の場所の提供など，さまざまなことが考えられ，また実際にそのようなかたちでおこなわれている。

このようなさまざまな対応は，理論的にはいわば市場原理ではなく，非市場原理を商店街に埋め込むことによって，「消費者（経済的機能）」ではなく「生活者（経済的機能＋非経済的機能）」に役立つような商店街になるということであり，それは「商業者による商店街の活性化」といった市場原理優先の活性化ではなく，「地域住民のための商店街の活性化」という非市場的な原理優先という，全く違ったパラダイムの転換による商店街の活性化であることを意味する。

そこから，市場と非市場との連携という視点（あるいは市場概念の拡張の視点），消費者ではなく生活者という視点（これも消費者概念の拡張の視点），さらには都市の社会的機能であるコミュニティ機能を商店街に埋め込むということから派生する商店街の公共的機能（社会的共通資本という概念の視点）といった，これまで考えられていなかった新しい視点が理論的に生まれたとみてよいであろう[26]。

さらに消費者の望む商品の価格の安さや品揃えの豊かさという経済的機能が今や大型店にとって代わり，商店街はこの機能の弱さから消費者が去っているという現実があり，商店街から離れていった消費者をいかにして取り戻すかということが商店街の当面の問題であった。

その際，「コミュニティ機能の埋め込み」は，これまで商店街に対して持っていた消費者の評価（それは消費者の望む「品揃えの豊かさ」や「価格の安さ」といったものと対極にあり，離反の要因のひとつであった），つまり「店の信用」「接客・サービス」「商品の品質」「返品や商品お取り替え」といった消費者に対するきめ細かいコミュニケーションや信頼といった部分が再発見され，それが非市場的な領域に再活用することであった点は注目してよいであろう[27]。

さらに重要な点は情報システムと連動されることが多いのであるが[28]，「ネットワーク」概念の登場であり，それが新たな流通における調整機構のひとつとして，また主体的にかつ自立的分散的な機能を発揮しながら働きか

けるものとして重要性を持ってきたということである[29]。

　これまでの流通機構の調整システムは市場原理の中から生み出され，自由競争レベルでは「価格システム」が，独占段階レベルでは独占的製造企業や流通企業による上から，あるいは下からの垂直的な命令・支配システムであり，それらが「命令・階層システム」と呼ばれ，いずれも「市場システム」によって機能していたといえる。

　しかし，市場原理ではなく，非市場原理が大きな役割を果たし始めると，そこに自立的（自律的）主体的任意的な参画協働による水平的な集団，つまりこれらの人による「ネットワーク」の形成が社会的システムや市場システム内部にみられるようになり，この「ネットワーク」が市場と非市場を調整する新たな機能として大きな力を持つようになったといえる。

　市場領域の内部，つまり「市場システム」内でも，例えば商店街内部に活性化の中核になる商店主間の主体的な自主的分権的な集団（「ネットワーク」）が形成され，彼らが中核となって商店街の問題解決に大きな役割を果たしたことである。また市場領域の外部，つまり非市場領域の地域社会という「社会システム」内においても，地域住民の「環境に優しい」という環境意識や「医療・健康・子育てに優しい」という意識の視点から行動するボランティア集団（「ネットワーク」）によって，市場システムや公共（政治・行政）システムでカバーできない部分を担い，商店街の活性化に重要な役割を果たしたことである。

　とりわけ，利潤原理の影響の少ない後者の非市場領域で形成される「ネットワーク」はその内部に「互酬と信頼」という概念が機能している点である[30]。これは一種の共同体を想定した人間関係において説明される概念で，その「互酬」についてわかりやすくいえば「ひとりがみんなのために」「みんながひとりのために」という意味あいの社会的相互の人間関係であり，このような関係は少なくとも「信頼」関係が背後に想定（担保）されていなければ成り立たない内容であり，その点で「互酬」と「信頼」は常にセットで論じられるのである。

　さらにこのネットワークの参加者は「環境に優しい」とか「高齢者に優しい」という，自主的で主体的ではあるが任意的な強制力のない緩やかな協働

（共同）意識・連帯意識によって支えられていて，メンバー間の個人的な対立や協働（共同）意識や連帯意識の濃淡によって役割意識や行動に濃淡が現れ，参加離脱の自由度が高いゆえに，この「ネットワーク」は極めて不安定な性格を持っていることも押さえておく必要がある[31]。

このように，私たちがここでいう「ネットワーク」概念は，平板な「ネットワーク」概念ではなく，このような内容を持つ非市場的非経済的システムに内在する概念なのである。

そして，NPOに代表される，社会の人びとの自主的任意的な参加による人びとのグループ，あるいは一定の目的にそって集まり行動するボランティア集団，また暗黙のルールを守って集団行動をする人びとなど，そこには何らかの理由で人びとがつながりながら行動を起こす社会的集団の存在が次第に社会において大きな力を持ち始めてきていることも注意する必要がある[32]。

（出家健治）

注
（1）　出家（2008）49-76頁を参照のこと。
（2）　出家（2011）44-46頁を参照のこと。
（3）　近年，買い物難民に関する新聞記事を多くみるようになった。『日本経済新聞』「買い物弱者，都市部でも―高齢化・小売店撤退」2010年11月8日，『日本経済新聞』「『買い物弱者』34府県で」2011年1月16日，『日本経済新聞』「高齢の"買い物難民"を救え」2011年4月20日，『熊本日日新聞』「『走るスーパー』移動販売車　買い物難民助ける」2011年4月23日夕刊，『熊本日日新聞』「九州リポート『ネットスーパー』参入相次ぐ―共働き，高齢化で市場拡大，百貨店も宅配業者と提携」2011年5月7日，『朝日新聞』「高齢者の買い物支援の輪―人吉社協，中心商店街にセンター」2011年6月2日，『熊本日日新聞』「セブン-イレブン，JAあしきた　移動販売で提携」2011年7月14日，『日本経済新聞』「買い物弱者支援多彩に―代行サービス・荷物運び・出前商店街」2011年8月16日，『日本経済新聞』「走るコンビニ続々―買い物弱者へ移動販売」2011年8月18日。
（4）　詳しくは，最近刊行された通商産業政策史編纂委員会・石原編（2011），さらに出家（2002）第1章，第2章を参照のこと。
（5）　中小企業庁の『商店街実態調査』によれば，「繁栄をしている」と答えた商店街の割合は，1970年ではまだ35.9％あったが，1980年には11.2％に急落し，1990年には

8.5%，1995年には2.8%という状態になり，1995年は「停滞」が43.6%，「衰退」が51.5%となって，初めて全体が衰退色の強まる状況に移行した。
（ 6 ）　石井（1996）を参照のこと。
（ 7 ）　専業，兼業・副業という商店街内部の商店主の経営構造の相違が加わることによって，商店街内部の温度差は商店街の活性化の合意形成をいっそう困難にさせた。兼業・副業については糸園（1983），合意形成の難しさについては石原（2000）を参照のこと。
（ 8 ）　宇野（2005）第 5 章と第 6 章，あわせて通商産業政策史編纂委員会・石原編（2011）を参照のこと。
（ 9 ）　中小企業庁の『商店街実態調査』で，「繁栄している」の割合が2000年の2.2%から2003年は2.3%へ，空き店舗率も2000年が8.53%から2003年は7.31%へわずかではあるが良好な方向へ進んだ。
（10）　石原（1991）17頁。
（11）　早稲田いのちのまちづくり実行委員会編（1999），藤村（2001）を参照のこと。
（12）　出家（2008） 3 -18頁，自主的分権的ネットワークについても，出家（2008）20-37頁，77-122頁を参照のこと。
（13）　この空き缶回収機を軸とした商店街活性化運動は事実上一段落をして，本来の商店街活性化の方向へ進みつつある。空き缶回収機自体の問題もあったが，空き缶回収機を軸とした全国リサイクル商店街サミットは，少しずつ内容をリサイクル視点から商店街活性化やまちづくりへ変更していた。第11回品川大会で全国商店街サミットと名称変更して以降，リサイクルの名前が消えて，全国まちづくり商店街サミットの名称でおこなわれ，内容はまちづくりや商店街活性化という本来的なものに移っていった。
（14）　阿部（1982），阿部（1998）を参照のこと。
（15）　いずれも熊本市資料による数値である。
（16）　経済産業省中小企業庁編（2009）141頁。
（17）　詳しくは出家（2011）43-89頁を参照のこと。
（18）　出家・吉村（2010）123-129頁，出家（2001）156-158頁を参照のこと。
（19）　商店街の若者離れと高齢者の定着は最近でもよくみられる傾向である。熊本県商工観光労働部がまとめた2009年度の『消費者動向調査』によると，商店街を利用しない人は36.2%にのぼり，20歳代以下では45.2%，30歳では42.5%と半数に近い割合でみられる。逆に，60歳代や70歳以上では20%台にとどまるという。『熊本日日新聞』2010年11月26日。
（20）　熊本地域商業近代化委員会編（1986）263-266頁，296-300頁を参照のこと。
（21）　出家（2011）66-89頁。
（22）　熊本市（2004）を参照のこと。
（23）　この事業が九州経済産業局に目にとまり，同年10月に「医療・福祉・子育て機関との連携（医商連携）による次世代型まちづくり事業」という名称で施策を展開し，

健軍商店街はその商店街活性化事業計画に係わる認定を受けた。その調査報告が以下のものである。1.九州経済産業局・ランドブレイン（2009），2.九州経済産業局（2010）。なおこれについては福岡大学村上剛人氏，九州経済産業局産業部流通・サービス課長斉田浩氏にお世話になりました。この場を借りてお礼を申し上げます。

(24) 経済産業省が高齢者による買い物難民を支援するための「買い物弱者応援マニュアル」を公表したが，それは①身近な場所に店舗をつくる，②家まで届ける，③外出しやすくするという3分類である。『熊本日日新聞』2010年12月11日。

(25) 健軍商店街振興組合の提供による資料とヒアリングによる。なお健軍商店街振興組合釼羽逸郎氏にお世話になりました。この場を借りてお礼を申し上げます。

(26) 詳しくは出家（2008）第4章を参照のこと。

(27) 商店街に対するかつての消費者の低い評価については，出家（2002）92-93頁を参照のこと。

(28) 梅田（2006），阿部（2009），山口・福田・佐久間編（2005）を参照のこと。

(29) 阿部（1993）を参照のこと。

(30) 「互酬」については，「贈与と返礼」の議論を使ってわかりやすく説明している萩原（2010）92-107頁を参照されたい。

(31) 田村三智子は市場原理を被せることが長期的安定的な構築になる条件であると指摘している。田村（2002）203頁を参照のこと。

(32) これについては「情報ネットワークと消費者主権の確立の可能性（？）」という内容で論じた。出家（2008）117-122頁を参照のこと。

参考文献

阿部真也（1982）「マーケティング論の拡張と市場概念の再検討」『マーケティングジャーナル』Vol.2。

阿部真也（1993）「現代流通の調整機構と新しい市場機構」阿部真也監修『現代の消費と流通』ミネルヴァ書房。

阿部真也（1998）「社会経済環境の変化とマーケティング概念の拡張」『流通研究』第1巻第2号。

阿部真也（2009）『流通情報革命―リアルとバーチャルの多元的市場―』ミネルヴァ書房。

石井淳蔵（1996）『商人家族と市場社会―もう一つの消費社会―』有斐閣。

石原武政（1991）「消費者からみた商店街」『都市問題研究』第43巻第3号。

石原武政（2000）『まちづくりの中の小売業』有斐閣。

糸園辰雄（1983）『現代の中小商業』ミネルヴァ書房。

宇野史郎（2005）『現代都市流通とまちづくり』中央経済社。

梅田望夫（2006）『ウェブ進化論』ちくま新書，筑摩書房。

九州経済産業局・ランドブレイン（2009）『平成20年度中心市街地活性化支援等事業（医商連携型まちづくり事業）「医商連携」によるまちづくりの推進に関する報告書―安全

に安心して暮らせる次世代型まちづくりをめざして—』九州経済産業局。
九州経済産業局（2010）『平成21年度中心市街地活性化支援等事業少子高齢化に対応した次世代型まちづくり—「医商連携」モデルの実証と新たな『まちづくり』方策（報告書）』。
経済産業省中小企業庁編（2009）『地域コミュニティの担い手をめざして新・がんばる商店街77選』。
熊本市『熊本市商業統計報告書』各年度版。
熊本市商業労務課資料。
熊本市（2004）『平成15年度商店街振興ビジョン策定報告書』健軍まちづくり協議会。
熊本県商工観光労働部（2009）『消費者動向調査』熊本県。
熊本地域商業近代化委員会編（1986）『中小企業庁補助事業　熊本地域商業近代化地域計画報告書（ローリング事業）』中小企業庁。
総務省『国勢調査』各年版。
田村三智子（2002）「循環型チャネルとネットワークシステム」陶山計介・宮崎昭・藤本寿良編『マーケティング・ネットワーク論—ビジネスモデルから社会モデルへ—』有斐閣。
通商産業政策史編纂委員会・石原武政編（2011）『通商産業政策史４商務流通政策1980-2000年』独立行政法人経済産業研究所。
中小企業庁（各調査年度）『商店街実態調査』。
出家健治（2001）「小売業における自立と連携」熊本学園大学付属産業経営研究所編『熊本県産業経済の推移と展望—自立と連携をめざす地域社会—』日本評論社。
出家建治（2002）『零細小売業研究—理論と構造—』ミネルヴァ書房。
出家建治（2008）『商店街活性化と環境ネットワーク論』晃洋書房。
出家建治（2011）「異業種参入と地域産業振興」伊東継年・田中利彦・出家建治・下田尾勲・柳井雅也編『現代の地域産業振興策—地域産業活性化への類型分析—』ミネルヴァ書房。
出家建治・吉村純一（2010）「岐路に立つ熊本市の中心市街地小売業とまちづくり：新幹線開通を目前にして」熊本学園大学付属産業経営研究所編『グローバル化する九州・熊本の産業経済の自立と連携』日本評論社。
萩原修子（2010）「ホスピタリティって何だろう？—マジックワードのホスピタリティ」熊本学園大学商学部ホスピタリティ学科編『ホスピタリティ入門』熊本学園大学商学部ホスピタリティ学科。
藤村望洋（2001）『早稲田発　ゴミが商店街まちを元気にした』商業界。
山口重克・福田豊・佐久間英俊編（2005）『ITによる流通変容の理論の現状』お茶の水書房。
早稲田いのちのまちづくり実行委員会編（1999）『ゼロエミッションからのまちづくり』日報。
『朝日新聞』2011年６月２日。

『熊本日日新聞』2010年11月26日，2010年12月11日，2011年4月23日夕刊，2011年5月7日，2011年7月14日。
『日本経済新聞』2010年11月8日，2011年1月16日，2011年4月20日，2011年8月16日，2011年8月18日。

第8章

観光と地域の再生

1 はじめに

　これまでわが国は，戦後の復興期から高度経済成長期を経験することで都市の飛躍的な発展があった。とくに産業政策の転換により重工業主体による大量生産・大量消費の実現を可能にするように都市部，とりわけ大都市への人口・主要機関の集中が進み，地方小都市では地場産業の衰退と都市部への人口流出の結果，過疎化が進行していった。それと時期を同じくして1990年代からのバブル経済崩壊による経済不況が長期化し，なかなか回復の兆しが見えないまま，少子高齢化社会の流れとともに人口減少時代へ突入してしまった。その結果，政府財源の不安定に伴い，2004年の政府による三位一体改革により，国と地方の行財政改革がうたわれ，財政的な課題を克服するために多くの市町村が合併を選択していった。

　もはや多くの都市において定住人口の増加とそれに伴う財政収入を期待できなくなってきているのが現状である。その結果，多くの都市，あるいは地域においていろいろな意味でのあり方が検討され，注目されている。いかに魅力ある都市づくり，地域づくりをするか，そのことによって交流人口を増加させ，都市あるいは地域への資金の流れを作り出すことができるか，といった埋もれた資源の見直し，再発見，開発が盛んに取り組まれている。

　そこで，本章では，都市や地域に人や金の流入をもたらす手段として注目をされている観光のあり方とそれがもたらす都市や地域の再生について議論を進めていく。とくに最近多くの都市や地域で盛んに取り組まれている地域ブランドについて注目をし，その内容と現状について明らかにしていく。

2 地域の再生における観光の役割

2−1 観光が注目される背景

　多くの都市や地域が財政難に陥り，そして人口減少に悩むなか，近年新たな観光振興について積極的な取り組みが産官を中心としておこなわれている。この地域の財政難や人口減少は，これまで都市や地域の経済活動を支えてきた定住人口の減少やそれに伴う経済活動の不振をもたらすものである。地域のなかでの人やカネの循環が悪くなると，ますます地域の活力が低下し，地域の存続の危機がやってくる。このような人やカネの悪循環を解決し，地域の再生に大きく貢献するひとつの手段として新たな観光振興のあり方に取り組まれているのである。

　そもそもわが国において，観光が地域振興，広くは国際的な観光客の増大が大きな効果をもたらす重要な手段と考えられたのは，戦後の高度経済成長に伴う所得水準の向上と余暇時間と余暇の有効な過ごし方に関心が高まるなかで，人びとの生活のなかに観光旅行が浸透しそれへの期待感が増加したこと，そして来訪外国人観光客数の急激な増加とそれに伴う外客の国内消費額の増加という国際観光の振興が国際収支の点からの外貨獲得の重要な手段であると考えられたからであった[1]。1963年に「観光基本法」が公布・施行された経緯である。ある国や都市・地域に域外からの人すなわち交流人口の増加とそれに伴うカネ（資金）の流れが，そこに活力をもたらす有効な手段となりうるのである。

　その後，産業界より観光振興の推進について大きな提言が以下のようにおこなわれた[2]。2000年10月に日本経団連（日本経済団体連合会）が，新しい国づくりのために観光を振興していくことの重要性を訴えた「21世紀のわが国の観光のあり方に関する提言」を発表したのをきっかけとして，多くの民間サイドからの提言が出てきた。その後，当時の小泉総理大臣が歴代総理のなかでは初めて観光振興に言及し，2003年1月「訪日外国人旅行者倍増(1000万人)計画」を打ち出したことを皮切りに「住んでよし，訪れてよしの国づくり」(2003年4月)，「国際競争力のある観光立国の推進」(2004年11月)を

公表し，これまでの「観光基本法」(1963年制定) を抜本的に改正し，国家戦略としての「観光立国」を目指すために2007年1月「観光立国推進基本法」が施行されたのである。その後の安倍内閣 (当時) においても観光立国実現に向けた取り組みをさらに推進するために，「地域が輝く，『美しい国，日本』の観光立国戦略」が新たにまとめられ，まず地域固有の宝を活かした，個性豊かな地域づくり，次に観光産業の生産性向上や多様なサービスの提供，そして旅行を促す環境整備による観光消費の拡大，3つ目に美しい国，日本の実現とその戦略的情報発信という3つの柱からなる提言がなされた。

　これらの提言は，近年のグローバル化の波を受け，中国やアジア諸国といった近隣諸国の目覚ましい経済発展に伴う海外旅行市場の急速な拡大がわが国の観光振興に大きなチャンスをもたらすであろうということと，長引く経済活動の不振の下でこれまでの地域振興策では地域経済の活性化や雇用の確

図表8－1　観光消費がわが国にもたらす経済波及効果（2009年度）

旅行消費額　25.5兆円（国内産業への直接効果　24.4兆円）

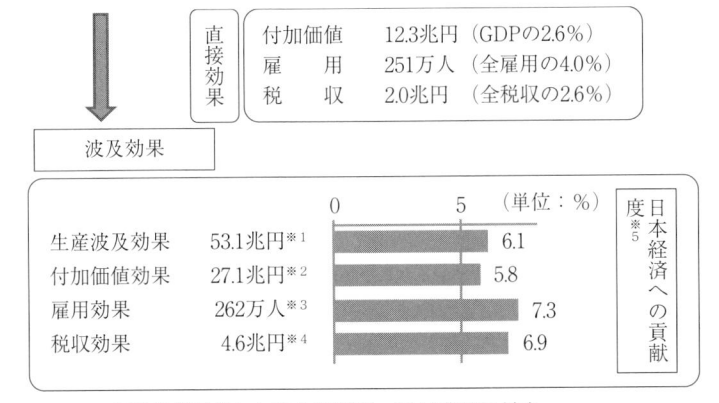

直接効果
- 付加価値　12.3兆円（GDPの2.6％）
- 雇用　251万人（全雇用の4.0％）
- 税収　2.0兆円（全税収の2.6％）

波及効果

日本経済への貢献度[※5]（単位：％）
- 生産波及効果　53.1兆円[※1]　6.1
- 付加価値効果　27.1兆円[※2]　5.8
- 雇用効果　262万人[※3]　7.3
- 税収効果　4.6兆円[※4]　6.9

※1：国民経済計算における産出額　874.3兆円に対応
※2：国民経済計算における名目GDP　470.9兆円に対応
※3：国民経済計算における就業者数　6328万人に対応
※4：国税＋地方税76.4兆円に対応
※5：ここでいう貢献度とは全産業に占める比率

(出所) 国土交通省「旅行・観光産業の経済効果に関する調査研究(2009年度版)」より作成。

保，さらには定住人口の確保が大いに危機に瀕しているという現状から，各地域の持つ資源の有効活用を観光に求めるのである。

2－2　観光と地域の魅力づくりの関係（観光がもたらす効果）

　これまで観光といえば，物見遊山的で消費と享楽のみに偏った行動というイメージが長く付きまとっていたのではないかという声がある。そもそも観光とは何かと問われた場合，よく話題になるのが，以下のような書物からのものである[3]。中国の古典である『易経』のなかの「観国之光」（国の光を観る）が語源と言われ，他所の輝かしい文物を視察することを指すという。観光の基本的動機は，非日常の世界を体験したいという人びとの願望であり，日常とは異なる文化，歴史，自然，風俗，宗教，景観などへの好奇心が観光へと駆り立てる原動力だという。

　さらに「努力發国光」（努力して国の光を發かん）が地域観光とは何かを明確に著している。「国の光」とは，固有価値を持った地域の文化を意味し，「観る」とは心を込めて観て学ぶことを含意するが，それ以前の段階で，この中国の古典では「観す（しめす）」という，迎え入れる側の来訪者に対する姿勢までもが包含されているという。すなわち来訪者に観て学び取ってもらうためには，迎え入れる側が自らのまちを自ら学びそこに誇りを見出さなければならないという。地域文化を仲立ちとした来訪者との知的交流こそが「観国之光」の真意であるという。そして「努力發国光」でいう「国光」とは，地域の有為な人材を意味し，努力してそういった人たちを見出し，地域の担い手・後継者として育てていくことの必要性を説いているという。

　わが国では1963年公布・施行の「観光基本法」においては，「観光とは，国際平和と国民生活の安定を象徴するものであって，その発達は，恒久の平和と国際社会の相互理解の増進を念願し，健康で文化的な生活を享受しようとする」ものであると同時に，「国際親善の増進のみならず，国際収支の改善，国民生活の緊張の緩和等国民経済の発展と国民生活の安定高揚に寄与するものである。」とされているが，1969年の観光政策審議会答申「国民生活における観光の本質とその将来像」において観光は以下のように定義されている。「観光とは，自己の自由時間（＝余暇）の中で，観賞，知識，体験，

活動，休養，参加，精神の鼓舞等，生活の変化を求める人間の基本的欲求を充足するための行為（＝レクリエーション）のうち，日常生活圏を離れて異なった自然，文化等の環境のもとでおこなおうとする一連の行動をいう」。

さらに，1995年6月の観光政策審議会答申では，「観光とは，余暇時間の中で，日常生活圏を離れて行う様々な活動であって，触れあい，学び，遊ぶということを目的とするもの」とし，人びとの活動を，時間的側面（余暇時間，労働時間，休息時間のどの時間帯におこなうのか），空間（活動場所）的側面（日常生活圏か，非日常生活圏でおこなうのか），目的（活動内容）的側面（触れ合い，学び，遊ぶということを目的として，自主的におこなうのか，義務的におこなうのか）から整理されている。この定義によれば，観光は日常生活圏を離れる活動である旅行（観光に加え，商用や知人訪問などを含む）を含むさまざまな活動のうち，「触れ合い，学び，遊ぶ」という一定の性質を有するもの，すなわち日常生活圏を離れるための前提となる「旅行」を含みつつ，目的によって限定される「旅行」とそれ以外のさまざまな活動を指していると解される[4]。

一方，WTO（世界観光機構 World Tourism Organization）をはじめとする国際機関の統計では，ビジネス客などの旅行者もその調査対象に含められ，そもそも観光旅行とそれ以外の旅行とが区別されていない。これは例えば，商用を主目的とする旅行者であっても，部分的には観光的な活動をおこない，観光を主目的とする旅行者と同様の経済活動（消費行動）をおこなうことから，観光旅行とそれ以外の旅行を区分することに，経済的な観点からの意義をあまり見出すことができないことや，実際に把握しようとする際に内心の意思を問い，厳格な区別・峻別をおこなうことが困難であることによると思われる[5]。

他方，WTOでは，観光とは「娯楽やビジネス，その他の目的のために人々がまる一年を超えない範囲内で継続的に通常の生活環境以外の場所に旅行し，滞在する活動」であると定義づけている。

2003年の観光立国懇談会報告書「住んでよし，訪れてよしの国づくり」では，国の光を観るという観光の原点に立ち返る政策に出ている。前述したように観光の語源は，中国の古典『易経』の「国の光を観る」にあるといわれ

ている。『易経』そのものが，一国を治めるものはくまなく領地を旅して，民の暮らしを観るべしと説いており，民の暮らしは政治の反映であり，善い政治がおこなわれていたならば，民は生き生きと暮らすことができ，他国に対して威勢光輝を示すことができるという。つまり，「国の光を観る」という行為は「国の光を示す」という国事行為につながっていたのである。観光立国の推進にあたっては，まずはこうした「観光の原点」に立ち返ること，つまり「観光」の概念を再検討していく必要性を問うている。

産業界もしくは歴代の総理による国家戦略のひとつとしての観光立国確立に向けた取り組みによる観光振興は，グローバル化の進展のなかで広い意味で外国人旅行者誘致が重要なポイントではあるが，あくまでも観光振興のためのひとつの手段にすぎない。日本国内の観光地や観光ビジネスにおいて，各地域地が持てる地域資源を存分に活用し，それぞれの個性や魅力を創出していくことが，国内観光における地域間での交流人口やカネの循環を生み出す重要な目的であると思われる。このことが多様性を持った魅力を持つ国を創造していくことになる。

各地域において個性が生まれ，そこにそれぞれの魅力が備われば，国内外を問わず，観光客・旅行者は多数訪れるであろうが，逆にそのような個性や魅力が欠如すればいかに誘致・勧誘活動を繰り広げたとしても訪れる観光客・旅行者は乏しいものになるであろう。また仮にそのような地域に一度訪れてもリピーターにはなりえないだろう。観光客・旅行者が訪れてみたい，もう一度行ってみたいと思う環境づくり，魅力づくりこそが観光振興の重要な点である。

以上のように考えると，観光というものは必ずしも非日常性を求めて出かける行動のみを指すのではなく，日常圏内でももしくは日常圏に近いところでの体験や，そこに埋もれた歴史文化や未知の生活文化を求める行動である[6]。このような観光の捉え方から，それぞれの地域の持つ歴史的遺産，文化，風習，産品，風景，自然などなど，その地域ならではのもの，地域固有の資源を見直したり，掘り起こしたりすることによって，他の地域とは違う何かを創造し，提供していくことでその地域に足を運んでもらえる，楽しんでもらえるもの，魅力づくりをしなければならないのである。その魅力づく

りのひとつに地域ブランドがある。以下では地域ブランドと観光の関係についてみていくことにする。

3 地域ブランドの確立と観光

3-1　地域ブランドが注目される背景

　近年注目されている地域ブランドとは何かについてみていくが，まずなぜ地域ブランドなのかについて改めて考えていきたい。それは，地域ブランドを構築することが，地域活性化あるいは地域の再生の戦略のひとつとして大きな効果をもたらすと考えられているからである。また，他の地域や他の製品との優位性を創造することができるばかりか，自分の地域あるいはその産品が選ばれるという差別化を生み出すことができるためと考えられているためである。

　さらに，2000年4月に「地方分権一括法」が施行されたことによってこれまでの市町村のあり方が劇的に転機を迎えたのであった。各市町村の自立と権限が模索される地方分権化を進めることで，都市間あるいはエリア間競争が激化するため，魅力ある，個性ある地域づくりに取り組まなければならなくなったことや，その競争に打ち勝つためには市町村合併や広域行政が進むなかで地域の自立化を模索する地方自治体が活発に動かなければならなくなったのである。平成の大合併といわれたこの動きは，国や自治体の持つ深刻化した財政問題や人口減少に伴う地域経営の困難さをいかに克服するかということから，各自治体の人口・財政規模の拡大，行政の効率化などを図る目的で，多くの市町村が集約化されたのであった。

　しかし，地域再編の多くが，本来持つべき自然環境，歴史，文化，経済，住民生活など多様な問題が考慮されないままに進められたため，その地域にとってまずは新たな地域名をつけることを含めて地名＝ブランド名の選択機会が与えられるとともに，そこに住む人びとの地名へのこだわり，思い入れというかたちで地域の独自性，アイデンティティを再認識しようとする機運が高まったという[7]。今後は持てる地域資源を最大限に活用して地域ブランドをいかに構築していくかが，地方自治体にとって極めて大きな課題となる

のである。

3−2　地域ブランドとは何か

　もともと「ブランド」とは何かというと，ネーム，シンボル，マーク，ロゴなどからなり，歴史的にはある生産者の製品を他の生産者のそれから区別する手段として出てきたものであり，その語源は，焼印をつけることを意味するという[8]。その後，ブランドはファッション製品や高級品に特有の存在ではなく，あらゆる企業にとって持続的な競争優位をもたらす重要な経営資源であるという研究が進むことで，ブランド戦略は企業のマーケティングや企業経営に重要なものとして定着するようになったという[9]。

　製品は工場で作られるが，ブランドは顧客が購入するものであり，製品は競合企業によって模倣されるが，ブランドはユニークである。そして製品はすぐに陳腐化するが，成功するブランドは永遠の生命を持つものであり，製品はその実体が提供する属性や便益を超えて，それを購買・使用することの能動的意味づけに対する共感を得ることを通じてブランドになるという[10]。製品ブランドの基本は，それに固有の差別優位的な意味をネーミングやデザイン，さらにはスローガンをはじめとするコミュニケーションを介して表現することにある。今日ではこのことを原点としてブランドを構築する対象を製品から事業へ，さらには企業，産業へ拡大し，ブランドのパワーを活用することによる地域のブランド化戦略が発展してきているのである[11]。

　地域ブランドの定義は，それを使うヒトや場面によってさまざまである。地域名や商品やサービスに冠したもの，よく例にあがるのが「関あじ」「関さば」であり，これらを地域ブランドと呼ぶ。一方，自然環境や歴史的遺産，町並みなどから連想される地域イメージ，よく例にあがるのが屋久島や知床の自然を地域ブランドと呼ぶこともある。

　ここでは，経済産業省の地域ブランドの定義[12]を紹介しておく。地域ブランド化とは，「『地域発の商品・サービスのブランド化』と，『地域イメージのブランド化』を結びつけ，好循環を生み出し，地域外の資金・人材を呼び込むという持続的な地域経済の活性化を図ること」である。このように地

図表8－2　地域ブランドの概念図

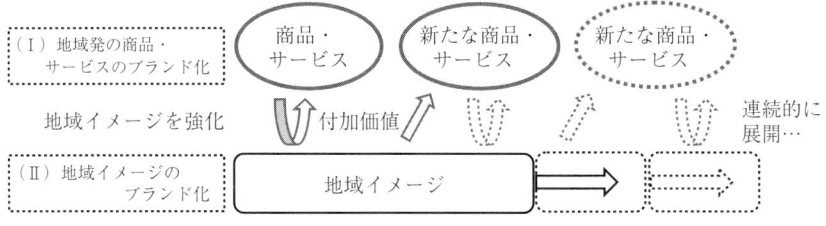

（Ⅰ）地域発の商品・サービスのブランド化　　商品・サービス　　新たな商品・サービス　　新たな商品・サービス

地域イメージを強化　　　　付加価値　　　　　　　　　　　　　　　　　連続的に展開…

（Ⅱ）地域イメージのブランド化　　　地域イメージ

（出所）経済産業省知的財産戦略本部コンテンツ専門調査会資料より作成（2004年11月）。

域ブランドとは，「地域発の商品・サービス」や「地域イメージ」に対して顧客（消費者や観光客等）が高い評価をし，販売や来訪客増を通じて地域経済の発展・活性化につなげていくものをいう。もちろん，それらの評価が低ければブランドとは言えないし，地域経済への寄与も十分なものではなくなる。

　この「地域発の商品・サービスのブランド化」は，現在多くの自治体で取り組まれている地域ブランドづくりであるが，これを「モノとサービスのブランド化」と呼ぶ。これは地域性のイメージを統合し，アピール効果を強化することで相乗効果を高めたりするものが多い。代表的なものとして，北海道ブランドがある。これは，北海道の大自然という地域性が豊かな農産物，雄大なスケールといったイメージを喚起させ，そのことが製品の販売や誘客に大きく貢献するというものである。つまり，地域イメージを表出することによって産品に新たな価値を加え，地域の製品・産品の競争力を高めるというものである。これらについては，モノ（サービス）の生産者とそれを政策的に支援する自治体によって取り組まれているものが多い。

　さらにもうひとつの「地域イメージのブランド化」は，「地域ブランド化」と呼ばれ，地域の本質的な価値の向上を目指す「地域固有の資源（自然・環境・景観・産業・技術・文化，ヒトなど）を活用して地域の魅力を創出し，定義されることによって，地域住民が評価，支持する価値づくり」[13]を指し，地域のアイデンティティの構築を目指すものである。この場合，主体はそこに住む地域住民であり，その訴求対象も住民やその価値を共有する人びとで，地域の暮らしに対する住民の満足を生み出すこと，地域内部の自己実

現を目指すことが大きな目的とされる。つまり地域住民が求める地域のあり方を具現化するための，継続的な地域づくりの積み重ねが地域のブランド化である。そうすることによって経済価値では図りえないものづくり，地域トータルの暮らしの価値を高め，その価値を共有する「支持者・賛同者」を広げる取り組みである。

　このふたつのうち，どちらのブランドを強化して特徴を出すかは，地域の実情によって異なるという。しかし本質的にはこの両方のブランド領域は密接に結びついており，同時に強化していくことで地域に大きな相乗効果をもたらすことになる。すなわち，地域にとっては「地域そのもののブランド（リージョナルブランド）」と，その「地域発の商品・サービスのブランド（プロダクトブランド）」の両方の評価が高くなることが理想であると考えられる。

　地域ブランドが高まれば，その地域名をつけた商品・サービスの売上増に結びつくし，また地域イメージも良くなり観光客が訪れるようになる。そして地域経済が活発化し，発展をする。地域経営の観点からすれば，このような好循環が形成されることが理想である。現在，全国各地で地域のブランド戦略に取り組んでいる理由がここにあるのである。地域ブランド化の目的は，地域の魅力と評価を高めることであり，これにより他の地域に対して差別的優位性を獲得することである。

　地域ブランドを創造し確立するということは，地域の求める姿（どのような地域にするか，どのように暮らすか）を実現していくための取り組みであり，地域固有の資源を見直し，それらを活用しそこに住民が主体となって地域の魅力を創出し，地域内外の多くの人の共感を得て支持される地域，選ばれる地域になることにより持続的な地域づくりがなされるのである。

3－3　地域団体商標

　地域ブランドを確立するためには，地域団体商標制度に基づいて登録をすることから始まる。「地域団体商標」とは，地域名と商品（サービス）名を組み合わせて，ブランドとして登録できる制度で2006年からスタートしたものである。4月1日施行の改正商標法で創設した制度で，「地域名＋商品

（サービス）名」で商標登録ができるというものである。出願できるのは，事業協同組合，農業協同組合などの法人格を持つ組合で，任意団体や企業，個人は出願できない。地域名は，都道府県・市町村名のほか，山岳・河川・海域名なども対象となる。商標登録をすることによって，商標の便乗使用等に対し使用さし止めや損害賠償を請求できるのである。

　これまでの制度では，「地域名＋商品（サービス）名」を商標登録することは，地域名はその地域の共有財産であり，特定の者の独占に馴染まないなどの理由から原則として認められなかった。ただし例外として全国的な知名度を獲得している場合や図形や文字と組み合わせた場合のふたつのケースに限って登録することができたが，その要件は厳しく，登録数は極めて限られていた。とくに文字だけで商標登録されたのは，「夕張メロン」「前沢牛」「佐賀牛」「宇都宮餃子」「富士宮やきそば」などわずか12件であった。

　一方，文字とデザインを組み合わせた図形商標を登録していたのが「関あじ」「関さば」などである。これらは旧制度では文字だけの登録が認められなかったものが多い。しかし図形商標は図形を替えたり文字だけを使用するケースには商標権の効力はおよばない。また一部を替えただけでも誰でも使用できるという問題があった。このため偽物が多く出回ることにもなった。

　また旧制度では申請から登録まで長い年月を要し，その間の類似・虚偽表示などの便乗使用を防ぐ手立てがなかった（例えば，夕張メロンは商標登録までに30年以上を，また「富士宮やきそば」は大規模なイベントを実施するなどして，マスコミにも多く取り上げられて全国的な知名度をあげ，申請から3年間で登録できた）。このような流れをうけて，制度改正されたのであった。

　2012年2月現在，全国では1010件の出願があり，うち460件以上の地域団体商標が登録されている。出願内容の内訳は，農水産一次品が480と最も多く，次いで工業製品246，加工食品120，温泉49，麺類37，菓子32，その他25，酒類20となっている。また，出願数の多い都道府県上位5位は，「京都府」が最も多く146件，次いで「兵庫県」で56件，3位「北海道」で44件，4位「岐阜県」で40件，そして5位は同数で「石川県」「沖縄県」の38件となっている。

図表 8 − 3　地域団体商標登録出願件数

年次	2006年度	2007年度	2008年度	2009年度	2010年度	2012年2月時点
出願件数	698	110	71	54	48	29

（出所）特許庁＜http://www.jpo.go.jp＞。

図表 8 − 4　出願数上位都道府県 5 位およびその登録件数

順位	1位	2位	3位	4位	5位
都道府県	京都府	兵庫県	北海道	岐阜県	石川県・沖縄県
出願件数	146件	56件	44件	40件	38件
登録件数	57件	28件	15件	27件	26件・15件

（出所）特許庁＜http://www.jpo.go.jp＞2012年2月現在。

　2006年4月の導入以来，制度改正では，「全国的な知名度」がなくても「都道府県をまたがる知名度」程度で登録ができるため，全国的にあまり知られていない特産品やサービスでも登録が可能となっている。地域ブランドを保護するうえではこの制度は有効な地域団体商標制度だが，登録後の品質面でのブランド価値の維持が課題となっている。これまでに取得した「地域ブランド」などは，徹底した生産方式，企画の統一や品質管理などでブランド価値の維持に細心の注意がはらわれている。何か問題が起きれば，顧客（観光客等）の期待と信頼を失い，築き上げたブランドは一瞬にして崩壊することになるためである。

3 − 4　地域ブランドの確立と観光

　地域ブランドを確立するということは，これまでの全国的な均一の地域づくり，景観とまち並みづくりからの脱却を目指すとともに，地域産業（地場産業）や地域社会の再生も目指すものである。もともと地域産業は地域にある資源やそこでの生活に深く根差した地域社会によって支えられ成立してきたものである。この地域産業が衰退することで，地域資源の枯渇やコミュニティ機能の低下を招いてきた外部依存型経済から脱却し，内発的産業の創出

による地域経済の確立が必要となってきている。

　観光は，前述したようにいわば地域の資源，魅力への体験・経験という行為を基本とする。観光客は，その観光行動を通じて地域を訪れ，さまざまな対象に触れ，身体的あるいは精神的な刺激を受け，そうした出来事を記憶すると同時に，その地域に対する認識を強めていき，その地域でのユニークな出来事が観光客に感動を生み，想い出に残る出来事になるという（地域コンテンツあるいは資源の経験価値化と表現されることもある）。

　このような観光によって経験された出来事が，記憶され，さまざまなイメージの連想につながり地域イメージが形成され，地域ブランドが確立されていく。

　地域のブランド化にとって観光は，地域性，その地域にしかない独自性を基盤として生み出されたユニークな特徴を観たり体験してもらい，その意味や価値を伝え，観光客という顧客との関係づくりに結びつけていくためのよい機会となる。これまでの観光地づくりは観光対象の充実やインフラの整備に重点が置かれていたが，観光のなかで地域ブランドを構築することが大きな意味を持つということは，観光客が地域の資源を観たり体験したりすることによって受ける刺激や情報と，地域独自のユニークさを発信する地域側の意図や意味を共有しながら共創していくという点にある。

4　魅力ある地域づくりに向けて

4−1　地域の評価

　魅力ある都市の指標（世界の都市ブランド価値ランキング）によると，都市のブランド価値の格付けは，存在感（国際的な地位や評判），空間（美しさ，雰囲気，その他物理的な属性），ポテンシャル（経済面や教育面の機会），躍動感（都会としてのアピール性やライフスタイル），人びと（親密感，開放感，文化的多様性や安全性），前提条件（ホテル，学校，公共交通，スポーツなどのインフラの質）の6つの指標によっておこなうことができるとしている。これは必ずしも経済的な価値を中心とする企業ブランドの価値と，文化や歴史，伝統，環境や生活インフラなども含む国や都市・地域のブ

ランド価値とは同じレベルで簡単に比較することはできないことを示しており，都市や地域が人口規模や経済力の面でのみ評価されることはないということができるだろう。

2006年「地域団体商標制度」の導入と時期を同じくして，ブランド総合研究所が実施している「地域ブランド調査」が，2011年で6回目を迎える[14]。全国の3万人による自治体のブランド力を徹底評価する最大規模の調査であり，それは全786市（2011年4月末現在）と東京23区，および地域ブランドへの取り組みに熱心な191の町村を加えた国内1000の市区町村および47都道府県を対象とした，国民視点による「自治体の通信簿」と言われている。毎年インターネットを通じて，全国の消費者約3万人から回答を集めて実施されている。

第6回目の調査では，これまでの調査項目に加えて，とくに地域の抱える課題やニーズに対応した項目が追加されている。追加されたものも含めた今回の調査項目は，1000市区町村および47都道府県を対象に，「認知度」「魅力度」「情報接触度」「情報接触経路」「地域イメージ」「地域資源評価」「居住意欲度」「訪問目的」「観光意欲度」「食品購入意欲度」「食品以外購入意欲度」「産品購入意欲度」といった「外から視点の評価」（67項目）と47都道府県のみを対象に「愛着度」「自慢度」「自慢要因」などの「内から視点の評価」（25項目）である。

今回追加された項目は，これまで述べてきたような近年の地域のさまざまな動きを反映したものとなっている。「外から視点の評価」では地域イメージとして「農林水産業が盛んな地域」「地場産業が盛んな地域」といった全国各地域で取り組まれている6次産業化への積極的な取り組みを評価するものであったり，「災害リスクが大きい地域」「事件・事故が多い地域」といった東日本大震災後の自然災害や事件・事故のリスクに対する地域の評価であったり，さらにご当地B級グルメなどの食文化が最近注目を集めていることに関係して「地元産の食材が豊富」といったその地域ならではの食材の評価であったりというもの，「内から視点の評価」には，「地元産の食材が豊富」という自らの地域のものを自らで評価するものが挙がっている。

一方，2010年4月より各都道府県では「観光入込客統計に関する共通基

図表8－5　都道府県および市区町村の魅力度ランキング2011年版

順位	(1) 魅力度ランキング　上位10位（47都道府県）						
	魅力度	認知度	情報接触度	居住意欲度	観光意欲度	訪問率	食品購入意欲度
1位	北海道(1)	東京都(1)	東京都(1)	北海道(2)	北海道(1)	東京都(1)	北海道(1)
2位	京都府(2)	北海道(2)	福島県(44)	東京都(1)	京都府(2)	神奈川県(2)	沖縄県(2)
3位	沖縄県(3)	大阪府(3)	宮城県(22)	京都府(4)	沖縄県(3)	大阪府(3)	静岡県(4)
4位	東京都(4)	京都府(4)	岩手県(37)	沖縄県(4)	奈良県(4)	京都府(4)	秋田県(16)
5位	奈良県(5)	神奈川県(5)	大阪府(5)	神奈川県(3)	東京都(5)	千葉県(5)	大阪府(6)

順位	(2) 魅力度ランキング　上位10位（1000市区町村）						
	魅力度	認知度	情報接触度	居住意欲度	観光意欲度	訪問率	食品購入意欲度
1位	札幌市(1)	大阪市(6)	気仙沼市(123)	横浜市(1)	札幌市(1)	新宿区(1)	札幌市(1)
2位	函館市(2)	名古屋市(2)	仙台市(22)	神戸市(2)	函館市(2)	横浜市(4)	函館市(3)
3位	京都市(3)	神戸市(3)	陸前高田市(730)	鎌倉市(5)	京都市(3)	京都市(7)	夕張市(2)
4位	横浜市(4)	京都市(4)	石巻市(215)	京都市(5)	富良野市(4)	品川区(5)	名古屋市(4)
5位	神戸市(6)	新宿区(5)	南三陸町(845)	札幌市(4)	小樽市(5)	渋谷区(3)	米沢市(8)

（カッコ内の数字は，2010年調査時の順位）

（出所）ブランド総合研究所（2011）。

図表8－6　都道府県別観光入込客数，観光消費額単価，観光消費額の状況（2010年度）

順位	都道府県	①観光入込客数（千人回）				②観光消費額単価（円／人回）				③観光消費額（百万円）			
		県内		県外		県内		県外		県内		県外	
		宿泊	日帰り	宿泊	日帰り	宿泊	日帰り	宿泊	日帰り	宿泊	日帰り	宿泊	日帰り
1位	千葉県	1,689	30,105	7,875	54,659	17,947	5,815	39,331	9,765	30,307	175,072	309,729	533,749
2位	愛知県	2,504	54,390	2,200	19,226	15,495	3,821	19,553	4,869	38,795	207,801	43,023	93,608
3位	静岡県	2,353	21,160	8512	27,146	21,606	7,989	25,529	15,169	50,844	169,037	217,314	411,793
4位	北海道	6,005	35,331	3,404	110	20,993	3,375	76,381	23,548	126,051	119,243	260,020	2,595
5位	岐阜県	725	9449	2,581	23,161	21,993	2,945	27,722	4,538	15,948	27,822	71,563	105,113

※順位は，①観光入込客数の県内・県外の合計をもとに算出している。
※ここでの観光入込客数は日本人の観光目的の者のみの数値である。

（出所）国土交通省観光庁「共通基準による観光客入込客統計に関する調査」（2010年度）
＜http://www.mlit.go.jp＞をもとに作成。

準」を順次導入し，客観的な信頼性の高い観光入込客統計調査を実施している。ただまだ順次導入のため，47都道府県全部の集計結果ではないので単純に観光入込客数の比較はできないだろうが，2010年度の年間数値をみると，最も観光入込客数が多かったのは千葉県，次いで愛知県，静岡県，北海道，

そして岐阜県の順となっている。1位の千葉県は，東京ディズニーリゾートでの集客効果であろう，県外からの日帰り客数が他県に比べ最も高い。地域ブランド調査で最も魅力度の高かった北海道も，観光入込客数で4位に入っているが，1位ではなかった。逆に千葉県は地域ブランド調査の訪問率で5位に入っているが，他の項目においては上位に入っていない。

理想としては，地域の魅力度が高まれば，それがそのままその地域への入込観光客数の増加につながることであろう。

4－2　観光による地域再生への取り組み事例

現在，さまざまな地域が，自らの地域の持ちえる地域資源を活用し，観光に結びつけた新たな取り組みに挑戦している。古き良き町並みを保存することで観光客を呼び込む地域もあれば，地域全体をひとつのテーマの下に構成することで観光客を呼び込むことに挑戦している地域もある。

そのひとつに神奈川県三浦市が取り組んでいる「昭和の漁師街復活活性化プロジェクト」である[15]。これは三浦市全体の来誘客の増加を図るとともに，産直センター周辺に集中している来遊客を下町・城ヶ島地区への回遊を目指し，地域の活性化を目指す事業である。地域の中にある残された自然による映画等の被写体としての文化を掘り起こしながら，地域を昭和の商店街としてのテーマパーク化に取り組むものである。この事業自体は2010年度に第1事業として，協同組合三浦市商店街連合会が実施した「貝がらホールリニューアルプロジェクト」がスタートしたばかりである。第2事業として下町・城ヶ島地区活性化事業が実施され，その後は新規テナント運営など漁師町文化の歴史を観光資源とし，開発していく方針となっている。

その他にも，東京都中央区が取り組んでいる「日本橋」がある[16]。これは「日本橋美人"心も身体も美しく"」をテーマに日本橋の街めぐりをしてもらうことで観光客を呼び込む取り組みである。この「日本橋美人 Japan Beauty from Edo－Tokyo」は，江戸時代から続く伝統を身近に感じることによって培われた教養や品格，粋などの価値観を大切にする「心も身体も美しい」女性を総称する日本橋の地域ブランドであり，「優」「粋」「知」「創」の4つの美で支えられているという。この美をテーマとして，2009年に「江

戸で彩る日本橋美人博覧会」が開催され，地域ブランド「日本橋美人商品」を紹介し，日本橋を回遊して，江戸時代の文化を楽しみながら日本橋の奥深い魅力を味わってもらうほか，さまざまなイベントや街めぐり，スタンプ版浮世絵ラリーなどを実施してきた。まちぐるみのおもてなしは，訪れた人びとに絶賛されたという。

5　おわりに

　地域の再生や活性化を考える場合，さまざまな手段が考えられるが，そのひとつの手段として観光を取り上げてきた。これまでも観光は，わが国が経済成長を経験し，経済発展を遂げていた時期においては，所得増加と余暇時間の有効活用の手段として大きな意味を持っていたが，近年の人口減少や長引く経済不況のなかにあっては，交流人口の作り出しそれに伴う資金の流入による地域の活性化や再生の有効な手段となっている。ただ，観光のあり方が見直されているのである。

　観光は，地域の再生においては，地域の魅力を高めるための有効な手段である。このことは，地域の中の魅力を発見し，活用し，創造しなければならないという，地域づくり，地域おこしそのものであろう。そしてその地域に住む人びと自身がその地域に愛着を持つことで，地域の魅力が高まらない限り，そこに域外から人びとは訪れることはないという。また，観光は，人びとをひきつけるものでなければならない。そのためには，積極的な情報発信に努める必要がある。それを忘れば交流人口が増加することにはならないのである。そして観光は，所得を確保することにつながる。地域の観光振興の目的は，地域の活性化であり，それは雇用と所得の持続的で安定的な確保のことに他ならない。持続的かつ安定的に所得を得ようとすれば，訪れた人びとがリピーターとなって2度，3度と来訪することが重要な点となるのである。このことは，今後進むであろう人口減少時代のなかではとても重要なことである。

　最後になるが，これまで観光と地域再生についてはさまざまな分野で論じられてきたが，最近注目されている地域ブランドを中心に本章では論じてき

た。しかし，これらはそれぞれ異なった次元のもの，異なった内容のものであるため，それら相互の関係性を明らかにする必要があること，さらに地域における地域ブランドの確立の意味や重要性についても言及が不十分である点は，今後の研究課題としたい。

(林　優子)

注
(1) 鈴木・奥村編（2007）22頁。
(2) 佐々木（2008）14-16頁。
(3) 須田（2005）。
(4) 柴田（2006）15-16頁。
(5) 柴田（2006）15-16頁。
(6) 尾家・金井編著（2008）12-13頁。
(7) 東（2007）21-42頁。
(8) 陶山・梅本（2000）。
(9) 陶山・宮崎・藤本（2002）。
(10) 陶山・妹尾（2006）。
(11) 陶山・妹尾（2006）。
(12) 経済産業省知的財産戦略本部コンテンツ専門調査会（2004）。
(13) 東北開発研究センター（2005）。
(14) ブランド総合研究所（2011）。
(15) 神奈川県三浦市経済振興部商工観光課．
　　 <http://www.city.miura.kanagawa.jp/shoukou/shitamachi-jogashima/>
(16) NPO法人東京中央ネット日本橋美人推進協議会日本橋美人博覧会実行委員会
　　 <http://www.nihonbashi-bijin.com/bijinhaku/>，国土交通省観光庁「地域いきいき観光まちづくり2009」。

参考文献
東徹（2007）「地域ブランド戦略の意義と展開」観光総合学会編『新時代の観光―課題と挑戦―』同文舘出版。
尾家建生・金井萬造編著（2008）『着地型観光－地域が主役のツーリズム－』学芸出版社。
観光総合学会編（2007）『新時代の観光―課題と挑戦―』同文舘出版。
経済産業省知的財産戦略本部コンテンツ専門調査委員会（2004）「第1回日本ブランドワーキンググループ資料」11月。
国土交通省「旅行・観光産業の経済効果に関する調査研究」2009年度版。
国土交通省観光庁「地域いきいき観光まちづくり2009」。

国土交通省観光庁「共通基準による観光客入込客統計に関する調査」2010年度＜http://www.mlit.go.jp＞。
佐々木一成（2008）『観光振興と魅力あるまちづくり―地域ツーリズムの展望―』学芸出版。
柴田耕介（2006）「観光産業の実態と課題」『国際交通安全学会誌』Vol.31. No.3。
鈴木茂・奥村武久編（2007）『「観光立国」と地域観光政策』晃洋書房。
須田寛（2005）『産業観光読本』交通新聞社。
陶山計介・梅本春夫（2000）『日本型ブランド優位戦略』ダイヤモンド社。
陶山計介・妹尾俊之（2006）『大阪ブランド・ルネッサンス―都市再生戦略の試み―』ミネルヴァ書房。
陶山計介・宮崎昭・藤本寿良（2002）『マーケティング・ネットワーク論』有斐閣。
東北開発研究センター（2005）「地域ブランド研究会」東北研究センター編著『創造地域ブランド―自立を目指したまちづくり―』河北新報出版センター。
特許庁「地域団体商法登録出願件数」＜http://www.jpo.go.jp＞。
ブランド総合研究所（2011）『地域ブランド調査2011　ハンドブック』。
神奈川県三浦市経済振興部商工観光課
　＜http://www.miura.kanagawa.jp/shoukou/shitamachi-jogashima/＞
NPO法人東京中央ネット日本橋美人推進協議会日本橋美人博覧会実行委員会
　＜http://www.nihonbashi-bijin.com＞

第9章

フードデザート問題と地域の再生

1 はじめに

　本章の目的は，都市地理学的視点からフードデザート（食の砂漠：Food Deserts：FDsと略記）問題と地域の再生を考察することにある。FDsという言葉をご存じだろうか？　要約すると，まちなかにできた買い物先の空白地帯を意味する。食品流通が高度に成長した先進国の街の真ん中に広がる砂漠など，イメージしづらい人も多いだろう。しかも，FDsでは栄養失調者が増えている。誰もが豊かさを享受できるはずの先進国に広がる食の砂漠は，現代が生んだ社会的病理といえよう。後述のとおり，FDsはさまざまな要因が重なって表出した社会問題である。同問題を解決するためには，地理学や流通，社会学，医学，都市政策など多面的な視点から問題の実態を捉えていく必要がある。

2 フードデザート問題とは

　駅前がシャッター通り化する地方都市を中心に，満足に買い物に行けず日々の食材確保に苦労している高齢者が増えている。2010年5月には，経済産業省の審議会「地域生活インフラを支える流通のあり方研究会」が，アンケートで買い物に苦労していると回答した高齢者の割合から，買い物弱者が全国に推定600万人存在すると報告した[1]。また，2011年8月には，農林水産省農林政策研究所が日本全国の人口分布と食料品の位置関係を実際に算出し，自宅から500m以内に生鮮食料品店がなく，かつ自家用車を所有してい

図表9－1 生鮮食料品店までの距離が500m以上で，自動車を持たない人口推計

(単位：万人，%)

地域区分		人口	対総人口割合(%)	65歳以上	対65歳以上人口割合(%)
生鮮食料品販売店までの距離が500m以上	全国	910	7.1	350	13.5
	三大都市圏	420	6.6	140	12.1
	東京圏	200	5.8	64	10.6
	名古屋圏	77	6.9	25	12.2
	大阪圏	140	7.8	51	14.4
	地方圏	480	7.6	210	14.8

(注1)「平成19年商業統計メッシュデータ」および「平成17年国勢調査地域メッシュデータ」をもとに推計。
(注2)「生鮮食料品店」は生鮮食料品小売業（食肉小売業，鮮魚小売業，果実・野菜小売業）および百貨店，総合スーパー，食品スーパーおよび百貨店，総合スーパー，食品スーパー。
(注3)東京圏は，東京，埼玉，千葉，神奈川，名古屋圏は，愛知，岐阜，三重，大阪圏は大阪，京都，兵庫，奈良。
(注4)表中の数値は推計値であり，全国の総数は10万人単位で丸めた値を公表値としている。
(出所)農林水産政策研究所（2012）。

ない65歳以上高齢者が，全国に約350万人存在すると指摘した（図表9－1）。マスコミなどでは，この問題を買い物弱者として取り上げている。一方，学術分野では，この問題はFDs問題として広く知られている。欧米ではFDs問題研究が進んでおり，問題の解決策も含め，さまざまな研究報告がなされている。FDsの性質や規模，発生要因は国や地域によって大きく異なる。日本におけるFDs問題を解明するには，日本版FDs問題の実態解明が必要である。しかし，日本ではこの問題は注目され始めたばかりであり，一部マスコミで報道されてはいるものの，認知度はそれほど高くない。また，単に買い物先を増やせば問題は解決する，といった誤解も目立つ。

そもそも，FDs問題は，1990年代のイギリスを皮切りに，世界各地で多様な学問分野から調査が進められている社会問題である。イギリス政府は，

FDs問題を「栄養価の高い生鮮食料品を低価格で購入することが事実上不可能な，インナーシティの一部地域」と位置づけている（ホワイトヘッド，1998[(2)]）。インナーシティとは，居住環境悪化のなかで貧困層の集住が進む，大都市中心部の特定のエリアを意味する。これまでの先行研究を要約すると，FDs問題は1）社会・経済環境の急速な変化のなかで生じた「生鮮食料品供給体制の崩壊」と，2）「社会的弱者の集住」というふたつの要素が重なったときに発生する社会的弱者層の生活環境悪化問題，と整理できる。生鮮食料品における買い物環境の悪化は，健康被害に直結する。「生鮮食料品供給体制の崩壊」には，空間的要因（商店街の空洞化などによる買い物利便性の低下）だけでなく，社会的要因（貧困や差別，社会からの孤立など）も含まれる。

　FDsとは，単なる買い物先の消失ではない。その本質は弱者の排除（社会的排除問題）にある。海外のFDsでは，生鮮食料品のみならず，教育や雇用の機会，社会福祉，公衆衛生，公共交通機関，医療機関など，さまざまな社会サービスが欠落している。こうした地域に住む住民は，生活環境の悪化や貧困，健康被害，人種差別，犯罪の多発などの排除に直面している。FDs問題はこうした社会的排除の一側面であり，その根底には数多くの排除が介在している。社会的排除の性質は多岐にわたる。欧米の場合，FDs問題の根底には外国人労働者を中心とした社会格差の拡大がある。一方，人口の少子高齢化や家族・地域コミュニティの希薄化が進む現在の日本は，欧米とは違ったかたちでFDsが進展していると予想される。まずは，学術的視点からの実態解明が不可欠である。

3　海外での先行研究

　大型店の郊外進出が顕在化したイギリスでは，1970～90年代半ばにインナーエリアに立地していた中小食料品店やショッピングセンターが相次いで廃業した。その結果，経済的理由などから郊外の大型店への移動が困難なインナーエリアの貧困層は，都心に残存する雑貨店（corner shop）での買い物を強いられた[(3)]。このような店舗は商品の値段が高く，野菜や果物などの

生鮮品の品揃えが極端に悪い。そのため，貧困層における栄養事情が悪化し，がんや心臓血管疾患などの疾患発生率の上昇を招いたとする研究報告がなされている。FDsでは，買い物先以外にも医療機関や教育機関，雇用機会，福利サービス施設など，さまざまな社会サービスが欠落している。こうした地域では，格差や貧困問題も深刻である。

　イギリスでは，1990年代末以降，政府主導の下，地理学や栄養学，社会学，医学などさまざまな分野からの学際研究が進められた[4]。なかでも，食料品小売店への近接性やFDsの地域性が重要となるため，地理学的視点からの研究が有効であった。イギリスの場合，FDs問題の被害者は低所得者層や交通弱者，家事・育児に追われる人びと（シングルマザー），高齢者，身体障害者，外国人労働者など多岐にわたる。こうした人びとが集住する買い物先空白地帯では，野菜や果物の消費量が全国平均を大きく下回る。あるシングルマザー（母19歳無職，娘3歳）は，週50ポンドの生活保護費のうち30ポンドを自身のタバコ代に費やし，子どもには近所の雑貨店で購入した安いレトルト食品を与えていた[5]。彼女たちは，生鮮食料品を購入できるだけの十分な収入が無いだけでなく，食と健康に関する知識や興味関心の欠落も著しかった。

　イギリス以外の国々でも，FDsの研究蓄積がみられる。人種差別と商業機能の郊外化が著しいアメリカでは，アフリカ系アメリカ人を中心にFDs問題が深刻化している[6]。アメリカの場合，生鮮食料品店の空白地域にファーストフード店が多数出店し，栄養過多による肥満問題を誘発している。なかでも子どもの肥満が顕著である。貧困の構図や都市構造，福祉政策などは，国や地域によって大きく異なる。そのため，FDsの規模や被害者の属性，具体的な健康被害の内容などは，対象地域ごとに違っている。しかし，社会的弱者に対する生鮮食料品供給システムの崩壊がもたらす健康問題という点で，いずれのケースも共通する。また，単なる買い物先の消失だけでなく，背後に貧困や健康に対する知識不足などが介在している点も類似する。

4 FDsの発生要因

4－1 問題発生の背景

　筆者たちの研究グループは，日本を事例に，大都市中心部や都市近郊のベッドタウン，地方都市，過疎山村などでフィールドワークを進めてきた[7]。調査結果の概要は次項に回し，本項ではこれまでの調査で得られた知見をもとに，日本におけるFDs問題の発生要因を整理する。前述のとおり，欧米をはじめとした海外のFDs研究の場合，その大半が大都市のインナーシティで発生した低所得者層の買い物環境悪化問題として捉えられている。低所得者の中心は，移民や外国人労働者，シングルマザーなどである。欧米のFDs問題の場合，問題の根底には社会的排除は教育や雇用機会の欠如といった社会格差が存在する。一方，日本の場合，現段階におけるFDs問題の一番の被害者は高齢者である。欧米ほどの社会格差はみられない反面，高齢者特有の身体能力の低下や，家族や地域社会からの孤立といった要素が強く影響していると考えられる。

　日本におけるFDs問題の発生要因を，地理学的視点から整理したのが図表9－2である。間接的な要因として，社会・経済環境の変化が指摘できる。少子高齢化の進展や経済停滞は，多種多様な影響をもたらす。FDs問題に関しては，まず商業・流通環境の変化が指摘できよう。なかでも，大店法からまちづくり三法への移行は，大型店の郊外出店と駅前通りの空洞化を誘発する大きなきっかけとなった。経済合理性を追求した近年の社会システムがおよぼす影響も大きい。利益を希求する小売りチェーンや公共交通会社は，採算性の低い過疎地域や地方都市を中心にサービスを縮小させ，食や医療，交通などの社会サービスの空白地帯を拡大させている。家族のあり方，つまり生活目標の変化も，弱者創出に大きな影響を与えている。かつて，豊かさを得るプロセスのなかで誰もが当然の人生目標としてきた「就職，結婚，育児」などが，現在では一般的，標準的な人生目標とはなっていない。価値観の多様化のなかで，正規の就業や結婚，育児をあえて選ばない人びとが増えている。失業率の上昇や格差の拡大，将来への不安感なども，生活目

図表9－2　フードデザート問題の発生メカニズム

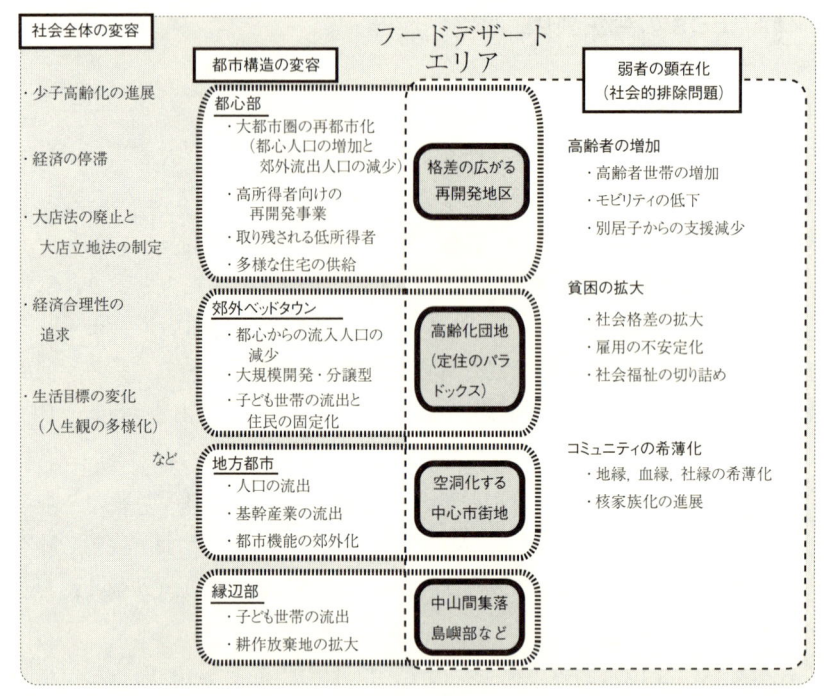

社会全体の変容	都市構造の変容	フードデザートエリア	弱者の顕在化（社会的排除問題）
・少子高齢化の進展 ・経済の停滞 ・大店法の廃止と大店立地法の制定 ・経済合理性の追求 ・生活目標の変化（人生観の多様化） など	**都心部** ・大都市圏の再都市化（都心人口の増加と郊外流出人口の減少） ・高所得者向けの再開発事業 ・取り残される低所得者 ・多様な住宅の供給	格差の広がる再開発地区	高齢者の増加 ・高齢者世帯の増加 ・モビリティの低下 ・別居子からの支援減少
	郊外ベッドタウン ・都心からの流入人口の減少 ・大規模開発・分譲型 ・子ども世帯の流出と住民の固定化	高齢化団地（定住のパラドックス）	貧困の拡大 ・社会格差の拡大 ・雇用の不安定化 ・社会福祉の切り詰め
	地方都市 ・人口の流出 ・基幹産業の流出 ・都市機能の郊外化	空洞化する中心市街地	コミュニティの希薄化 ・地縁，血縁，社縁の希薄化 ・核家族化の進展
	縁辺部 ・子ども世帯の流出 ・耕作放棄地の拡大	中山間集落島嶼部など	

（出所）岩間編（2011）。

標の変化に拍車をかけている。人生目標の変化は家族のつながりを希薄化させ，家族による助け合いといった従来の支援体制の崩壊を招きうる。

4－2　要因1：都市構造の変化

　FDsをもたらす直接的な要因の第1は，大都市圏の構造変容である。大都市圏の構造は絶えず変化する。都市の構造は，大都市圏中心部が絶対的・相対的に拡大する「都市化」，中心都市より郊外核での人口・産業の成長が顕在化する「郊外化」，中心都市・郊外ともに増加率が負に転じる「反都市化」，中心都市において人口・産業が再び増加する「再都市化」に要約できる（富田 1975；Klassen, Bonrdrez and Volmuller 1981；Hall 1984）。

　都市構造が急激に変わるとき，一種のひずみが生じる。例えば，東京大都

市圏が急速に「郊外化」した1960年代，当時十分な開発が進んでいなかった大都市郊外に移住した住民の間で，やはり買い物先の不足が表面化した。一方，東京大都市圏は1997年以降，都心への人口回帰，いわゆる「再都市化」が進んでいる（住民基本台帳）。高所得者層が増加した都心部では，客単価の高い消費財やサービスを提供する施設のみが特化し，収入がさほど高くない古くからの居住者を締め出している。また，大都市圏の縮小は，通勤圏の縮小を招く。高度経済成長期に建てられた大都市圏縁辺部の住宅団地では，成人した子ども世代の都心流出と団地住民の高齢化が進んでいる。こうした団地では，団地に併設された商店街の閉鎖が相次いでいる。これらもひずみの一種と考えられる。一方，人口や事業所が大都市部へ流動している地方都市では，人口減少や経済の疲弊が著しい。大型商業施設の郊外集積も相俟って，中心商店街の空洞化が深刻化している。さらに，中山間集落や島嶼部では，人口の高齢化・過疎化に拍車がかかっている。人口の高齢化・過疎化は，病院や商店，教育機関といった社会インフラの撤退を招く。近隣の地方都市に依存していた農村部の場合，地方都市の縮小により職場を失った子ども世帯が他地域に転出するケースも増え始めている。老親をサポートしてきた子どもたちの流出は，高齢者における生活環境のさらなる悪化を招く。都市構造の変化のなかで，全国各地にひずみが生まれ，物理的な買い物先空白地帯が拡大している。

4－3　要因２：社会的弱者の増加

　要因の第２は，弱者の増加である。物理的な買い物先空白地帯ができても，居住者がそれに耐えるだけの力を有していれば，FDs問題は発生しない。例えば，「郊外化」初期の時代，郊外の住宅団地に移住した新住民の多くも，買い物先に不自由していた。しかし，若く，かつ経済力もある彼らがFDs問題に直面することはほとんどなかった。一方，現在買い物先の空白地帯に落ち込んでいる高齢者は，かつての新住民とは異なり，いわゆる社会的弱者である場合が多い。現在，高齢者層の二極化のなかで，低所得高齢者の生活悪化が顕在化している。基礎年金の受給額は１ヵ月平均で単身者約６万円，夫婦世帯約13万円と低額であるが，基礎年金のみの受給者は全国で1187

万人に達する[8]。また，年金や恩給受給者のいない高齢者世帯は，約32万世帯におよぶ[9]。経済的に厳しい世帯は，生活協同組合（以下，生協）の宅配事業サービスや配食事業サービスを受けられない。近年における介護保険の切り詰めも，低所得の高齢者層の生活に大きな影響を与えている。

　家族や地域コミュニティの弱体化も，社会的弱者を増加させる大きな原因である。近年，親族や友人，地域社会との接点が断たれ自宅に引きこもる独居老人が急増している。孤独死問題も深刻である。FDs問題に関しても，買い物を手伝ってくれる友人知人がいないケースや，周囲から孤立しているため生協の宅配サービスや介護保険の買い物ヘルパーサービスの存在を知らなかったというケースも多い。周囲から孤立する高齢者の多くは，食や健康に対する興味関心自体も失っているため，食生活が乱れがちである。また，後述のように，社会からの孤立は高齢者の知的能動性を押し下げ，他者との交流や買い物，調理といった活動そのものを困難にさせる。

5　日本での事例研究

5－1　FDsエリアの買い物環境

　フィールドワークを始める際に重要なのが，研究対象地域の特定である。GIS（Geographical Information Systems：地理情報システム）を用いると，FDs問題が発生していると推測される地域を，定量的に算出することがある程度可能となる。東京都23区においてFDsが発生していると推測される地域を地図化したのが図表9－3である。この図は，高齢者の分布（生鮮食料品の需要量）と生鮮食料品店の分布（同供給量）を算出し，需給バランスからFDsエリアを特定している。高齢者は片道500m以内を徒歩で買い物に出かけると仮定してある[10]。この図から，都内各地で，FDsと予想される地域が広がっていることが窺える。なお，この図は生鮮食料品店までの空間的な近接性をもとに作製したものである。データ利用の制限上，現段階では自家用車所有の有無や公共交通機関の充実度，所得，家族構成までは地図に加味できていない。将来的には住民属性などを加味したより精度の高いFDsマップを作製する予定であるが，現段階では実現できていない。そのため，

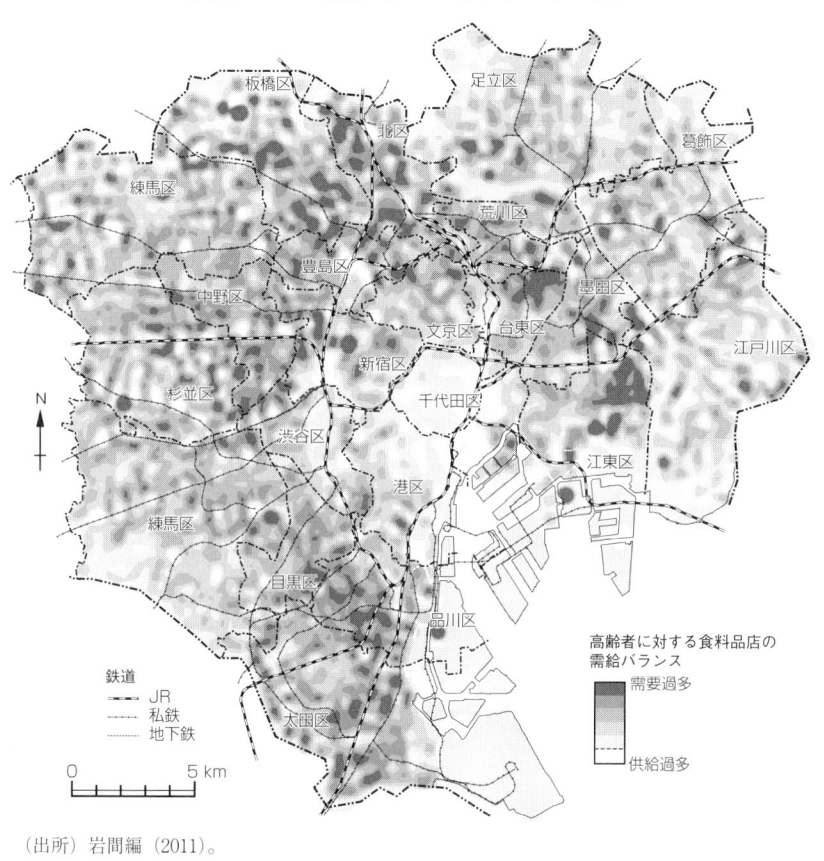

図表9－3　東京23区フードデザートマップ

(出所) 岩間編 (2011)。
　　　地図作成：駒木伸比古（愛知大学），田中耕市（徳島大学）。

　本図はFDsエリアを特定するうえでのひとつの目安であることに留意する必要である。なお，全国の県庁所在都市でも同様の地図を作製したが，多くの都市でFDsと予想される地域が広域にわたって抽出された。

　FDsは，都市部だけでなく，農村やベッドタウンなどさまざまな場所や地域で発生していると推測される。そこで，地方都市（A市），過疎山村（B地区），東京都内のベッドタウン（C団地）に住む高齢者を対象に，買い物環境，栄養状態，および地域コミュニティとのつながりを調査した[(11)]。

第9章　フードデザート問題と地域の再生　　183

図表9－4　フードデザートエリアにおける高齢者世帯の買い物行動と栄養事情

	A市中心部 （地方都市）	B地区 （農山村）	C団地 （ベッドタウン）
主な家族構成	単身，夫婦二人世帯	夫婦二人，親子世帯	単身，夫婦二人世帯
自宅から食料品店までの平均距離（片道）	1.4km	数km	500m未満
主な移動手段	徒歩，自転車	自家用車	徒歩，自転車
食料品の入手先	スーパー	家庭菜園，スーパー	スーパー
コミュニティとのつながり	中	強	弱
低栄養のリスク（食品摂取の多様性得点4未満の世帯割合）	高（49.3%）	低（6.8%）	高（42.9%）
	n＝215	n＝124	n＝299

（出所）岩間編（2011）。

以下，事例研究の概略を示す。北関東に位置する地方都市A市は，他の地方都市と同様に，1990年代頃から中心商店街の空洞化が顕在化した。FDsマップを作製したところ，目抜き通りやその周辺でFDsエリアが抽出された。なお，駅前周辺では生鮮スーパーの閉鎖が相次いでいるものの，新規開業あるいは増床する店もみられ，店舗はそれほど不足していなかった。一方，目抜き通りの奥に位置する住宅団地では食料品店の不足が深刻であり，高次のFDsエリアが検出された。FDsに住む高齢者に対してアンケート調査を実施したところ（2009年実施），高齢者世帯の多くが単身あるいは夫婦二人世帯であり，週に1～2回程度，片道平均で1.4kmの距離を，徒歩あるいは自転車で買い物に出かけていることがわかった（図表9－4）。まちなかでありながら，買い物に不自由している高齢者が多かった。なお，生協

などの宅配サービスや配食サービスの利用者はわずかであり，かつ生鮮三品の購入者数および購入金額は年々低下している[12]。

　北関東の農山村に位置するB地区は，限界集落にも指定されている中山間の過疎地域である。地区全体の高齢化率は40％程度である。山間部には，高齢化率が60％を上回る集落も点在する。生鮮食料品店や金融機関，医療機関，学校といった施設の減少も著しい。最寄りのスーパーはB地区の中心部から10km以上離れており，病院も町はずれに1ヵ所残るのみである。公共交通機関の縮小も深刻である。なお，B地区は食料品店が著しく少ないものの，人口自体も少ないため，FDsエリアは抽出されなかった。2008～2009年にかけて実施した聞き取りおよびアンケート調査によると，B地区では多くの世帯がコメや野菜を自家菜園および近所からのお裾分でまかなっていると回答している。自動車交通量が少なく運転が比較的容易であるため，高齢者が軽トラに乗って遠方まで買い出しに行っているケースも目立つ。また，近隣に住む子どもたちが老親に代わって買い物を代行する事例も多い。B地区では家族や地域コミュニティが強固であり，互いに支え合いながら生活している。そのため，買い物には不自由していないという回答が目立った。

　東京都の縁辺に位置するC団地は，1960年代に造成されたいわゆるベッドタウンである。都心へのアクセスにすぐれた好立地であり，60年代には若い世帯が全国から集まってきた。しかし，現在は住民の高齢化が顕著であり，2010年10月現在における65歳以上高齢化率は38.5％に達する（住民基本台帳）。団地住民の大多数は単身あるいは夫婦二人の高齢者世帯である。同団地では，コミュニティの希薄化や無縁化が深刻である。団地内に併設されていた商店街も，現在ではシャッター通りとなっている。ただし，団地周辺には総合スーパーをはじめとした生鮮食料品店が多い。団地内のどの地点からでも，最長でも500m移動すればスーパーにたどり着ける好立地である。2010年に実施した聞き取りおよびアンケート調査でも，住民の多くは徒歩や自転車で気軽に買い物をしており，買い物に苦労を感じている人はごくわずかであるとの結果が出ている。

5−2　栄養状態の分析

　近年，高齢者の間で低栄養が拡大している。低栄養とは，偏食などにより本人が気づかないうちに栄養不足に陥る，一種の栄養失調状態を意味する。先進国であるはずの日本で，栄養失調の高齢者が増えていることは，あまり知られていない。低栄養が拡大する要因は複数存在するが，買い物環境の悪化もそのひとつであると考えられる。FDsに生活する高齢者の間でも，低栄養のリスクが高まっていると考えられる。高齢者の栄養摂取と低栄養の関係を測定する指標として，熊谷ほか（2003）は食品摂取の多様性得点調査法[13]を開発している。これは，普段の食生活を分析することで，近い将来における低栄養問題発症のリスクを推定する方法である。本研究では，熊谷氏たち老年栄養学の専門家の協力を受け，上述の3地域を事例に食品摂取の多様性得点調査を実施した。

　まずA市のFDsエリアで調査を実施したところ，アンケート回答者の約49％が多様性得点の基準値を下回り，低栄養の可能性が高いことがわかった。単身・夫婦二人で自家用車を利用しない世帯に限定すると，同値は60％を上回った。A市中心部は全体的に高齢者の栄養事情が悪い。なかでも一番悪かったのは，生鮮食品店に比較的恵まれているはずの駅前地区であった。一方，市内でも生鮮食料品店の不足が顕著である住宅地区では，栄養事情は総じて良好であった。前者のように多種多様な人びとが居住する地区は，地域コミュニティが希薄になりがちである。独居老人も多く，家族や社会から孤立するなかで，生きる気力を失っているケースも多数みられる。他方，後者のように周囲に店が無くとも地域の結びつきが密な地域では，高齢者は全体的に元気であり，健康管理にも積極的である。こうした差が，食品摂取の多様性に反映されたものと推測される。同様の傾向は，B地区およびC団地でも確認された。周辺に生鮮力食品店が無いはずのB地区では，高齢者の栄養状態は極めて良好であった。多様性得点が基準値を下回った世帯は，回答者全体の10％にも満たなかった。一方，買い物環境に優れるC団地では，40％以上の世帯が基準値を下回っており，低栄養のリスクが総じて高いことがわかった。

　以上の分析から，A市やC団地のような都市部において，FDs問題が深

刻化していることが明らかとなった。単純に買い物環境を比較すると，食料品店への近接性に優れるC団地では住民の栄養状態は良好であり，反対に店舗が少ないB地区では低栄養が拡大していると予想できる。しかし，実際には都市部において栄養状態の悪化が目立つ。このことは，FDsが単なる店舗の消失によって生じるのではなく，他に大きな要因が存在することを示唆している。

5－3　コミュニティとのつながり

無縁社会という言葉に代表されるように，現在の日本では高齢者の社会からの孤立が深刻である。生きる張りを失い自宅に引きこもるお年寄りにとっては，地理的に自宅から近い場所に店があっても，それは心理的に遠い店である。さらに，老年栄養学の専門家は，社会からの孤立は知的能動性の老化を早め，買い物や調理，他者とのコミュニケーションなどの能力の低下を招きうると警告している[14]。これも深刻な社会的排除であり，FDs問題を誘発する大きな要因であると考えられる。そこで，コミュニティの希薄化が危惧されるA市およびC団地を事例に，社会学の手法を援用しつつ，高齢栄養事情と地域コミュニティとの関係を分析した。なお，B団地の場合，住民の大半が積極的に自治会活動などの地域のイベントに参加している。日々の食事を家族や友人などと一緒に摂っているという回答も多く，人びとのつながりが密であることが窺えた。

まず，A市の中心部を事例に，栄養状態の悪化要因を詳細に特定するための分析をおこなった。具体的には，食品摂取の多様性得点を被説明変数，年齢，性別，家族構成，自動車利用，買い物担当者，および買い物頻度を説明変数とするロジスティック回帰分析を実施した。分析の結果，買い物担当者および買い物頻度に関して，有意な結果が得られた。自分の子どもや近所の友人知人など，配偶者以外の人が買い物を担当する場合（ヘルパーさんを除く），本人が買い物をするケースより栄養状態が良好となる。また，買い物頻度が高いほど，低栄養のリスクは下がる。

次に，C団地では，食品摂取の多様性の高低と高齢者の個人属性（老研式活動能力指標[15]，年齢，性別，家族構成など），および隣接世帯との関係を

分析した。つまり，年齢や性別，家族構成，活動能力，近所付き合いのうち，どの指標が高齢者の栄養事情の悪化と強い関係があるかを考察した。分析の結果，老研式活動能力指標，性別，および隣接世帯との関係において有意な結果が得られた。要約すると，1）老研式活動能力指標が定める「1km休まず歩ける」「新聞を読める」「年金の書類を一人で書ける」「若い人に話しかけられる」といった，高齢者が自立的な生活をおこなううえで不可欠な活動能力のうち，できないものがひとつ増えるごとに，低栄養の確率が10.5%上がる，2）女性に比べて，男性は低栄養になる確率が2.5倍高い，3）隣接世帯との付き合いが疎となっている世帯は，一定の付き合いを保っている世帯に比べて，低栄養となる確率が2.26倍高い，という結果であった。

　A市およびC団地の分析とも，重要なのは家族や地域コミュニティとのつながりである。A市において，買い物担当者が重要であるという結果が出た。子どもが買い物を担当する世帯の多くは，子どもが老親と同居しているか，あるいは別居していても近所に住んでおり，普段から頻繁に交流している。友人・知人が買い物を代行する場合も同様である。C団地の分析でも，および社会から孤立している人は低栄養状態に陥りやすいことが示唆されている。以上のことから，日本におけるFDs問題では，コミュニティとのつながりが重要な要素であると指摘できる。

6　FDs問題の解決と地域の再生

6−1　買い物弱者支援事業の問題点

　少子高齢化が急速に進む日本において，FDs問題はさらに拡大すると予想される。また，人口の少子高齢化は今後東アジアで急速に進む。それに伴い，日本型に類似したFDs問題が東アジアに広く拡大する可能性も高い。FDs問題対策は喫緊の課題である。

　最後に，自分なりの視点からFDs問題の解決策について言及したい。FDs問題に限らず，中心市街地の空洞化やそれに伴う住民の生活環境の悪化は深刻な問題である。FDs問題の解決は，地域の再生ともつながる。前述の経済産業省の調査報告では，商店街の維持や宅配サービス・移動販売事業の促

進，タッチパネルなどの簡便な手段によるネット販売システムの普及，公共交通手段の確保などの必要性が指摘されている。これを受け，地元商店街の小売店などが，全国で青空市場や買い物代行サービス，デマンド交通の運行，移動スーパーなどの事業を進めている。しかし，これらの事業の大半は経営の面でかなり苦戦している。買い物先に苦労する高齢者が集住する地区に出店しても，買い物客が集まらない。また，一般に高齢になるほど食料品の購入金額は下がる。ネットスーパーや宅配サービスの主要顧客は，高齢者ではなく子育てをする母親などの若い世帯である。筆者の知るかぎり，買い物弱者支援事業の大半は，実際には採算が合わずに補助金に依存した状態にある。買い物弱者支援事業は，見直しが必要であろう。

　本章で繰り返し指摘してきたとおり，FDs 問題の本質は社会的排除にある。日本における FDs の解決策を考えていくうえで，人と人とのつながりの再生に注目することが重要であろう。チェーン・オペレーションが高度に進展した現代の小売業は，事業の効率化・画一化を進めた半面，かつての商店街が維持してきた住民との交流がおざなりとなった。若い世代は，近所に店があれば買い物に出かける。欲しい商品を自分で選び，レジで精算を済ませば事足りる。コミュニケーションは不要である。しかし，社会から孤立した高齢者が求めるのは，買い物の効率性ではなく，買い物を介した他者との交流である。引きこもる高齢者にとって，近所にある知らない店は，結局遠い店である。買い物弱者支援事業が，FDs エリアの高齢者を取り込めない大きな理由はここにあると考える。

6-2　成功事例

　少数ではあるが，持続性のある優良事例も存在する。いずれの取り組みも，地域住民との交流に重点を置き，普段から十分なコミュニケーションがとられている点で共通する。東北地方のとある県庁所在都市で，興味深いふたつの取り組みを見学した。この街でも生鮮食料品店の減少が顕在化しており，買い物に不自由する高齢者は相当数にのぼる。こうしたなか，とある団体が駅前の一角で定期的に野菜の青空マーケットを開催していた。農家直送の鮮度の高い商品を安価な値段で販売しているにもかかわらず，買い物客は

予想外に少なく経営的に苦しい状況にあった。一方，駅に近い住宅街の広場でも，野菜の青空マーケットが開かれていた。こちらは連日お客さんでにぎわっており，野菜が飛ぶように売れていた。この青空マーケットは，とある自治会のオープンスペースで開催されている。自治会が管理する家庭菜園に，数年前から県外の農家たちが技術指導に来るようになった。以来，団地住民と農家たちの間に交流が生まれ，地域ぐるみで交流が始まった。現在，この家庭菜園では多種多様な花や野菜が栽培され，ビオトープなどの試みなどもなされている。この菜園の一角で，農家の人々が自分の畑で採れた野菜を販売したところ，大盛況となり今日に至るという。前者と後者の青空マーケットは，一見すると類似している。しかし，人と人とのつながりという点で大きく異なる。これが，集客の差となっていると思われる。

　地域住民たちが運営する買い物場を見学したこともある。1960年代に造成された住宅団地内に作られた，100坪程度の店舗である。北関東の地方都市の郊外に位置するこの団地では，現在住民の少子高齢化が進んでいる。同団地では，近年商店や金融機関などが相次いで撤退し，2004には生協の店舗も赤字経営を理由に閉店した。これを受け，買い物に不自由する高齢者の増加を懸念した地域住民たちが立ち上がり，生協の跡地を利用して2005年に買い物場を開設した。買い物場では，生鮮食品や総菜の販売のほか，食事・喫茶ルームの運営，各種サークル（習い事，シルバー体操，健康教室，料理教室等），子育て支援，高齢者の生活支援，市民交流事業などの活動がおこなわれている。食料品の大半は地域の農家や食品加工メーカーから直接仕入れており，総菜は店舗の裏手でスタッフが毎日調理している。この店は，約110名のボランティアによって運営されている。メンバーの大半は団地に住む60歳前後の女性たちである。この店には多くの利用者が集まっており，地域の交流拠点となっている。2009年度の利用者は買い物と食事・喫茶で4395人であり，1日当たりの利用者数は156人に達した（同組織資料）。補助金はほとんど受けておらず，年間の事業収益約2500万円で店を維持している。しかし，経費を差し引いた収益はわずかであり，労働力の大半をボランティアに依存することで，かろうじて黒字を維持している状態である。

　近年，大手コンビニではFDs問題対策として移動トラック事業を展開し

ている。セブン-イレブンでは，2011年11月現在全国8か所で移動トラック「セブン安心お届け便」を実施している[16]。年内に20か所に増やす予定であるという。移動トラック事業は赤字であることが多いのに対し，セブン-イレブンの取り組みは採算が取れている全国でも珍しい事例である。詳細は割愛するが，この事業の特徴もまた，人と人とのつながりにある。先日，同社の移動トラック事業に同行した。地元生まれのオーナー店長が，軽トラックを改造して5温度帯に対応させた移動トラックに乗り込み，週に5日間農村部を回っている。どの停留所でも，高齢者が続々集まってくる。お年寄りたちは，買い物もさることながら，店長との交流を一番の楽しみにしている。店長は地域の事情を熟知しており，お年寄り一人ひとりに懇切丁寧に対応していた。移動トラックは人間関係のなかで成り立つ仕事であるため，バイトには任せられないという。周知のとおり，コンビニは1970年代以降，業務をマニュアル化して効率性・採算性を追求することで，全国展開を進めてきた。近年，大手コンビニ企業が方針を転換し，マニュアル化し難いこうした事業に力を入れていることは，とても興味深い。

7 おわりに

　本章で得られた知見は，以下のとおりである。日本では，高齢者を中心にFDs問題が深刻化していると推測される。人口の高齢化が進む大都市中心部のベッドタウンと地方都市，過疎山村で調査を実施したところ，都心のベッドタウンと地方都市に住む高齢者の間で食品摂取の多様性が低下し，低栄養（栄養失調）のリスクが高まっていることが明らかとなった。買い物先が物理的に減少している地域よりも，高齢者の社会からの孤立が進む地域において，FDs問題は顕著である。高齢者における食品摂取の多様性低下を誘発する要因としては，身体的老化と並び，家族や地域コミュニティとのつながりの希薄化が挙げられる。現在，全国で買い物弱者支援事業が展開されているが，その大半は自宅に引きこもる高齢者を集客できず，経営的に苦戦している。一方，ごく少数ではあるが，高齢者に支持され採算性を確保している事業も存在する。成功事例はいずれも，「人と人とのつながりの再生」に

力点を置いている点で共通する。日本における FDs 問題対策のポイントは，ここにあると思われる。

　FDs 問題をはじめさまざまな社会問題が表面化している今日，流通業のあり方が問われている。また，流通業に対する期待も大きい。東日本大震災も，流通業の意義が問われる出来事であった。震災発生直後，流通網の分断により被災地での生活必需品が不足するなか，いち早く体制を立て直して食料品を供給したコンビニなどの企業に対し，全国から称賛の声が上がった。物流面での復興がほぼ完了した現在では，仮設住宅に対する買い物環境の改善が課題となっている[17]。仮設住宅団地の多くは小規模であり，かつ高台に分散しているため，常設店舗の設置や公共交通機関の敷設が困難である。商品の宅配にもコストがかかる。また，被災者の多くは，経済的困窮や家族や地域コミュニティからの孤立など，数多くの問題を抱えている。被災地の人口減少も顕著である。現在，被災地では地元商店やスーパーなどが移動トラックを巡回させているが，いずれも赤字である。いかに買い物環境を保持していくかが，大きな課題となっている。被災地における買い物環境の問題は，FDs 問題と共通する点が多い。FDs 問題対策のノウハウが活かせる可能性もあろう。

　食品流通はライフラインのひとつであり，買い物環境の維持は人びとの生存権とも深く関わる重要な課題である。FDs 問題や被災地の例からも明らかなとおり，流通を取り巻く環境は複雑化している。FDs 問題や被災地での買い物環境を改善するためには，流通のみならず，地理学をはじめ数多くの学問分野の視点や知見も必要になるだろう。分野を超えた学際的な研究の進展が望まれる。

（岩間信之）

注
（1）　経済産業省『地域生活インフラを支える流通のあり方研究会報告書―地域社会とともに生きる流通―』。＜http://www.meti.go.jp/press/20100514004/20100514004-3.pdf＞2012年3月22日閲覧。
（2）　Whitehead（1998）pp.189-190.
（3）　イギリスの小売環境や流通政策に関しては，下記の文献に詳しい。

　　　　伊東（2011）。
（ 4 ）　代表的な研究として，以下の論文が挙げられる。
　　　　Wrigley, Warm and Margetts（2003）pp.151-188.
（ 5 ）　Whelan et al.（2002）pp.2083-2100.
（ 6 ）　代表的な研究として，以下の論文が挙げられる。
　　　　Morland, Wing and Diez-Roux（2002）pp.1761-1767.
（ 7 ）　詳細は下記を参照のこと。
　　　　岩間編（2011）。
（ 8 ）　社会保険庁『平成18年度社会保険事業の概況』。＜http：//www.sia.go.jp/infom/tokei/gaikyo2006/gaikyo.pdf＞2012年 3 月22日閲覧。
（ 9 ）　厚生労働省『平成19年度国民生活基礎調査の概況』。＜http：//www.mhlw.go.jp/toukei/list/20-19.html＞2012年 3 月22日閲覧。
（10）　高齢者の自立力を測定する老研式活動能力指標（注15）では，健康的な高齢者の標準的な身体能力として，「 1 kmを休まずに歩ける」という指標を設けている。本研究では，往復移動を考慮して片道500mと設定した。
（11）　東京都心部については現在調査中である。
（12）　A 市の中心部の場合，1999年 8 月第 1 週に生鮮 3 品を購入した65歳以上の組合員数は94人，購入金額は合計19万356円であった。これが，2004年の 8 月第 1 週には72人で合計17万748円，2009年の同月には63人で合計13万8216円にまで落ちている（生協社内資料）。
（13）　熊谷・渡辺・柴田ほか（2003）1117-1124頁。
（14）　熊谷（2011）。
（15）　老研式活動能力指標とは，高齢者が自立的な生活を送るために必要な身体能力，知的能力およびコミュニケーション能力を測定する指標である。
　　　　古谷野・柴田・中里・芳賀ほか（1987）109-114頁。
（16）　＜http://www.sej.co.jp/dbps_data/_material_/_files/000/000/003/541/2011051201.pdf＞2012年 3 月22日閲覧。
（17）　佐々木・岩間・田中・駒木・池田・浅川（2011）93頁。

参考文献
伊東理（2011）『イギリスの小売商業　政策・開発・都市―地理学からのアプローチ―』関西大学出版部。
岩間信之編（2011）『フードデザート問題―無縁社会が生む「食の砂漠」―』農林統計協会。
熊谷修（2011）『介護されたくないなら粗食はやめなさい』講談社。
熊谷修・渡辺修一郎・柴田博ほか（2003）「地域在宅高齢者における食品摂取の多様性と高次生活機能低下の関連」『日本公衆衛生雑誌』Vol.50。
経済産業省「地域生活インフラを支える流通のあり方研究会報告書―地域社会とともに生

きる流通―」＜http://www.meti.go.jp/press/20100514004/20100514004-3.pdf＞。
厚生労働省『平成19年度国民生活基礎調査の概況』＜http://www.mhlw.go.jp/toukei/list/20-19.html＞。
古谷野亘・柴田博・中里克治・芳賀博ほか（1987）「地域老人における活動能力の測定：老研式活動能力指標の開発」『日本公衆衛生雑誌』34。
佐々木緑・岩間信之・田中耕市・駒木伸比古・池田真志・浅川達人（2011）「東日本大震災被災地：岩手県山田町における住民の買い物環境と食品スーパーの対応」『日本地理学会発表要旨』Vol.80。
社会保険庁『平成18年度社会保険事業の概況』＜http://www.sia.go.jp/infom/tokei/gaikyo2006/gaikyo.pdf＞。
富田和暁（1975）「わが国大都市圏における人口・産業の動向とそのパターン」『地理学評論』48，331-350頁。
農林水産政策研究所（2012）『食料品アクセス問題の現状と対応方向―いわゆるフードデザート問題をめぐって―』農林水産政策研究所。
Hall, P. (1984) *The World Cities*, 3rd ed., Weidenfeld and Nicolson.
Klassen, L. H., J. A. Bonrdrez and J. Volmuller (1981) *Transport and Reurbanisation*, Gower.
Morland, K., S. Wing and A. Diez-Roux (2002) "The contextual effect of the local food environment on resident's diet : the Atherosclerosis Risk in Communities Study," *American Journal of Public Health*, Vol.92, pp.1761-1767.
Whitehead, M. (1998) "Food deserts : what's in a name?," *Healthy Education Journal*, Vol.57, pp.189-190.
Whelan, A., N. Wrigley, D. Warm and E. Cannings (2002) "Life in a 'Food Desert'," *Urban Studies*, Vol.39-11, pp.2083-2100.
Wrigley, N., D. Warm and B. Margetts (2003) "Deprivation, diet, and food-retail access : findings from the Leeds 'food deserts' study," *Environment and Planning A*, Vol.35-1, pp.151-188.
セブン-イレブン・ジャパン
　＜http://www.sej.co.jp/dbps_data/_material_/_files/000/000/003/541/2011051201.pdf＞

第10章

NPO と地域の再生

1 はじめに

　特定非営利活動促進法（1998年）の施行以来，わが国においても NPO の存在が広く社会的に認知されるようになった。同法を通じ認可された NPO 法人の数は，現在 4 万4291団体であり，施行当時の23団体からおよそ十数年の間に飛躍的な増加を実現している（2011年12月）。また全国の社会福祉協議会で把握されているボランティア団体数も，2009年 4 月時点で17万284団体，さらに個人活動を含むボランティア総人口については730万4089人となっており，調査が開始された1980年から29年の間に，それぞれ10.5倍，4.6倍に増加している。いずれも公益活動や慈善活動に対する今日の市民意識の高まりを示すデータであり，NPO は社会において無視できない勢力となり始めている。

　もちろんこれらの数字は，市民活動組織としての NPO の一面を部分的に紹介したものにすぎない。後述するように，NPO は経済のさまざまな分野に広範かつかなりの規模で存在し，非営利セクターないしサード・セクター[(1)]と呼ばれる経済の一部門を形成しつつある。例えば NPO 活動の先進国である米国には，100万をはるかに超える NPO が存在し，同セクターでの雇用は，米国における全雇用の 1 割以上に達しているといわれている。米国だけでなく，NPO は欧州における福祉国家の行き詰まりや，旧社会主義国の市場経済化などを契機に世界中で飛躍的な成長を遂げた。世界的規模で進行しているサード・セクターの台頭を，NPO 研究の第一人者レスター・サラモン（Salamon, L.M.）は，「アソシエーション革命」と呼び，19世紀後

半の国民国家の形成に匹敵する衝撃として理解しようとしている(2)。

　流通経済分野においても，NPO の存在は，それが流通システムの動態におよぼす影響力という点でもはや無視できない重要なファクターとなりつつある。商店街振興や市街地活性化事業のなかでまちづくり NPO が果たす地域再生の主体としての役割や，大型店問題をめぐる政治的調整プロセスに大きく関与し始めた NPO を結節点とする市民ネットワークの動向など，今日における国内外の先進的な諸事例を広く紹介する業績も数多く発表されるようになった。

　本章のテーマは，NPO を中心とする自発的な市民組織の台頭という今日的状況を念頭に置き，地域流通経済の再生におけるサード・セクターの意義と役割について検討する点にある。急成長する NPO とサード・セクターの背後にいかなる社会経済的構造の変化が横たわっているのかが，同時に明らかにされなければならない。

　まず，議論の中心となる NPO の概念や特徴，存在意義をめぐる基本的議論を確認する作業から始めよう。そしてスプロール化や中心市街地空洞化に象徴される今日の都市問題の内実，さらにこれらの社会問題に大きく関与し始めた NPO 活動の米国やわが国における諸事例を紹介しながら，地域再生に挑む NPO の内実に迫ることにしたい。これらの議論を通じ，サード・セクターを市場システムと社会の間に生じた間隙を埋める独自の部門として流通研究のなかに位置づけることが，本章の主要な目的となる。

2　台頭するサード・セクター

2－1　NPO とは何か―その多様性と複雑性―

　NPO（Nonprofit Organization）とは，民間非営利組織，すなわち営利追求を第一義的な目標とせず社会的目的（公共の利益）のために活動する，政府や企業から基本的に独立した民間組織を指している。とりわけその組織活動における「利益の非分配制約」，つまり利益を出資者等に配分せず，自らの事業のために再投資ないし社会還元するという固有の制約は，NPO の「非営利性」を特徴づける最も重要な基本原理と考えられてきた[3]。

NPOの活動は，医療，教育，福祉，都市開発，ならびに環境など，市民生活のあらゆる領域におよんでいる。具体的には，大学や美術館，病院やその他の社会福祉施設等を運営するサービス供給組織，およびこれらに資金を提供する助成財団と支援団体，あるいは環境保護や教育・人権問題，消費者運動やコミュニティ開発に取り組む市民活動団体，ならびに国際援助・交流に関わるNGOなどがこれに含まれる。生協（消費生活協同組合）や商店街振興組合など各種協同組合や共済組合，さらには認可された地縁団体（町内会・自治会）なども，広い意味でNPOに含まれるものとして議論に収める場合もある。

　このようなNPOの多様性は，皮肉なことに，NPOに対するわれわれの理解を不明瞭かつ漠然とした内容にとどめるのに大きく貢献している。事実，NPOを一般的に定義するのは，現実的に極めて困難な作業といってよい。例えば，米国のジョンズ・ホプキンス大学の非営利セクター国際比較プロジェクトは，NPOの定義的特徴として，①組織としての体裁を備えている（フォーマル），②政府から独立している（民間である），③利潤配分をしない，④自己統治性，ならびに⑤自発性という5つの要件を挙げている[4]。だがこれらの定義を用いてもなお，政府や企業に対するNPOの本質的な境界線を設定することは実際難しい。

　その理由のひとつは，NPOの組織としての独自の性格に関わっている。例えば，NPOの参加者は，有給スタッフ，ボランティア，政府関係職員など多様であり，またその財源をみても，民間寄付だけでなく，政府からの公的補助や市場からの事業収入に大きく依拠している。NPOと呼ばれながら，政府によって実質的に設立され，その資金の大部分を公的補助に頼り，理事や幹部，職員も政府機関から出向している団体，あるいは逆に，その収入のかなりの部分を事業収入に依存している団体も多く存在する。NPOが純粋に民間の自発的活動や慈善的支援に支えられて成立しているという認識は，神話にすぎない。

　より重要なのは第2の点，すなわちNPOの基本原理とされる非営利性，さらにはその活動目的となる公益性をどのような基準によって評価するのかという問題に関わっている。サード・セクターのなかには，私益の追求とは

明らかに異なるが，不特定多数の人びとへの開かれた利益（公益）ともいえない，その中間的な，会員や組合員など特定の人びとに向けられた共益型組織も多数存在する。問題になるのが，そこにおける「利益の非分配制約」の内実である。例えば協同組合の多くは，出資利子制限や地域社会に利益を還元する一方で，他方，利用高に応じた組合員への剰余配当などをおこなっている[5]。

　このような問題は，共益型組織だけに限られた問題ではない。米国で社会問題となっているNPOにおける「隠れた利潤分配」というべき世間相場より高い役員報酬や付加給付問題も無視できない。さらに逆説的ではあるが，株式会社など営利企業の形態をとりながら，営利を追求せず地域におけるさまざまな問題の解決に自発的に携わる社会的企業が，コミュニティビジネスの担い手として今日成長を遂げてきている事実もある[6]。NPOの基本原理である「利益の非分配制約」には多様なバリエーションが存在し，その活動目的である「公益性」も，各々の組織によって多義性を有している。

　このように，NPOを概念的に定義するのは困難であるが，しかしその重要さを容認したうえで強調しておかなければならないのは，NPOの厳密な定義づけや形式的な分類それ自体に積極的意味があるのではないという点である。非営利性や公益性は，その時々の経済状況や社会情勢によって判断と評価が異なり，普遍的概念としてア・プリオリに想定できるものではないからである。非営利基準の厳密化というよりむしろ，市場や政府における競争や統制原理とは異なる自発的連帯という価値原理に支えられた固有の統治システムとして，その社会的役割を明示化してゆく点に，NPO研究の重要な意義があると考えられる。

　以上の議論を総括して，NPOの範囲と多様性を概念的に示したのが図表10-1である。狭義の概念的用法である自発的な市民活動組織（NPO法人と任意団体から主に構成）を起点とし，資金供給機関を含む公共サービス供給機関から構成される公益組織，協同組合や共済組合などの共益組織，さらに社会的企業を含むサード・セクターの全体的な拡がりが図中に示されている。とくに本章の議論と関連の深い，わが国のまちづくり会社や米国のCDCs，さらに生協や商店街振興組合など流通・まちづくり関連の組織につ

図10－1　NPOの概念的範囲と多様性

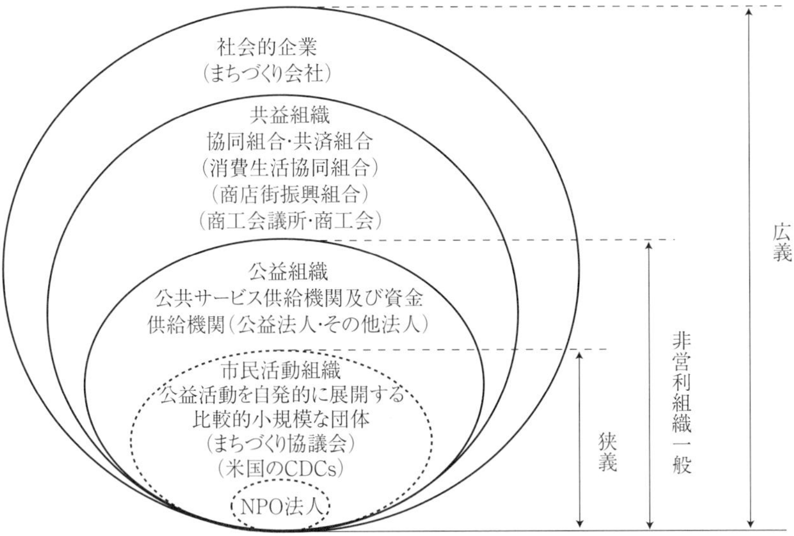

```
社会的企業
（まちづくり会社）

共益組織
協同組合・共済組合
（消費生活協同組合）
（商店街振興組合）
（商工会議所・商工会）

公益組織
公共サービス供給機関及び資金
供給機関（公益法人・その他法人）

市民活動組織
公益活動を自発的に展開する
比較的小規模な団体
（まちづくり協議会）
（米国のCDCs）

NPO法人
```

広義／非営利組織一般／狭義

いては，図中の各カテゴリーのなかに明示的に収めている。とくにまちづくり会社については，会社形態をとるものが多く含まれるので，社会的企業のカテゴリーのなかに位置づけることにした。

2－2　なぜNPOは存在するのか――一般的通説――

　では，なぜNPOは今日の市場経済システムのなかに存在するのか。その説明として最もよく知られ一般的通説となっているのが，制度選択論と呼ばれる考え方である。ワイスブロッド（Weisbrod, B.A.）やハンスマン（Hansmann, H.）らの研究が，その代表的見解とされている[7]。そこでは市場部門や政府部門による調整・統治システムの限界，すなわち公共サービスの供給における「市場の失敗」や「政府の失敗」を克服し，市場や政府に代わる第3の選択肢として，NPOの存在意義が理解されることになる。

　その議論を大まかに要約しておこう。道路や公園，公共施設といった公共財（集合的消費財）の供給は，市場メカニズムを通じた資源配分に本来なじむものではない。というのも，市場システムを通じた公共財の供給には，供

給不足，さらには提供される公共サービスの質に関する信頼性の低下という問題が不可避のものとなるからである。公共財は地域の誰もが同時に利用でき料金を払わない人を排除できず，フリーライダー問題を恒常的に生じさせることになるので，公共財供給の民間営利市場へ依存は慢性的な過少供給を生じさせる。

　また同様に，もともと質的評価が困難な公共サービスの品質について当事者間に著しい情報格差（情報の非対称性）が存在する場合，民間のサービス供給者は需要者の情報不足につけこみ，日和見主義や狡猾さを伴う自己利益の追求に傾斜してゆく可能性がある[8]。機会主義的行動を排除できない市場システムは，公共サービスの供給に失敗する。

　他方，政府は統制という非市場的手段によって上述の「市場の失敗」への対処を試みる。だが，政府が供給する公共サービスの水準は，中位投票者つまり平均的な市民のニーズによって最終的に決定されるため，政治過程で多数の支持を得られない細分化され多様化した需要への対応には限界が生じる。それだけではない。政府もまた，機会主義的行動を回避することはできない。権威主義や前例主義，さらには権力の集中による腐敗などから生じる硬直的な横並び配分や過剰供給によって，政府も公共サービスの有効な供給に失敗する。すなわち政府によっては十分に満たされない需要に対応し，市場の失敗／政府の失敗を克服する第3の社会的セクターとして，NPOが歴史的に登場することになる。

　制度選択論アプローチの主たる功績は，NPOの経済機能を政府では対処困難な多様化した需要への柔軟な対応として明示化した点にある。だがこの見解には，いくつかの重要な疑問が提示されている。そのひとつが，制度選択論のなかでは，政府とNPOとの関係が本来相容れない競争的かつ敵対的関係にあり，一方の発展が他方の後退によって成立するとする相互排除パラダイムがア・プリオリに想定されているという批判である。制度選択論のなかでは，市場や政府による公共サービスの供給とNPOによる供給が，ゼロ・サム的な代替関係として捉えられる。だが実際，政府とNPOの間には，資金供給とサービス供給の機能分担といったかたちでの相互補完関係が存在する。政府がNPOに公共サービス供給を依存しNPOを資金調達面で

支援する理論的根拠を，通説から導き出すのは困難というわけである。

　もうひとつの批判として重要なのが，NPOの社会的機能の明示化という視点からの問題提起である。制度選択論は，NPOの有するアドボカシー（政策提言）機能や，市民の自発的参加を促し公共サービスの利用者参加を促進するエンパワメントなど，人びとを私的世界から公的世界へと導くNPOの役割を不問にしているのではないかという批判がそれにあたる[9]。

　それでは以上の基本的議論を出発点として，以下，とりわけ大型店問題との関連で，地域社会における市場／政府の失敗，さらにその再建に挑むNPO活動の具体的内実についてみてゆくことにする。NPOの存在意義をめぐる上述の論点については，地域再生におけるNPOの社会経済的役割の明示化というわれわれの問題意識に関連する限りで，後続の節であらためて言及することにしよう。

3 疲弊する地域経済―「ウォルマート化」する地域社会―

3-1　大型店と地域社会

　世界一の小売販売額を誇る米国企業を指し，全米で社会現象にもなった「ウォルマート化（Wal-Martzation）」という語がある。ウォルマート社は，全米に4120店，日本を含む国外に3615店を有する名実ともに世界有数のグローバル企業である（2009年時点）。その小売業界における先発企業としての革新性は，周知のEDLP戦略はもちろん，後にQRやECRのモデルとなったリテール・リンクと呼ばれる製販統合型情報システムの先駆的導入や，スーパーセンターの業態開発などでよく知られている[10]。だが「ウォルマート化」が示しているのは，このような同社のビジネス・モデルの光の部分ではなく，全く逆の側面である。それはウォルマートの経営に象徴される大型店の全国的なチェーン展開が地域経済社会におよぼす，負の効果を表現するコンセプトに他ならない[11]。

　「ウォルマート化」は，もともと同社のビジネス・モデルを後方で支える従業員の劣悪な労働条件，具体的には低賃金や低福利厚生，さらに反組合主義などを表現するためにつくられた造語であった。そこには，その卓越した

SCM能力や情報処理能力ではなく，米国政府が定める貧困ラインにも満たない低賃金と低付加給付，不払い労働や女性差別，そしてそれを可能にする反組合主義こそウォルマートの競争優位性の本質に他ならないという，倫理を逸脱した同社の労務管理への厳しい批判が込められていた。同社は人件費の大幅削減の結果，政府の公的補助への高度依存，つまり企業自ら負担すべき医療保険や社会保障に関わる費用の多くを，低所得者向け食料費補助や医療制度といった公的負担に転嫁しており，各々の進出先で地方政府の財政負担を不必要に増大させているというわけである。

　もちろん単純かつ直截的な反大型店主義は戒めるべきであるが，「ウォルマート化」のより重要な含意は，むしろこの問題がウォルマート社内にとどまらず，納入メーカーや進出先の他の小売企業などへと波及することによって，社会全体の問題として構造化されつつある点に込められている。仕入れ先に対するウォルマートの低価格強要は，納入メーカーをコスト削減のための賃金カットなど人件費の削減や，生産拠点の海外移転へと誘導する。また典型的なガリバー型寡占企業としてのウォルマートのチェーン展開は，進出先の同一商圏内の小売企業に，同社と同等のローコスト経営を可能にするウォルマート型ビジネス・モデルの採用を余儀なくさせる。

　このような競争プロセスの帰結として，産業や地域経済の空洞化が著しく進展する一方で，他方，大量の（潜在的）失業者と郊外型大型チェーンの開発に適した大量の工場・商業跡地が，全国的な大手小売企業のまえに提供されることになる。勤労者にウォルマートに象徴される低価格の大型チェーンでしか購入する余裕を与えない，地域社会の低所得化を進行させる再生産システムが社会的に完成してゆく[12]。

　米国で注目を集めたウォルマート化の議論であるが，これをわが国の現状に即して考えてみても，文化的・歴史的背景および格差社会の内実[13]に関する両国間の差異こそあれ，かなりの説得力をもって受容が可能であると思われる。上述した大型チェーンの進出に伴う地域労働市場の脆弱化や福利厚生面での公的負担の増大問題は，地域社会に社会的費用として転嫁される経済的損失の問題であり，まさに前節で触れた，最適な資源配分や社会の効率性を損なう「市場の失敗」の一例に他ならない。

地域経済における「市場の失敗」は，上述の問題以外にも，地域小売市場の寡占化に伴う購入・選択機会の偏重や品揃えの画一化，あるいは本部仕入れに依存する大手チェーンの進出による地域の所得の域外流出など，さまざまな損失問題が含まれているといってよい。とりわけ今日的問題として注目に値するのが，いわゆる都市問題としての「市場の失敗」である。無秩序な土地利用と車依存型生活様式の構造化を促進するスプロール的郊外開発による自然環境や景観の破壊，および郊外開発の加速化に伴う都市機能の低下[14]，さらに中心市街地の空き店舗問題や郊外大型店舗跡地の放置・荒廃問題[15]などがそれにあたる。これらの経済的・社会的損失は，今日の地域経済における「市場の失敗」の中心的部分として，われわれの議論のなかに位置づけが可能である。

3－2　ソーシャル・キャピタルの衰退と「政府の失敗」

　この点に加え，自発的な市民組織としてのNPOの役割を問うわれわれの議論との関わりでとくに言及しておきたいのが，地域で深刻化する社会関係資本の衰退問題である。社会関係資本（Social Capital）とは，信頼や互酬性の規範を基盤とした人びとの社会的つながり，すなわち相互扶助的関係に支えられた社会的ネットワークのことを指す。それは安田雪の言葉を借りれば，「地域で過ごす人々がつむぎ出す関係の力」と言い換えてもよい[16]。

　同概念は，ジェイコブズ（Jacobs, J.）やブルデュー（Bourdieu, P.）らによって注目され，全米でベストセラーにもなったパットナム（Putnam, R. D.）の著作『孤独なボウリング』を通じ，広く世間一般に知られるようになった[17]。ある集団やネットワークへの所属がもたらす利益，つまり社会関係資本の私的財としての側面ではなく，社会に蓄積された地域公共財としての側面を重視する点に，パットナムの議論の大きな特徴がある。地域社会に蓄積された社会関係資本は，人びとの自発的な協調行動を促進し，機会主義的行動を抑制することによって，経済パフォーマンスの質を向上させるとパットナムはいう。だが今日，多くの地域で社会関係資本は衰退傾向にあり，人びとの社会的つながりの希薄化が進展しつつあると彼は主張する。その主な理由のひとつとして，パットナムはスプロール化に注目し，無秩序な郊外

開発に伴うコミュニティの流動化や地域社会における匿名化の進展，さらに職住分離や通勤・買物時間の拡大による人びとの市民参加意欲の減退に注目している。

　以上のようなパットナムの見解に対しては，ノスタルジックなコミュニティ観に囚われすぎているという批判も多い。だが彼の見解は，最も象徴的な現代的公共空間である郊外ショッピング・モールが，大量の顧客を域外から吸引することによってコミュニティの流動化・匿名化を促進し，周辺地域における犯罪等の温床となっている点を，いみじくも正当に指摘している[18]。

　では他方，これらの「市場の失敗」問題に政府はどのように向かい合ってきたのか。米国の例を紹介しながら，簡単に言及しておくことにしよう。米国には，市場主義の先進国としてのわれわれのイメージと異なり，土地利用規制を基本とする厳しい小売業の立地規制が存在する[19]。原田英生や矢作弘が指摘するように，連邦政府に小売業の立地規制をおこなう直接の権限がなく，地方政府にその実質的権限が全面的に委ねられているという米国側の事情が，同国における大型店規制の存在を不明瞭にさせてきた主な理由である。米国にはわが国の大店法や大店立地法に相当する法律はない。しかし地方政府は，わが国の都市計画法に相当する州が定めた土地利用規制や環境法の枠組みに従い，地域独自の条例を憲法の基本原則を逸脱しないレベルで自由に制定し，行使することが基本的に可能である。

　その小売業に対する立地規制条例の特筆すべき例として，例えば，新規出店に伴う売場面積の上限を自治体独自に定めるCap（リテール・サイズ・キャップ）制度や，標準化店舗のチェーン展開に伴う景観破壊や街並みの画一化に歯止めをかける均質化店舗規制条例がある。また，深刻化する郊外大型店舗跡地の荒廃問題への対策として，出店時に大型店から取り置いた預託金を閉鎖店舗の改廃に充当する，預託金制度を条例化している自治体もある。さらに，大型店の出店表明に対しそれを一時的に差し止めることのできるモラトリアム条例や，デベロッパーの経費負担で第三者機関によるCIR（コミュニティ・インパクト・レポート）の提出を出店前に義務づける出店影響調査制度なども，多くの自治体で採用されている。これらの諸条例は，その多

くが住民の直接投票によって諮られることになる。

だがここで強調しなければならないのは，わが国にない注目すべき小売業の立地規制条例が多く存在する一方で，米国にも，わが国と全く同質の問題をはらんだ致命的というべき「政府の失敗」が存在する点である。それはわが国でも，財政ゾーニング，すなわち大型店誘致のための土地の用途変更行為として一般によく知られている。すなわちリテール・コーポレート・ウェルフェア[20]と呼ばれる大規模小売企業への公的補助をめぐって繰り広げられる，税財政基盤確立のための地方自治体間の激しい大型店誘致競争である。

地方政府間の大型店誘致競争は，具体的には，税制上の優遇措置や，各種助成・補助金の提供，公共用地の無償・減額での貸与や払下げ，さらには道路や上下水道など出店に必要なインフラ整備など，新規参入を計画している大型店への公的補助をめぐる競争などとして展開される。固定資産税の徴収を制限され，主たる財源を地方売上税に依存せざるをえない米国固有の財政運営事情は，それを逆手にとって複数の自治体に競争を仕向ける出店者側の画策と相俟って，大型店誘致競争にさらに拍車をかける。都市間の連携や共生という総体的視野を欠いた，市場主義に根差した個々の自治体による機会主義的施策の絶えまない反復は，広域都市圏全体の疲弊と衰退をさらに深刻化させることになる。

4 地域再生に挑むNPO

4－1　地域再生への市民参加

上述の問題は，市場競争による都市問題の深刻化と地域の不均等発展の下で，社会全体にとって最適な大型商業施設の適正配置をいかに実現するかという，流通調整政策の根本的問題に関わる「政府の失敗」といってよい[21]。重要なのは，このような状況のなか，単なる意見聴取や投票レベルでの形式的参画とは一線を画す，地域再生事業への新たな市民参加の動きが，グラスルーツレベルの消費者／市民運動の組織化とそのネットワーク化というかたちで徐々に拡がりをみせている点である[22]。

矢作弘は，大型店問題の日米比較に関する一連の研究のなかで，反ウォルマート化運動や地域主義商業運動として展開された，米国におけるNPOを軸とする市民運動の多くの事例を紹介している[23]。例えば，商店経営者を中心に組織化されたNPO「アリゾナ・チェーン・リアクション（AZCR）」（アリゾナ州フェニックス）は，リテール・コーポレート・ウェルフェアに反対し，過剰な大型店誘致競争を抑制するための新たな州法制定に向けたキャンペーンを展開した。それは都市圏における隣接自治体間の連携を可能にする「税の再配分制度」の確立をめぐる一連の議論のなかに位置づけられる事象であったといえる[24]。

　また全国系FCに加盟しない地元商店を中心とする地域のさまざまなメンバーの集合体である「独立系ビジネス連合（IBA）」の活動は，全国チェーン進出による地域の所得の域外流失に歯止めをかけ域内循環経済の確立を目指す運動として，その連携の輪は全米に広がりつつある。さらにNPO「フレッシュ・フード・パートナーシップ」（ミシガン州トラヴァースシティ）の活動は，農村地帯のスプロール開発を抑制し，断ち切られた地域農業と地域商業，そして地元消費者間の絆の再生を目指す米国版地産地消運動とみてよい。矢作はこれらの運動が地元商店主などを中心に組織化された場合でも，たんに大型店と既存商店街の対立問題にとどまらず，地区労働組合，あるいは環境保護団体や消費者団体など市民グループを巻き込んだ，より広い市民参加のネットワークとして形成されている点を高く評価している。

　わが国の場合，同様の動きは，近年の市街地再生事業におけるまちづくり会社の一連の取り組みのなかに見出すことが可能である[25]。「黒壁」（滋賀県長浜市）は，いうまでもなく，わが国を代表するまちづくり会社による市街地再生の成功事例である。市内の企業経営者（市民）有志と市の共同出資による第3セクター方式の株式会社として設立された黒壁は，歴史的建造物の保存事業として出発しながらも，地域に根づいた市民資本としての卓越したデベロッパー機能の発揮によって，ガラス工芸をテーマとしたエリア開発で大成功を収めた。

　観光客特化型商店街としての再生の道を選択した黒壁と異なり，近隣商店街の在るべき姿を模索し，相互扶助的関係を基礎にした地域社会との共生を

目指す「アモールトーワ」（東京都足立区）の活動にも，多くのNPO関係者の関心が集められた。アモールトーワは，東和銀座商店街振興組合の商店主有志が出資して設立した非営利の株式会社である。事業活動は，地域病院内の売店・レストランの業務受託，学校・福祉施設給食調理業の委託請負，高齢者への弁当宅配業が中心であり，必要な食材・資材は商店街が納品し，スタッフについても地元中心に雇用創出をおこなうという基本方針が一貫して遵守されている。現在廃業となったが，採算を度外視して取り組んだ，福祉団体への店舗・器具の無償提供による知的障害者の自立支援事業や，空き店舗を活用した学童保育支援事業は，高く評価されている[26]。

さらに，企業名義株主のいない，自治体と市民株主100名の共同出資によって創設されたまちづくり会社「山湊」（愛知県新城市）の事例も，市街地再生事業における市民参加の新たなタイプとして注目に値しよう。

4-2　社会的つながりを再建するNPO

紹介してきた諸事例にみられる市民参加型組織ないし市民ネットワークの台頭は，換言すれば，市場や政府に委ねた問題解決の手段を自らの手に戻すための組織化の動きであり，消費者／市民による地域社会の自主管理を目指す，社会関係資本の現代的再建の模索プロセスに他ならない。まさにこの点に，NPOをめぐる議論の中心的文脈がある。

自らNPO「場所の力」を主宰する都市史学者・建築家ドロレス・ハイデン（Hayden, D.）は，市場主義的な大規模開発による都市景観の破壊と希薄化してゆく人々の社会的つながりの関係について，次のような興味深い指摘をおこなっている。少し長いが引用しよう。「アイデンティティは人間の記憶と分かちがたく結びついている。それは，例えば生まれ育った場所，住んできた場所に関わる個人の記憶と，その個人の家族，隣人，仕事仲間や民族同士の歴史と結びついた集団的あるいは社会的な記憶である。都市のランドスケープはこれらの社会の記憶を収める蔵でもある。…蛮行ともいえる"再開発"や"都市再生"…が私達に教えてくれることは，都市のランドスケープが痕跡もなく破壊される時，社会集団の重要な記憶が失われるということである」[27]。

ハイデンにとって，都市景観の破壊は，都市生活の物理的空間のなかに埋め込まれ人びとの間で共有されてきたコミュニティの記憶の喪失を意味する。地域再生は，画一化・均質化しつつある公共空間への社会的意味の新たな付与によって，地域の経済的・文化的多様性を復元する社会再生のプロセスでなければならないという彼女の示唆が重要である。

　市場経済システムの発展は，地域の相互扶助的な人間関係のなかで処理されていた経済の伝統的営みを，市場（私）と政府（公）というふたつの部門に置き換え，交換と再分配の原理に基づく社会的な資源配分システムとして再編するプロセスであった。それは人々を伝統的社会における閉じられた社会的区分から解放し私的自由を実現する過程であるとともに，他方，市場的関係の浸透を通じて人間関係の非人格化を強力に推し進める過程であった。

　だが大量生産―大量消費を基礎とするフォード主義的な再生産構造の崩壊とそれを支える伝統的福祉国家の揺らぎという現代的状況の下で，市場や政府部門によっては満たすことのできない，新たなタイプの社会的需要が生起してくる。それは，企業にとっては採算性が合わず，政府の対応のみでは柔軟性と機動力に欠け，個々人によっても解決困難な問題領域，すなわち環境や福祉，近隣サービス，さらには疲弊地域の再建など，地域性を有する局地的需要である。NPOが充足を目指すのは，「コミュニティの内部において，あるいはコミュニティと地域の間において社会的なつながりを再生させることに関わるすべて」[28]の需要であり，そこにNPOの担う公共サービス供給の歴史的アイデンティティが存在するといえよう[29]。再建される社会関係資本の内実が，伝統的コミュニティにおける閉じられた関係とは異なる，開放的で緩やかな社会的ネットワークの形成という志向性を有する点に，留意が必要であろう。

5　NPOとパートナーシップ

5-1　コミュニティ開発における公民パートナーシップ

　黒壁に代表されるわが国のまちづくり会社が独自の事業展開で成功を収める一方で，旧中心市街地活性化法におけるタウン・マネジメント構想の下，

その中心主体として認定を受けた TMO の事業は遅々として進展しないまま，2006年の同法改正により自らの法的位置づけを消失した。TMO 構想が停滞した最大の理由は，市街地再生のための施策であるべき TMO 事業の基本計画策定レベルで，同事業が従来の商店街活性化事業と同一視され，たんなる中小小売支援政策の文脈の延長線上に位置づけられざるをえない，縦割り行政の弊害が生じた点にある[30]。より深刻な問題は，消費者／市民のさまざまな自発的取り組みもその縦割り構造のなかで分断され，コミュニティ・レベルでの総合化が実現しないまま放置されている点にあるといってよい。

　しかし他方，わが国のまちづくり会社が株式会社形態を法的に採用し，その事業活動が資本の論理によって根本的に制約を受ける限り，営利企業としてのまちづくり会社の公益活動には限界が生じざるをえない。この意味で，同様の社会的事業をおこなう主体として注目される米国のコミュニティ開発会社（Community Development Corporations，以下 CDCs と略する）の活動は，利潤追求を自己目的化しないまさに NPO の事業活動である点で，注目に値する。

　CDCs は，内国歳入庁（IRS）の下で免税団体としての資格を取得し，利益非分配制約を法的に課されるとともに，同団体への寄付・献金に対する課税控除も認められている，本来の意味での「非営利」組織であるといってよい。CDCs は，衰退するコミュニティの再生を目的として，コミュニティのなかで生まれた住民主導の民間組織である。実績のあるものだけでも全米に2000〜2200の組織が存在すると推定され，その規模についても，数百万ドルの予算を持つ大組織が例外的に存在するものの，標準的スタッフ数は7名，予算は70万ドル程度の比較的小規模な組織が大半を占めている[31]。CDCs の事業活動の主たる内容は，低所得者向け住宅供給や修復事業を中心に，職業訓練や雇用創出を含むコミュニティの組織化，アドボカシー活動，さらに都心部商業・業務地区の再生事業などとなっている。

　CDCs は，1960年代に生じた，スラム・クリアランス（一掃）型の都市計画を特徴とする連邦政府主導の再開発整備事業に対する，コミュニティ住民の反対運動にその起源を持つ。人種問題に根づくマイノリティの対抗運動の

なかから生まれたCDCsであるが，その後1970〜80年代にかけ，大規模都市開発を主導する民間デベロッパーとは対極に立つ非営利の市民デベロッパーとして，米国社会のなかで着実に組織的成長を遂げてきた[32]。特筆すべきは，米国において，CDCsによるコミュニティ開発を支援し消費者／市民の自発的な取り組みを支える社会的・制度的基盤が，政府と民間のあいだの相互補完的な努力によって長年にわたって構築されてきた事実である。

　例えば，公的補助であるコミュニティ開発総合補助金（CDBG）制度や，銀行に営業地域内の疲弊地域への一定基準の融資を義務づけるコミュニティ再投資法（CRA），さらにコミュニティ開発への民間投資を誘導する低所得者住宅投資税額控除制度（LIHTC）といった諸制度は，CDCsの資金調達を支える重要な社会基盤となっている。同様に，複雑かつ多数のCDCsと資金供給者を結びつけるインターミディアリー（仲介組織）の存在も，CDCsの事業遂行を支える大きな力となっている。インターミディアリーは，資金調達の円滑化はもちろん，資金供給先への周知活動やCDCsへの技術的援助，さらには事業のモニタリングの遂行を通じ，コミュニティ開発のネットワーク・オーガナイザーとして極めて重要な役割を果たしている[33]。

　このような政府と民間のパートナーシップに焦点をあて，NPOの著しい発展が福祉国家の衰退ではなくむしろ福祉国家の拡大によってもたらされた点を重視し，政府とNPOの関係を排他的関係として理解する通説に厳しい批判を投げかけるのが，サラモンである。サラモンは，上述の，政府と民間の相互補完的な協力関係によって特徴づけられるネットワーク型の行政形態を「第三者による政府（third party government）」と呼ぶ[34]。重要なのは，サラモンが，とりわけそこにおけるNPOと政府のパートナーシップを，NPOの存続と発展のために必要不可欠な制度的基盤ないし条件として位置づけている点である。

5−2　NPOと地域再生のパートナーシップ

　サラモンは，第2節で取り上げた制度選択論がいうように，政府の失敗を補完する派生的存在としてNPOを理解するのではなく，議論の方向を逆転させ，むしろ「政府こそ非営利セクター固有の限界に対応する派生的機関」

とみなすことが，両者のパートナーシップを理解するうえで決定的に重要であるという。NPO は市場／政府の失敗を克服するために歴史上登場した新たな主体なのではなく，「政府が出現する以前からすでに数々の分野にわたって存在していた」という，サラモンの歴史認識が重要である。そして彼によって提唱される，非営利セクターに内在する固有の限界を示す概念こそ，「ボランタリーの失敗（voluntary failure）」に他ならない[35]。

　サラモンは「ボランタリーの失敗」として，①フィランソロピーの不足，②フィランソロピーの専門主義，③フィランソロピーの父権主義，ならびに④フィランソロピーのアマチュア主義の４点を指摘する。以下，順に簡単に説明を加えておく。「フィランソロピーの不足」とは，資金調達の困難性に関する NPO の失敗である。NPO が慈善寄付や事業収入のみによって十分な財源を継続的に確保するのは基本的に困難である点，さらに本当に援助を必要とする深刻な地域ほど財源が活用困難である点が強調される。また「フィランソロピーの専門主義」とは，NPO の存在意義は特定の集団・社会的問題への局所的対応にあるが，それが反面，支援の適用範囲に格差を生じさせ公平性を阻害する危険性を持つという問題である。

　「フィランソロピーの父権主義」は，財源が特定の裕福者に偏重するために，NPO によるサービス供給がまさに慈善ないし恩恵的な支援に陥りやすく，支援への要求を受給者の権利として確立することが容易ではないという NPO の欠陥である。そして最後に，このような慈善行為としての NPO の素人的手法は往々にして専門性を欠くために結果として実効性を持ちえないというのが，「フィランソロピーのアマチュア主義」である。

　これらのボランタリーの失敗に対し，政府は税負担による平等な資金徴収，より民主的な手法による資金の公正な配分，権利としての福祉システムの整備，ならびにサービスの品質管理に関わる専門的手法の導入などを通じて，非営利セクターを補完する。すなわち，政府と非営利セクターの相互排除的な関係ではなく，資金供給とサービス供給の機能分担関係を通じた両者のパートナーシップの合理性と社会的有効性が，サラモンによって強調されることになる。

　サラモンの議論には，交わることが困難と一般に考えられてきたふたつの

見解,すなわち都市再生は行政の計画によってのみ実現しうるという議論と,自然成長的な多様性こそ都市の豊かな発展をもたらすという議論の融合化を可能にする重要なヒントが提示されているように思われる[36]。政府主導型の伝統的システムとは異なる,政府と非営利セクターのパートナーシップがつくりだす分権的かつ多元化された公共サービスの供給システムに,サラモンがあるべき市民社会の姿を見出そうとしている点が重要である。この分権的・多元的システムにおいて,NPO は消費者／市民の自発的なネットワーク形成を促進し,地域社会の自主管理をより現実化しつつ多様な社会的需要に応えるとともに,政府をはじめとするさまざまな経済主体とコミュニティをつなぐ結節点の役割を果たすことになる。生活欲求の多元化・高度化を伴うポスト・フォーディズム的な社会変容をまえに,中央集権的で管理統制的な行政システムは,市場経済を支える統治システムとして対応可能な範囲を急速に縮小させられつつある点が,ここで銘記されなければならない。

　ただここで最後に付言しておきたいのは,1980年代以降,新自由主義的政策の展開により福祉予算が大幅に削減された米国において,政府と NPO の間に培われてきたパートナーシップが,政府の関与を排除し NPO と民間の自助努力を要請するモデルへと方向転換している点についてである。例えば,連邦補助の削減を補填する福祉の市場化が進展するなかで,CDCs の自助の限界とその商業化の弊害が,資金調達や不動産開発をはじめとする事業のさまざまな場面で露呈し,CDCs の存立基盤そのものを動揺させているという批判もある[37]。パートナーシップを構築する政策主体の多様化と多元化によって,NPO と企業,政府間の境界線もますます曖昧化してきている。この問題は,NPO 発展のための社会基盤のさらなる整備を必須の政策課題としながらも,他方,米国とともに自由化政策の道を歩み続けるわが国において,十分に認識され,かつ真摯に検討されるべきコミュニティ開発の現状であろう。

6 おわりに

　フォーディズムの崩壊と,多様化し細分化する消費者／市民の社会的欲求

の顕在化という構造的変化をまえに，互酬性の規範や自発的協力の理念に支えられた社会的ネットワークは，市場や政府を補完する流通システムの調整原理としてますます重要性を高めつつある[38]。NPOと政府のパートナーシップを軸とする分権的な行政システムの下で，市街地再生事業と郊外開発の同時進行に象徴される今日の地域開発の矛盾や都市の不均等発展を是正する，都市圏流通システムの広域的調整が目指されなければならない。それは換言すれば，互酬性や自発的協力の理念に支えられた社会的ネットワークのなかに，市場システムを埋めなおすという作業に他ならない。各々の地域に多数散在するNPOの活動を集約し，より社会的な拡がりを有する運動体へと昇華させる技術的ツールとして，インターネットをはじめとする情報通信技術は，この作業プロセスで重要な役割を果たすことになる。消費者／市民を起点とする多様な経済主体間のネットワーク形成の営みのなかで，いかなるレベルの公民パートナーシップが社会的に有効かつ適正であるのか真摯に議論され，各々の地域社会に固有の共働モデルが歴史的に確立されてゆく必要があろう。

（大野哲明）

注
(1) ここでいうサード・セクターは，政府と民間企業の共同出資によって設立された企業という意味の「第3セクター」概念とは異なる。
(2) サラモン（1994）。および，Salamon（1995）邦訳。
(3) 現在，比較的入手可能なNPO研究の基本文献として以下の著作を列挙しておく。山内（1997），雨森（2012），田尾・吉田編（2009）など。
(4) Salamon and Sokolowski (2004) pp.9-10. および山内・田中・奥山編（2010）7頁など。
(5) このような理由で，米国におけるNPO研究の多くは，協同組合や共済組合など共益型組織をサード・セクターの概念的範疇から除外する。なお若干補足しておくと，ヨーロッパ諸国において，NPOは「社会的経済」論と呼ばれる研究分野で一般に分析が進められている。社会的経済とは，簡単にいうと「社会的目的を達成するための経済組織」の意である。利益の非分配制約を重視し共益型組織をNPOの範疇から除外するアメリカ的な非営利アプローチと異なり，協同組合と共済組合，およびNPO（アソシエーションと呼ばれる）を共通の質を有する組織として一括して捉え，サード・セクター概念を拡張して理解する点に社会的経済アプローチの

主要な特徴がある。社会的経済アプローチを高く評価するわが国における NPO 研究の代表的文献として，例えば富沢・川口編（1997）を参照されたい。
（6）斉藤（2004）。社会的企業とは，一般には「営利を目的とせずに社会的課題にビジネスの手法を用いて取り組む事業体」のことをいう。社会的企業という場合，事業形態としては NPO，協同組合，会社など多様であり，ひとつの組織形態の表現というより，そのコンセプトや機能に焦点をあてた包括的概念といえる。本章では，社会的企業を，組織としてのサスティナビリティ確保のための NPO の事業化，つまり非営利セクターの現代的展開という文脈のなかで基本的に理解したい。
（7）Weisbrod（1988）pp.18-31. および Hansmann（1987）.
（8）「契約の失敗」として一般に論じられている問題である。Hansmann（1987）p.29.
（9）以上の批判については，さしあたり以下の文献を参照されたい。北島（2002）；原田・藤井・松井（2010）第 2 章など。制度選択論に対する批判の代表的論者である L. サラモンの見解については，第 5 節で詳しく言及する。
（10）詳細については，白石（2010）を参照。
（11）以下の記述は，原田英生の著書（原田 2008）の内容に大きく依拠している。
（12）「フォード製の自動車を買うことができるだけの賃金を支給するというヘンリー・フォードの戦略のまさに逆で，従業員は低価格のウォルマートでしか買うことができない状況に追いやられている」（原田 2008, 195頁）。
（13）堤（2008）など。
（14）阿部真也は，経済地理学における「分散的多核化」概念に依拠しつつ，郊外化に伴う小売機能の広域的展開が都市機能の無秩序な分散化を生じさせている事実に注目し，今日のスプロール型郊外開発を抑制する新たな中心地体系確立の重要性を説いている。阿部（2006）第 7 章 2 節「大都市圏での小売業の拡散と消費者利益」を参照されたい。
（15）郊外大型店舗跡地の放置・荒廃問題は，わが国ではまださほど表面化するに至っていないが，米国では「グレー・フィールド」問題として極めて深刻な社会問題となっている。不採算店舗を切り捨てる大型店のチェーン経営におけるいわゆるスクラップ・アンド・ビルド方式の徹底が，グレー・フィールド問題の顕在化につながっている。原田（2008）166-172頁を参照。
（16）安田（2011）54頁。
（17）Jacobs（1961）邦訳，第 6 章，161-162頁；ブルデュー（1986），および Putnam（2000）邦訳。なお社会関係資本の議論と論点をコンパクトに整理した好著として，最近，稲葉（2011）が出版されている。パットナムの議論に立ち入った検討を加えた以下の拙稿と併せて参考にしていただければありがたい。大野（2008）。
（18）Putnam（2000）邦訳，第12章を参照。同様の問題意識に立脚したわが国の研究として，三浦（2004）がある。
（19）米国の小売立地規制条例の詳細については，原田英生の前掲書のほか，矢作弘の以下の文献を参考にした。矢作（2005a），および矢作（2005b）。

(20) 原田（2008）119頁以降。
(21) 都市間競争を射程に入れた都市流通システムの階層構造認識の下，まちづくりや商業施設の適正配置問題に深く切り込んだわが国における代表的研究として，宇野史郎の一連の業績がある。阿部・宇野編（1996），および宇野（2005）など。
(22) 消費論と市民活動論に架橋しようとする意欲的試みもある（草野 2010）。
(23) 矢作（2005a）第1章。
(24) 矢作（2005a）46頁，200頁。
(25) わが国のまちづくり会社による市街地再生の諸事例については，主に下記の文献を参考にしている。矢作（1997）；本間・金子・山内ほか（2003）第1章；西郷（2005）；大江（2008）第2章；衣川（2011）など。
(26) 金子郁容は，同社と地元企業や住民などステークホルダーとの間に積み重ねられた「信用の蓄積」に注目し，新たな社会システム構築の方向性を示す有益なモデルとして，同社のコミュニティビジネスを積極的に評価している。本間・金子・山内ほか（2003）11頁。
(27) Hayden（1995）邦訳，33頁。
(28) Lipiets（2011）邦訳，127頁。
(29) 石原武政は，まちづくりの本質を「市場経済が進む中で失ってきた人々のつながりやぬくもりを，もう一度私たちの手に取り戻そうとする意識的な活動」と理解する。そして，市場や政府を補完する調整メカニズムとしての「意識的な活動」の内実を，加藤司はコミュニティの規範・ルールである「地域原理」，渡辺達朗は「地域の関係者による協調と合意に基づく調整」＝「社会的調整」機構として，それぞれ明らかにしようとしている（石原 2010；加藤 2009；渡辺 2010）。
(30) 旧TMO構想の問題点および課題については，石原（2006）を参照されたい。また三法改正（2006年5月）の具体的内容については，横森・久場・長坂（2008）第3章が詳しい。
(31) 吉村（2005）205頁以降を参照。
(32) 秋本（1997）とくに第1章および第6章。
(33) ハウジングアンドコミュニティ財団編（1997），「コミュニティ開発法人（CDC）とは何か」とくに42頁以降を参照。
(34) Salamon（1995）邦訳，6，48頁。
(35) Salamon（1995）邦訳，50頁以降。
(36) 50～60年代の米国都市再開発におけるふたつの立場の衝突については，Flint（2009）邦訳。
(37) 秋本（1997）253頁以降。
(38) 流通システムにおけるネットワーク，とりわけ自律的・分権的ネットワークの市場や組織（政府）の欠陥を補う第3の調整機構としての役割にいち早く注目したのは，阿部真也である（阿部 1993，および阿部 1995を参照）。

参考文献

秋本福雄（1997）『パートナーシップによるまちづくり』学芸出版社。
阿部真也（1993）「現代流通の調整機構と新しい市場機構」同編『現代の消費と流通』ミネルヴァ書房。
阿部真也（1995）「中小小売業と街づくりの課題」同編『中小小売業と街づくり』大月書店。
阿部真也・宇野史郎編（1996）『現代日本の流通と都市』有斐閣。
阿部真也（2006）『いま流通消費都市の時代』中央経済社。
雨森孝悦（2012）『テキストブックNPO［第2版］』東洋経済新報社。
石原武政（2006）「TMOへの期待と現実」矢作弘・瀬田史彦編（2006）『中心市街地活性化三法改正とまちづくり』学芸出版社。
石原武政（2010）「いまなぜ，まちづくりか」石原武政・西村幸夫編『まちづくりを学ぶ―地域再生の見取り図―』有斐閣。
稲葉陽二（2011）『ソーシャル・キャピタル入門』中公新書。
宇野史郎（2005）『現代都市流通とまちづくり』中央経済社。
大江正章（2008）『地域の力』岩波書店。
大野哲明（2008）「市場経済とまちづくりの論理」宇野史郎・吉村純一・大野哲明編『地域再生の流通研究』中央経済社。
加藤司（2009）「地域商業研究の展望」加藤司・石原武政編『地域商業の競争構造』中央経済社。
北島健一（2002）「福祉国家と非営利組織」宮本太郎編『福祉国家再編の政治』ミネルヴァ書房。
衣川恵（2011）『地方都市中心市街地の再生』日本評論社。
草野泰宏（2010）「現代のまちづくりと市民参加―消費文化理論（CCT）調査の応用―」『流通』No.26。
西郷真理子（2005）「長浜・黒壁から町づくり会社を考える」日本建築学会編『中心市街地活性化とまちづくり会社』丸善。
斉藤槙（2004）『社会起業家』岩波書店。
サラモン，L.（1994）「福祉国家の衰退と非営利団体の台頭」『中央公論』10月号。
白石善章（2010）「ウォルマート社のマーケティング」マーケティング史研究会編『海外企業のマーケティング』同文舘出版。
田尾雅夫・吉田忠彦編（2009）『非営利組織論』有斐閣。
堤未果（2008）『ルポ貧困大国アメリカ』岩波書店。
富沢賢治・川口清史編（1997）『非営利・協同セクターの理論と現実』日本経済評論社。
ハウジングアンドコミュニティ財団編（1997）『NPO教書』風土社。
原田晃樹・藤井淳史・松井真理子（2010）『NPO再構築への道―パートナーシップを支える仕組み―』勁草書房。
原田英生（2008）『アメリカの大型店問題―小売業をめぐる公的制度と市場主義幻想―』

有斐閣。
ブルデュー，P.（1986）「『社会資本』とは何か」『actes No.1象徴権力とプラチック』日本エディタースクール出版部。
本間正明・金子郁容・山内直人ほか（2003）『コミュニティビジネスの時代―NPOが変える産業，社会，そして個人―』岩波書店。
三浦展（2004）『ファスト風土化する日本―郊外化の病理―』洋泉社新書。
安田雪（2011）『パーソナル・ネットワーク』新曜社。
矢作弘（1997）『都市はよみがえるか』岩波書店。
矢作弘（2005a）『大型店問題とまちづくり』岩波書店。
矢作弘（2005b）「都市に中心が必要なわけ」日本建築学会編『中心市街地活性化とまちづくり会社』丸善。
山内直人（1997）『ノンプロフィット・エコノミー：NPOとフィランソロピーの経済学』日本評論社。
山内直人・田中敬文・奥山直子編（2010）『NPO白書2010』大阪大学大学院国際公共政策研究科NPO研究情報センター。
横森豊雄・久場清弘・長坂泰之（2008）『失敗に学ぶ中心市街地活性化―英国のコンパクトなまちづくりと日本の先進事例―』学芸出版社。
吉村純一（2005）「コミュニティ開発のマーケティング」同著『マーケティングと生活世界』ミネルヴァ書房。
渡辺達朗（2010）「まちに賑わいをもたらす地域産業」石原武政・西村幸夫編『まちづくりを学ぶ―地域再生の見取り図―』有斐閣。
Flint, A.（2009）*Wrestling With Moses*（渡邊泰彦訳（2011）『ジェイコブズ対モーゼス―ニューヨーク都市開発をめぐる闘い』鹿島出版社）.
Hansmann, H.（1987）"Economic Theories of Nonprofit Organization," in Powell W. W., ed., *The Nonprofit Sector : A Research Handbook*, Yale University Press.
Hayden, D.（1995）*The Power of Place : Urban Landscapes as Public History*（後藤春彦・篠田裕見・佐藤俊郎訳（2002）『場所の力―パブリック・ヒストリーとしての都市景観』学芸出版社）.
Jacobs, J.（1961）*The Death and Life of Great American Cities*（山形浩生訳（2010）『［新版］アメリカ大都市の死と生』鹿島出版社）.
Lipiets, A.（2001）*Pour le tiers secteur*（井上泰夫訳（2011）『サードセクター』藤原書店）.
Putnam, R. D.（2000）*Bowling Alone*：*The Collapse and Revival of American Community*（柴内康文訳（2006）『孤独なボウリング』柏書房）.
Salamon, L. M. and W. S. Sokolowski, eds.（2004）*Global Civil Society : Dimension of the Nonprofits Sector*（Volume Two）, Kumarian Press.
Salamon, L. M.（1995）*Partners in Public Service : Government-Nonprofit Relations in the Modern Welfare State*, The Johns Hopkins University Press（江上哲監訳（2007）『NPO

と公共サービス―政府と民間のパートナーシップ―』ミネルヴァ書房).
Weisbrod, B. A. (1988) *The Nonprofit Economy*, Harvard University Press.

執筆者一覧

宇野史郎（うの　しろう）第1章
　　熊本学園大学商学部　教授

番場博之（ばんば　ひろゆき）第2章，編著者
　　駒澤大学経済学部　教授

南方建明（みなかた　たつあき）第3章
　　大阪商業大学総合経営学部　教授

川野訓志（かわの　さとし）第4章
　　専修大学商学部　教授

佐々木保幸（ささき　やすゆき）第5章，編著者
　　関西大学経済学部　教授

岩永忠康（いわなが　ただやす）第6章
　　中村学園大学流通科学部　特任教授

出家健治（でいえ　けんじ）第7章
　　熊本学園大学商学部　教授

林　優子（はやし　ゆうこ）第8章
　　名桜大学国際学群　准教授

岩間信之（いわま　のぶゆき）第9章
　　茨城キリスト教大学文学部　准教授

大野哲明（おおの　てつあき）第10章
　　九州産業大学商学部　教授

日本流通学会設立25周年記念出版プロジェクト（第1巻）
地域の再生と流通・まちづくり

発行日──2013年5月16日　初版発行　　〈検印省略〉

- 監　修──日本流通学会
- 編著者──佐々木保幸・番場博之
- 発行者──大矢栄一郎
- 発行所──株式会社　白桃書房

〒101-0021　東京都千代田区外神田5-1-15
☎03-3836-4781　📠03-3836-9370　振替00100-4-20192
http://www.hakutou.co.jp/

- 印刷・製本──藤原印刷

Ⓒ Yasuyuki Sasaki, Hiroyuki Banba, 2013　Printed in Japan
ISBN978-4-561-66196-2 C3363

本書のコピー，スキャン，デジタル化等の無断複製は著作権法上での例外を除き禁じられています。本書を代行業者等の第三者に依頼してスキャンやデジタル化することは，たとえ個人や家庭内の利用であっても著作権法上認められておりません。

JCOPY 〈㈳出版者著作権管理機構　委託出版物〉
本書の無断複写は著作権法上での例外を除き禁じられています。複写される場合は，そのつど事前に，㈳出版者著作権管理機構（電話03-3513-6969，FAX 03-3513-6979，e-mail : info@jcopy.or.jp）の許諾を得てください。

落丁本・乱丁本はおとりかえいたします。

好評書

日本流通学会設立25周年記念出版プロジェクト
日本流通学会【監修】

佐々木保幸・番場博之【編著】
第1巻 地域の再生と流通・まちづくり　　本体3,000円

吉村純一・竹濱朝美【編著】
第2巻 流通動態と消費者の時代　　本体3,000円

小野雅之・佐久間英俊【編著】
第3巻 商品の安全性と企業の社会的責任　　近刊

木立真直・斎藤雅通【編著】
第4巻 製配販をめぐる対抗と協調　　本体3,000円
　　　―サプライチェーン統合の現段階

大石芳裕・山口夕妃子【編著】
第5巻 グローバル・マーケティングの新展開　　本体3,000円

加藤義忠【監修】日本流通学会【編著】
現代流通事典［第2版］　　本体3,000円

東京　白桃書房　神田

本広告の価格は本体価格です。別途消費税が加算されます。